Georg Reichlin-Meldegg (Hg.)

THERAPIE LEBENSFREUDE

Georg Reichlin-Meldegg (Hg.)

THERAPIE LEBENSFREUDE

Ein Multiple Sklerose-Kranker erzählt sein Leben

Eine Dokumentation
Vorwort von Univ. Prof. Dr. Erwin Ringel

1986

HERMANN BÖHLAUS NACHF. WIEN · KÖLN · GRAZ

Gedruckt mit Unterstützung durch das Bundesministerium
für Unterricht, Kunst und Sport, die Kulturabteilung des Amtes
der Niederösterreichischen Landesregierung
und das Kulturamt der Stadt Wien

CIP-Kurztitelaufnahme der Deutschen Bibliothek

Reichlin-Meldegg, Georg:
Therapie Lebensfreude : e. Multiple-Sklerose-Kranker erzählt sein Leben ; e. Dokumentation / Georg Reichlin-Meldegg (Hg.). Vorw. von Erwin Ringel. – Wien ; Köln ; Graz : Böhlau, 1986.
ISBN 3-205-05008-8

ISBN 3-205-05008-8

Satzherstellung: Baroschrift, Wien
Druck: Rötzer-Druck, Eisenstadt

Inhalt

Vorwort

Daß die Seele den Körper krankmachend zu beeinflussen vermag, zählt heute immer mehr zum allgemeinen Wissensgut. Unter der Devise „Was kränkt, macht krank" entstehen die psychosomatischen Erkrankungen, deren Bedeutung man am besten einzuschätzen vermag, wenn man weiß, daß Zukunftsforscher sie bereits für das Jahr 2000 als das medizinische Problem Nr. 1 voraussagen. „Auf den Schlachtfeldern des Lebens", von der Kindheit über die Liebesbeziehungen bis hin zum Arbeitsklima und den Bedingungen, unter denen der alte Mensch sein Leben fristen muß, wird nur allzu oft die Würde des Menschen verletzt: Die daraus resultierenden Kränkungen münden immer wieder in die Entstehung psychosomatischer Erkrankungen. Ein Mann von der Kapazität eines Thure von Uexküll hat gemeint, daß praktisch *alle* Krankheiten psychisch verursacht seien; eine verbesserte Wissenschaft werde dies Schritt für Schritt nachweisen können. Bei der Multiplen Sklerose, von der in diesem Buch die Rede ist, handelt es sich um eine autoaggressive (selbstzerstörende) Erkrankung. Es wäre also durchaus möglich, daß wir, sobald ihr Entstehungsmechanismus besser aufgedeckt sein wird als im gegenwärtigen Moment, sie ebenfalls zu den psychosomatischen Störungen werden rechnen müssen.

Wenn auch diese Frage zukünftigen Forschungen überlassen bleiben muß, so steht doch etwas anderes, sehr Wichtiges bereits jetzt fest, daß nämlich der Satz „Was kränkt, macht krank" auch in seiner Umkehrung stimmt: Jede Krankheit kränkt. So ist jeder körperlich kranke Mensch auch von einer Fülle von seelischen Empfindungen bewegt, seinen Schmerzen, seinen Behinderungen, seinen Ängsten, seiner Verunsicherung, seinen

Befürchtungen, wie die Umwelt auf seine Krankheit reagieren wird, seiner Erbitterung, oft auch seiner Verzweiflung. Diese Gefühle werden um so intensiver sein, je gefährlicher und behindernder die Krankheit ist, die den Menschen erfaßt, und je länger sie andauert. Viele Ärzte bezeichnen diese Feststellung als „Binsenwahrheit". Dagegen wäre nichts einzuwenden; die Frage bleibt aber offen, warum sie diese Binsenwahrheit in ihrem praktischen Verhalten so wenig zur Kenntnis nehmen, denn nur allzu oft kümmern sie sich zwar intensiv und mit all ihren Kräften um die somatischen Befunde und die Durchführung der adäquaten Therapie, aber wie der Patient mit seinen Problemen, seinem durch die Krankheit verursachten Schicksal fertig wird, darauf gehen sie überhaupt nicht ein.

Es ist dieses Verhalten, welches Thomas Bernhard veranlaßt, zu behaupten, daß vom Menschen in der Medizin keine Rede sei, sondern nur von einer Summierung seiner Organe. Die Ärzte müßten also lernen, die Situation des Patienten mit *dessen* Augen zu sehen, mit *dessen* Ohren zu hören und mit *dessen* Herzen zu fühlen, wie es Alfred Adler so ausgezeichnet ausgedrückt hat, und auf alle seine Nöte liebevoll einzugehen, wie wir es versuchen, den Medizinstudenten in unserem neuen Gegenstand „Medizinische Psychologie" zu vermitteln. Ich bin überzeugt davon, daß dies zu einer völlig neuen Gestaltung der Arzt-Patienten-Beziehung führen würde.

Dies wäre nun nicht nur eine menschliche, sondern auch eine medizinische Pflicht, denn eines steht heute zweifelsfrei fest: Von der Art der psychischen Reaktion auf die Krankheit hängt der Verlauf jeder Erkrankung ganz wesentlich ab. Es gibt in diesem Sinne kaum an und für sich tödliche Krankheiten, sondern nur Verläufe, die zum Tode führen. In ähnlichem Sinne hat der große deutsche Internist Hallhuber gesagt: „Man stirbt niemals an seiner Krankheit, sondern an seinem Charakter", wobei er unter „Charakter" eben die Reaktion des Patienten auf seine Erkrankung versteht. Was könnte es Wichtigeres für den Patienten geben, und was könnte daher für den Arzt wichtiger sein, als auf diese Not des Kranken wirklich einzugehen, das oft chaotische Durcheinander seiner Gefühle wahrzunehmen und all seine Kunst aufzuwenden, um eine positive Reaktion auf die Erkrankung zuwegezubringen? Da gibt es ja die verschiedensten Antworten der Persönlichkeit: etwa die Flucht in die Krankheit, die natürlich den Zustand nur verschlechtern kann; den Versuch, die Krankheit zu leugnen und sich wie ein Gesunder zu benehmen (sehr gefährlich!); und als schlimmste Möglichkeit das Zerbrechen an der Krankheit, das innere Aufgeben, die resignative Hoffnungslosigkeit. Daß diese letzte Form natürlich zu einem Versagen des Immunsystems und damit zu einem katastrophalen Ausgang führen muß, wird jedermann verstehen.

Die Palette der Reaktionsmöglichkeiten des Menschen auf die Krankheit ist natürlich noch viel bunter als hier angedeutet, aber eines muß an dieser Stelle besonders besprochen werden: Von welchen Faktoren ist denn die gewählte Reaktionsform vor allem abhängig? Hier ist zuerst einmal die Persönlichkeitsstruktur des Betroffenen anzuführen, seine Entwicklung von der Kindheit an, in der bereits die erste Entscheidung zwischen einer grundsätzlich ermutigten oder entmutigten Einstellung fällt. Sodann ist natürlich die Lebenssituation zu erwähnen, in der der Mensch von der Krankheit überfallen wird – hierzu zählt vor allem die familiäre Struktur –, ganz besonders sind aber auch die sozialen Verhältnisse zu erwähnen. Wer wollte leugnen, daß trotz vieler guter Bemühungen auch bei der Versorgung des Kranken zwischen arm und reich sich immer noch gewisse Unterschiede finden lassen? Auch das Verhalten der nächsten Angehörigen zum Kranken, ob sie zu ihm stehen oder ihn äußerlich bzw. innerlich im Stich lassen, spielt hier eine wesentliche Rolle. Ida Cermak hat in ihrem Buch „Ich klage nicht" in eindrucksvoller Weise gezeigt, wie oft von ihrer Reaktion im Wortsinn Leben und Tod abhängig sind. Schließlich darf nicht verschwiegen werden, daß, obwohl dies im ersten Moment etwas paradox klingt, auch die Öffentlichkeit für den Verlauf einer Krankheitsverarbeitung von großer Bedeutung ist: Wie wird eine bestimmte Krankheit von der Gesellschaft bewertet? Wird sie akzeptiert oder als eine Schande angesehen? Wird der an dieser Krankheit Leidende weiterhin in die Gemeinschaft integriert oder aus ihr verstoßen? Dies hängt wieder aufs engste mit jener

Einstellung zusammen, die uns bereits in der Schule gegenüber Krankheit und Gesundheit vermittelt wird. Man kann sich etwa vorstellen, welche schlimmen Folgen der auch in unserer Zeit weitverbreitete Satz „Krankheit ist Talentlosigkeit, persönliche Schuld oder persönliches Versagen“ auf den Betroffenen haben wird. Gerade in unseren Tagen ließe sich am Beispiel der Aids-Krankheit zeigen, wie unbarmherzig die Gesellschaft bestrebt ist, die Träger eines bestimmten Leidens an den Pranger der Ächtung zu stellen.

Die beste und die höchste Form der Krankheitsverarbeitung bezeichnen wir als „Eingliederung“ der Krankheit. Darunter haben wir ein Verhalten zu verstehen, welches die Krankheit in ihrem gesamten Umfang und in allen ihren Konsequenzen wissend zur Kenntnis nimmt und bemüht ist, aus den Gegebenheiten das Bestmögliche zu machen. Da es sich hier um die reifste Auseinandersetzung handelt, ist auch klar, daß sie die seltenste ist. Um so wichtiger erscheint es, die Menschen immer wieder über solche Beispiele zu informieren, die sie auf der einen Seite dazu bringen können, vom Leid des Mitmenschen betroffen zu sein (eine Reaktion, die in unserer Zeit immer seltener anzutreffen ist) und ihnen auf der anderen Seite zum Vorbild werden können, wenn es gilt, mit eigenen Prüfungen besser fertigzuwerden.

Daher ist Georg Reichlin-Meldegg sehr zu danken, daß es ihm in mühseliger Arbeit gelungen ist, das Schicksal eines Menschen vor uns erstehen zu lassen, der, an einer der schwersten Formen einer Multiplen Sklerose leidend, dennoch nicht aufgibt, und, soweit dies über einen Lebenden gesagt werden darf, sein Schicksal gemeistert hat. Man könnte für diese Darstellung das Gleichnis von einem Leuchtturm verwenden, der uns in der Dunkelheit unseres Daseins eine Spur des Lichtes vermittelt und uns gleichzeitig einen Weg weist, den man am besten unter die Nietzsche-Devise stellen könnte: „Wer ein Warum zum Leben hat, erträgt fast jedes Wie“. Das Buch erscheint um so wichtiger, als es ja gerade die Multiple Sklerose ist, die schon als bloßes Wort noch immer mit den schreckhaftesten Vorstellungen und Verzweiflungsreaktionen verbunden ist. Hier zu zeigen, daß selbst bei einer der schwersten Formen dieser Erkrankung (es gibt auch viel mildere) noch sinnvolles Leben möglich ist, muß also als sehr verdienstvoll bezeichnet werden.

Meine besondere persönliche Beziehung zu diesem Buch möchte ich am Schluß dieses Vorwortes nicht verschweigen: Viele Jahre schwebte auch über mir die Möglichkeit der Diagnose „Multiple Sklerose“ wie ein „Damoklesschwert“. Wenn sie sich auch schließlich nicht bewahrheitete, so blieb mir doch nicht erspart, durch lange Zeit zu lernen, dieser Gefahr ins Auge zu sehen und schließlich eine schwere Gehbehinderung in Kauf nehmen zu müssen. Ich kann mich in keiner Weise mit Adolf Beinstingl, dessen Lebensgeschichte hier erzählt wird, vergleichen, aber ich will nicht übersehen, daß mich gerade mein eigenes Erleben besonders aufgeschlossen für solche Schicksale gemacht hat. Daraus resultiert natürlich eine tiefe Verbundenheit.

Ich habe aber zu diesem Buch noch eine zweite Beziehung. Als Ordinarius für Medizinische Psychologie plane ich, einem größeren Leserkreis ermutigende Beispiele vorbildlicher Krankheitsverarbeitung vor Augen zu führen, und so sollen diesem Buch über Multiple Sklerose weitere folgen, die beweisen werden, daß auch viele andere Krankheiten seelisch bewältigbar sind, wenn ein Mensch jene Kraft aufbringt, die ihn schließlich befähigt – um eine Formulierung Viktor Frankls, der das Konzentrationslager überlebt und gemeistert hat, zu benützen – „trotzdem Ja zum Leben zu sagen“.

Wien, im Februar 1986 *Univ. Prof. Dr. Erwin Ringel*

Einführung

In Österreich gibt es nach offiziellen Angaben mehr als 5.000 Personen, die durch Multiple Sklerose (MS), eine der häufigsten schubhaft-chronischen Nervenkrankheiten, größtenteils an einen Rollstuhl gefesselt sind. Die Dunkelziffer wird etwa gleich hoch geschätzt. In der Bundesrepublik Deutschland leben rund 60.000 bis 100.000 Menschen in der ständigen Angst, eines Tages völlig gelähmt aufzuwachen.

Dennoch kennen acht von zehn erwerbstätigen Österreichern nicht einmal den Namen dieser „Krankheit mit den tausend Gesichtern", wie sie von den Betroffenen wegen des vielfältigen Krankheitsverlaufes auch genannt wird. Das mangelhafte Wissen und – daraus resultierend – das geringe Verständnis der Bevölkerung mögen auch aus der Tatsache zu erklären sein, daß diese Krankheit noch heute als eine der wenigen weißen Flecken auf der „medizinischen Landkarte" gilt.

Die Fachbezeichnung „Multiple Sklerose" bedeutet „vielfache Verhärtung". Der Krankheitsablauf stellt sich so dar, daß es an mehreren Stellen im Rückenmark und im Gehirn (also im Zentralnervensystem) durch einen chronischen Entzündungsprozeß zu einem allmählichen Schwund des Nervenfasermarks kommt. Dort, wo Nervenfasermark reduziert wird, wuchert umgebendes Stützzellengewebe (Gliose), das härter ist als Nervenzellgewebe und die entstandenen Lücken im Nervenfasermark ausfüllt. Die MS bildet somit Verhärtungsherde im Verlauf der Nervenbahnen, die für eine schubweise Verschlechterung des Krankheitsbildes verantwortlich sind.

Die MS tritt in den sogenannten „besten Jahren" eines Menschen auf: meist zwischen dem 17. und 35. Lebensjahr. Die Wissenschaft ist sich jedoch einig, daß es sich bei MS um keine

Erberkrankung handelt. Allerdings ist bei bestimmten genetischen Konstellationen das Erkrankungsrisiko wesentlich größer. Voraussetzung, so die Forschung, sei allerdings eine Virusinfektion in der Kindheit.

Wie in dieser vorliegenden Lebensgeschichte aus der Sicht eines Patienten noch im Detail gezeigt werden soll, kommt es zu Beginn der Krankheit zumeist zu Sehstörungen und zu Kraftlosigkeit in den Extremitäten. Die Patienten sehen Doppelbilder oder torkeln manchmal wie betrunken. Eine exakte Frühdiagnose ist jedoch derzeit nur in Ausnahmefällen möglich. Die MS tritt in ihrem Anfangsstadium so unterschiedlich auf, daß oft sogar der Facharzt getäuscht werden kann.

Seit dem Jahre 1835, als der englische Medizinstudent Carswell dieser Krankheit durch Zufall auf die Spur kam, hat die weltweite Erforschung der Erreger mehr Fragen aufgeworfen als beantwortet. Jedoch zeigen sich mit der fortschreitenden Verbesserung der immunologischen Technologie immer mehr Beweise dafür, daß bei MS ein Defekt im Immunsystem besteht: denn beim gesunden Menschen greifen gewisse Blut-Lymphozyten (= weiße Blutkörperchen, die an der Immunreaktion mitbeteiligt sind) andere Zellen an, die mit einem Virus infiziert sind, und vernichten sie. Bei der MS scheinen diese Abwehrzellen eigenes Gehirngewebe anzugreifen.

Forscherteams in zahlreichen Zentren der USA, Westeuropas und Israels sind derzeit mit der Frage beschäftigt, welche Zellbeschaffenheit den Schub auslöst. Eine zusätzliche Komplikation ergibt sich daraus, daß das Immunsystem nicht – wie bisher angenommen – gegen ein einziges Antigen (körpereigenes Eiweiß) des Körpers rebelliert, sondern gegen mehrere. Für die Forschung bedeutet dies, daß nicht nach einem einzigen Antigen zu suchen ist, sondern ganze „Batterien" von Antigenen systematisch durchgetestet werden müssen, um die in Frage kommenden abgrenzen zu können. Die Komplexität der Zusammenhänge erklärt somit das für den Patienten so unerträglich langsame Erreichen von Fortschritten, insbesondere hinsichtlich einer wirkungsvollen kausalen Therapie. Trotz beachtlicher Einzelerfolge ist MS derzeit nicht heilbar. Für die Patienten bleibt nur der Trost, daß nicht jeder von allen Symptomen betroffen ist, sondern auch der Grad der Ausprägung sehr unterschiedlich ist. Ganz generell kann man sagen, daß etwa ein Drittel der Patienten über viele Jahre hinweg kaum, oder nur geringe, Störungen hat; ein Drittel weist darüber hinaus nach fünf bis zehn Jahren deutlich wahrnehmbare Behinderungen auf. Das letzte Drittel jedoch zählt nach einer Abfolge von Schüben zu den Schwerstbehinderten: zeitlebens und unrettbar an das Bett und an den Rollstuhl gefesselt.

In diesem Buch habe ich mich des meist unbekannten Leidens der Schwerstbehinderten angenommen und am Beispiel eines konkreten Einzelschicksals versucht, die heimtückisch-verschlungenen Pfade dieser Krankheit nachzuzeichnen. Es war mir weiters ein ganz besonderes Anliegen aufzuzeigen, daß die Multiple Sklerose mit ihrem dramatisch schwankenden Krankheitsverlauf die Psyche des Patienten bis auf das Äußerste des Ertragbaren belastet. Überläßt man diesen Patienten der Isolation, entzieht man ihm die Zuneigung, treibt man ihn in Aufregungen und in ein Übermaß an Streß, dann ist sein schrittweiser körperlicher Verfall vorprogrammiert.

Die Lebensgeschichte des Adolf Beinstingl ist hier – stellvertretend für zahllose ähnliche Opfer – aufgezeichnet worden.

Um diese Symbolkraft noch zu verstärken und die Privatsphäre des Patienten und seiner Familie zu schützen, habe ich seinen Familiennamen und die Namen seiner näheren Umgebung abgeändert. Adolf lebt heute in einer kleinen Gemeindebauwohnung am südlichen Stadtrand von Wien. Er ist an allen Gliedmaßen bewegungsunfähig und zeitweise von Krampflähmungen geschüttelt. Die Harnblase ist funktionsunfähig, so daß er einen Dauerkatheter gesetzt bekam. Sein ganzer Stolz: er kann seinen Kopf noch bewegen.

Ich selbst lernte Adolf vor etwa vier Jahren anläßlich einer Weihnachtsfeier kennen, die vom Malteser Hospitaldienst für Behinderte organisiert worden war. Bei Kerzenschein, Kaffee und Kuchen gab er mir Stichworte seiner „via dolorosa“, die mich nicht nur ihres Inhalts wegen bewegten, sondern auch durch die Art und Weise, wie er seine Lebensgeschichte vortrug:

bescheiden, heiter und ganz offensichtlich versöhnt mit allen Menschen, die an ihm versagt – und sich damit schuldig gemacht hatten. Daß dieses Verhalten tatsächlich ein unverfälschter Teil seines Wesens war, konnte ich während der folgenden zahllosen Abende erfahren, an denen ich an seinem Krankenlager Tonbandaufzeichnungen seiner Lebensgeschichte machte. Gespräche mit behandelnden Ärzten und mit seinem Pflegepersonal ergaben ein ähnliches Bild.

Je tiefer ich in die Details seines Lebens eindrang, je mehr ich von seinen großen Enttäuschungen erfahren mußte, desto mehr faszinierte mich seine frohe, ja lebensbejahende Art, die seinen körperlichen Zustand Lügen strafte. Nachdem wir unsere Dialoge vertieft hatten, ertappte ich mich dabei, daß ich es war, der Kummer und berufliche Sorgen bei ihm ablud. Die Rollen waren eigenartig vertauscht: Adolf tröstete mich – nicht etwa umgekehrt. Er, der sich nicht mehr bewegen kann und der für jeden primitiven Handgriff ein hilfreiches Wesen in seiner Nähe benötigt, eröffnete mir die Motivation, aus der er seinen Lebenswillen schöpfte: es war und ist sein einfaches christliches Weltbild – ohne geistigen Kitsch und Rührseligkeit oder intellektuelle Hinterfragung. Sein Glaube an seinen Schöpfer führte ihn zu dem tieferen Sinn seines Leidens als eine Möglichkeit der Bewährung für die Gesunden.

Nachdem die übereinandergelegten Tonbänder auf meinem Schreibtisch langsam aber stetig zu einem Turm anwuchsen, machte ich mich an die Aufgabe, seine subjektiven Erfahrungen als Behinderter und Mitglied einer abgeschobenen Randgruppe der Leistungsgesellschaft möglichst sprachgenau nach einem rund fünfundzwanzigstündigen Tondokument aufzuzeichnen.

Da Adolf nur mehr mittels eines speziell präparierten Stäbchens im Mund auf der Schreibmaschine mühsam schreiben konnte, habe ich an seiner Stelle zur Feder gegriffen, um aufzuzeigen, daß Leid und Verzweiflung kein Grund zur Selbstaufgabe im Leben sind. Der negative Aspekt ergab sich aus der Tatsache, daß Gleichgültigkeit nicht nur in anonymen Institutionen beheimatet ist, sondern auch im Schoß der Familie. Somit ist nicht nur die wissenschaftliche Bewältigung eines komplexen Problems vonnöten, sondern auch die Liebe und Zuwendung des familiären Umfeldes.

Hinterbrühl, im Jänner 1986 *Georg Reichlin-Meldegg*

Im Wasserbett

Genau einen Tag vor meinem Spitalstermin, dem 6. Mai 1977, ging es mir auffallend gut. Ich konnte sogar meine linke Hand wieder ganz langsam heben und kleinere Gegenstände wie z.B. eine Bürste ergreifen und in der Hand behalten. Zwar mußte mir mein Helfer, der Trinker-Karl, die Zähne putzen, den Mund konnte ich mir allerdings selbst ausspülen. Ich war richtig stolz auf mich. Dem Trinker-Karl war mein guter Gesamtzustand natürlich nicht entgangen.

„Hearst sei doch g'scheit. Geh' net ins Spital. Es wird langsam eh alles wieder besser!"

Ich antwortete ihm sinngemäß, daß die Ärzte schon wüßten, was sie mir empfehlen. Mit einem Achselzucken und einer wegwerfenden Handbewegung verließ er unsere gemeinsame Wohnung.

Am nächsten Morgen hatte er rechtzeitig meine Habseligkeiten zusammengestellt, und wir warteten gemeinsam auf das „Rote Kreuz". Als der Rettungswagen im Hof vorfuhr, übergab ich dem Trinker-Karl meinen Wohnungsschlüssel und erlaubte ihm, weiterhin bei mir zu hausen. Mit der Ermahnung, das Bettzeug doch mindestens einmal wöchentlich zu wechseln und die Blumen im Wohnzimmer zu gießen, verließ ich ihn.

Im Allgemeinen Krankenhaus angekommen, wurde ich auf die Neurologische Station von Professor Reisner gebracht. Gleich als erste Maßnahme bekam ich die von mir so gefürchtete Lumbalpunktion verpaßt. Wieder mußte ich ohne Kopfpolster liegen. Für jeden kleinen Handgriff benötigte ich fremde Hilfe.

Keiner meiner Zimmergenossen fragte mich, was ich denn hier suche. Ich war im fortgeschrittenen Stadium der Multiplen

Sklerose schon auf den ersten Blick als einer der Ihren gekennzeichnet. Durch das tagelange regungslose Liegen, ohne daß man mich ausreichend oft in den Rollstuhl gesetzt hatte, bekam ich den gleichfalls so gefürchteten Dekubitus: eine zunächst fingernagelgroße, nässende Wunde zeigte den Hautentzündungsprozeß an. Die Druckstelle wurde erst rötlich, dann bläulich. Die Haut begann an diesen Stellen abzusterben. Ein brennendstechender Schmerz peinigte mich Tag und Nacht. Voll Zuversicht war ich in das Spital gekommen. Nun, nach zwei Wochen, war meine Stimmung nach endlosen Untersuchungen und Torturen auf den absoluten Nullpunkt gesunken. Ich sah meine Situation in den dunkelsten Farben und war überzeugt, hier mein Leben schon bald zu beschließen.

In den langen Nächten, in denen die Aufsichtsdienste mit Taschenlampen leise von Bett zu Bett huschten, sehnte ich mich ganz unbeschreibbar nach Ingrid und wußte sie doch in den Armen eines anderen, gesunden Menschen. Wenn ich meinen Blick auf das gleichmäßige Dunkelgrau der Zimmerdecke richtete, tauchten wunderschöne Bilder aus glücklichen Tagen auf: In halbwachem Zustand sah ich Ingrid sich zu mir neigen, ihre Hände mein Haar zerwühlen. Wir sanken neben einem Picknickkorb auf das weiche Moos des Waldbodens, das die Sommersonne so vorsorglich gewärmt hatte. Licht und Tannenduft. Glücksgefühle durchströmten meinen regungslos daliegenden Körper.

Die Realität holte mich jedoch bald wieder ein. Zimmerkameraden hüstelten, drehten sich stöhnend in ihren Betten um oder ließen Wasser in ihre Harnflaschen. Für den Rest einer solchen Nacht versuchte ich meistens vergeblich, meine schönen Visionen in mir wieder zum Leben zu erwecken. Die Zimmerdecke blieb dunkelgrau, und meine Ruhe war dahin.

Schwestern pappten mit routinierten Handgriffen kleine Gel-Kissen auf meine Dekubitus-Wunden, die immer zahlreicher wurden. Ich bin überzeugt, daß durch die Reibflächen dieser Wundkissen mein Hautzustand nur noch schlechter wurde. Professor Reisner höchstpersönlich besah sich mit einem Kollegen ganz genau die sich rasch ausbreitenden Hautwunden. „Das können wir nicht anstehen lassen, Herr Beinstingl muß ins Wasserbett . . .", hörte ich ihn murmeln. Wasserbett? Mir war dieser Begriff völlig neu. Wie auch immer; so bedrohlich klang das gar nicht. Wie gut, daß der Mensch seine Zukunft nicht kennt!

Kurzerhand überstellte man mich von der Neurologie auf die Hautklinik zu Professor Niebauer. Von Anfang Juli bis Mitte August 1977 sollte ich unter Beobachtung dieses bekannten Dermatologen in einem „Wasserbett" – schwimmend wie eine Wasserleiche – zubringen. Da ich weder zu Hysterie noch zu Melancholie neige, möge man mir glauben, daß diese Wochen in einem düsteren Gemäuer im 7. Hof des alten Allgemeinen Krankenhauses zu den absolut schrecklichsten meines bisherigen Lebens zählten. Man stelle sich vor: in einem hohen, weiß gekachelten, etwa vierzig Quadratmeter großen Raum steht gegenüber der Eingangstüre ein Wasserbecken mit einem Fassungsvermögen von rund siebenhundert Litern. Über zwei Meter lang und etwa einen Meter breit. Soweit ist dieses Becken einer harmlosen Badewanne nicht unähnlich, jedoch ist in halber Höhe ein Drahtgeflecht eingezogen, über dem der Körper des Patienten – bedingt durch den natürlichen Auftrieb des Wassers – schwebt. Vor meinen Augen wurde über diese Drahtliege ein Leintuch gespannt. Vorsichtig ließ man mich ins Wasser hinab. Nur mein Kopf und meine Hände ragten aus dem Wasser heraus. Schon bald mußte ich erfahren, daß allzuheftige Kopfbewegungen unangenehme Folgen hatten: drehte ich mein Haupt zu weit nach rechts oder links, drohte mir sogleich das Wasser in die Ohren zu laufen. Um meinen Körper nicht den Blicken der (ohnehin nicht sehr zahlreichen) Besucher auszusetzen, wurden über die Längsseite des Beckens mehrere Holzbretter gelegt. Das war aus mehreren Gründen absolut notwendig, denn was sich unter der Wasseroberfläche an unappetitlichen Dingen abspielte, hätte so manchen neugierigen Besucher abgeschreckt, sein Kommen zu wiederholen: alle meine Ausscheidungen mußte ich ganz einfach ins Badewasser lassen. Zwar gab es bei der Abflußöffnung des Beckens eine Vorrichtung, die das Ablassen der Fäkalien ermöglichte, doch litt ich meistens wegen der zahlreichen hochdosierten Medikamente an Durchfall, was bewirkte, daß sich herzlich wenig in die Sammelrinne absenkte. Ich schwebte also oft stundenlang in einer übelriechenden Kloake, die vermutlich Wiens Abwässern an nichts nachstand. Plangemäß wurde jeden Tag um sechs Uhr früh das Wasser gewechselt. Hatte mich schon am Abend oder während der Nachtstunden mein „Schicksal" ereilt, mußte ich den Rest der Nacht in einem „Moorbad" zubringen. Gelegentlich fand sich eine Schwester, die sich meiner erbarmte und auch während der Nachtstunden das Wasser wechselte.

Die Wassertemperatur sollte theoretisch Körpertemperatur betragen. Ich schreibe bewußt „theoretisch", denn zu meiner Zeit gab es keinen selbstregelnden Thermostat im AKH. Dieser unerfreuliche Umstand zog die unangenehme Konsequenz nach sich, daß ich auf das Erbarmen der diensthabenden Schwestern angewiesen war, denn schon ein Grad auf oder ab rief bei mir heftige Körperreaktionen hervor. Hatte also eine freundliche Schwester Dienst, dann mischte sie mit der Hand das Wasser im Becken gleichmäßig durch. In diesem Fall konnte ich dann genau angeben, ob die Wassertemperatur stimmte oder nicht. Kam eine mürrische Schwester auf mein Klingelsignal, schraubte sie gewöhnlich nur eilig an den Wasserhähnen. Ich fühlte eine angenehme Temperaturveränderung und dankte. Erst nachdem sie bei der Türe hinausgeflitzt war, bemerkte ich, daß ich wechselweise einen Schüttelfrost oder einen Hitzestau bekam.

Um der Wahrheit die Ehre zu geben, muß ich jedoch feststellen, daß das Wasserbett für mich auch seine positiven Seiten gehabt hatte. Die Wundschmerzen hatten merkbar nachgelassen, Druckstellen waren nach einigen Wochen kaum mehr sichtbar. Die Nachteile wogen allerdings diese kleinen Fortschritte bei weitem auf. Zunächst löste sich schon bald auf meinen Fersen die Haut ab; ebenso bekam ich auf den Hoden offene Hautrisse; zu guter Letzt wucherte üppig der Nagel- und Fußpilz. Um ein Herumrutschen meines Körpers im Wasser zu verhindern, hatte man mir ein zusammengerolltes Handtuch unter die Achseln gebunden. Auch hier waren Hautabschürfungen die Folge einer im Prinzip guten Absicht. Durch den wochenlangen Wasserdruck auf meine Beine verkrampften sich die Kniegelenke. Um beide Beine wieder ausstrecken zu können, benötigte ich oft Stunden. Meistens mußte eine Schwester nachhelfen. In mir reifte die Gewißheit, daß ich unter diesen Umständen wohl nie mehr ohne fremde Hilfe würde stehen können.

Abgesehen von meinen Ahnungen, Ängsten und meiner Verzweiflung konnte ich auch komische Beobachtungen machen, die mir ein lustiger Zeitvertreib waren und mir meine Freude am inneren Schmunzeln wieder zurückgaben. Ich möchte in diesem Zusammenhang nur ein Beispiel erzählen: Ein ständiges Verwirrspiel für den strengen Ordnungssinn der Schwestern waren die Blumen, das Obst oder andere kleine Geschenke und Mitbringsel meiner Besucher. Die eine stellte alles aufs Fensterbrett, eine andere fand dies gegen alle praktische Vernunft und legte meine privaten Dinge neben das Wasserbett. Die nächste verteilte die Kleinigkeiten dekorativ im Zimmer, während die Oberschwester ein Stilleben auf einem kleinen Anrichtetisch arrangierte. So unterschiedlich die Ansichten des Pflegepersonals über die Verschönerung meines ansonsten schmucklosen Zimmers waren, so unterschiedlich war auch ihre Toleranz gegenüber meinen Besuchern: die treue Frau Baronin, die mich schon längere Zeit aufmerksam betreute, war gegen die Vorschrift an einem Vormittag zu Besuch gekommen, was nicht weiter stören konnte, denn die Visite war schon längst vorüber. Schwester Anni nahm meinen Besuch sogleich in ihr Visier:

„Da können's jetzt nicht bleiben. Jetzt ist keine Besuchszeit."

Also ging die alte Dame gehorsam hinaus. Zufällig traf sie, wie sie mir später schmunzelnd berichtete, die Schwester Oberin, die eine gute Bekannte von ihr war. Von ihr ließ sie sich die Absolution für ein Gespräch zu verbotener Stunde geben. Als Schwester Anni auf ihrem Kontrollgang meinen Besuch noch immer in meinem Zimmer erblickte, holte sie geräuschvoll Luft, bevor sie ihren Unmut äußerte.

„Sparen sie sich die Aufregung, liebe Schwester", nahm ihr die Baronin den Wind aus den Segeln, „die Schwester Oberin hat mir's persönlich erlaubt."

Schwester Anni schloß wortlos die Türe. Ich sah sie den ganzen Tag nicht mehr. Für sie war dieser Vorfall ein Verstoß gegen die Subordination.

Ein lieber Besuch, mein Nachbar aus Ottakring, hatte gleichfalls Probleme. Ein Pfleger hatte ihn außerhalb der offiziellen Besuchszeit angetroffen. Mein Nachbar ließ sich erst gar nicht auf eine Diskussion ein, sondern verschwand mit einem kurzen „Servus Adolf, auf bald“ durch die Türe hinaus. Mich wunderte sein Verhalten, denn einmal etwas unwirsch angesprochen, konnte dieser Mensch sich nur selten beherrschen. Am nächsten Morgen kam er just zur gleichen Zeit und machte es sich neben meinem Wasserbett auf meinem Schemel gemütlich. Der gleiche Pfleger lauerte ihm auch prompt wieder auf. Der Besuch blickte den Diensteifrigen gelangweilt an, griff in seine Rocktasche und zog ein Handschreiben hervor. Darauf stand lakonisch: „Herr Beinstingl darf von 8–20 Uhr jederzeit besucht werden. Gez. Prof. Niebauer“. Neben der Unterschrift prangte sogar ein Anstaltsstempel. Der Pfleger bekam Stielaugen, wechselte die Gesichtsfarbe zu einem dezenten Aschgrau und trollte sich.

Jedoch nicht nur Besuche verkürzten mir ein wenig die Zeit, vor allem Heilgymnastikerinnen bemühten sich mit großem Aufwand (und bescheidenem Erfolg) um mich. Ihr Interesse galt in erster Linie meinen gekrümmten Beinen. Reichlich Schaumstoff wurde ausgelegt, um meine etwas unkontrollierten Bewegungen abzusichern. Noch heute klingt mir der Unmut der Schwestern im Ohr, die über den hohen Schaumstoffverbrauch entsetzt waren. Was andererseits von den Schwestern an wiederverwendbaren Gebrauchsgütern der Einfachheit halber in den Mistsack befördert wurde, möchte ich hier nicht breittreten.

Die Wochen vergingen qualvoll und zähflüssig. Ich fühlte, daß ich gegen den Moloch Spital einen einsamen Kampf um meine Freiheit würde führen müssen, um aus diesem nassen Grab herauszukommen. Es war die Hölle auf Erden. Der Gedanke, einen Ausbruch zu wagen, hatte sich ununterdrückbar in meinen Gehirnwindungen festgesetzt. Der Professor vertröstete mich auf den Herbst. Auf meine drängenden Fragen redeten sich die Dermatologen auf die Neurologen aus – und umgekehrt. Ich konnte und wollte nicht länger auf meine Entlassung warten. Dieser Spitalsaufenthalt – so stellte es sich für mich immer klarer dar – beschleunigte nur meinen körperlichen Verfall: sogar mein Kreislauf war durch zwei Totalzusammenbrüche geschwächt worden. In dieser Situation trat mein Vater wieder stärker in mein Leben, so daß ich konkreter an eine Flucht denken konnte. Als er meine elende Situation mit einem Blick erfaßte, versprach er, zu mir nach Ottakring zu ziehen. Das war insofern eine wichtige Entscheidung, als ich schon eine Woche vor dem Besuch meines Vaters den Trinker-Karl wegen Alkoholexzessen aus meiner Wohnung werfen hatte lassen und allein war. Doch von dieser Misere will ich später erzählen.

Eines Tages trat ein Dozent von der Neurologie an mein Wasserbett und teilte mir erfreut mit, daß er mich zurück auf die Neurologische Abteilung holen würde. Noch vor einigen Wochen hätte ich mich über diese Mitteilung ehrlich gefreut. In der Zwischenzeit war jedoch mein Vertrauen in die Kunst der Ärzte auf den absoluten Nullpunkt gesunken. „Es tut mir leid Herr Dozent, aber ich denke nicht daran, in ihre Abteilung zurückzukehren. Dort begann ich wund zu liegen.“ Ich hatte mich durch diesen Satz in Fahrt geredet und ließ mich auch durch seine zusammengekniffenen Augenbrauen nicht vom Weitersprechen abhalten.

„Ja, ich hab' große Angst, daß sich alles noch weiter verschlechtert“. So, jetzt war's heraußen. Zum ersten Mal in meinem Leben hatte ich es gewagt, einem der unantastbaren ‚Götter in Weiß“ zu widersprechen.

„Das ist eine Verdächtigung! Sie neigen eben zum Dekubitus“.

„Ich kehre nicht mehr zurück“. Ich schüttelte bei diesen Worten so heftig meinen Kopf, daß mir Wasser in beide Ohren drang.

„Entweder sie kommen zu uns – oder sie gehen nach Hause!“, fuhr der Dozent fort.

„Gut, dann gehe ich nach Hause“.

„Wie sie wünschen. Ich hole gleich Schwester Anni, die ihnen das Parere zur Unterschrift vorlegen wird".

Er wandte sich abrupt um und verließ ohne ein weiteres Wort an mich zu richten das Zimmer. Die Nachricht von meinem Zusammenstoß mit einer ärztlichen Autorität verbreitete sich erstaunlich rasch durch die Gänge und Stockwerke, denn kaum waren einige Stunden nach dieser Unterredung vergangen, besuchte mich ein Pfleger, der mich während der vergangenen unglücklichen Wochen immer freundlich und geduldig betreut hatte.

„Was hör' ich, Adolf?", fragte er mit gespielter Strenge, indem er den Zeigefinger drohend hob, „du hast mit einem der Häuptlinge das Kriegsbeil ausgegraben und willst dich jetzt in den eigenen Wigwam zurückziehen?"

„Ja, das stimmt. Aber Kriegsbeil ist wohl zuviel gesagt . . ."

„Na, wie auch immer; aber sag': wer behandelt dir denn zu Hause den Dekubitus?"

„Ich hab' niemand. Mit Gottes Hilfe wird's schon gut werden."

„Na, da könnt' ma ja a wenig nachhelfen; für zweihundert Schilling pro Tag pflege ich dich gesund. In Ordnung?"

Das war sogar sehr in Ordnung. Der dickliche Pfleger grinste breit und verschwand aus meinem Zimmer.

Schon vierundzwanzig Stunden später wurde ich aus dem Wasserbett gehoben, abgetrocknet und verbunden. Ein Krankenwagen des „Roten Kreuzes" wartete schon vor der Zufahrt zur Neurologischen Ambulanz. Als ich mit dem Kopf voran in den Wagen geschoben wurde, hatte ich für einige Sekunden noch Gelegenheit, den schmucklos-grauen Spitalsbau vor mir zu sehen. Nein, lieber zu Hause rasch zugrundegehen, als hier in diesem Gebäude kleinweise in die Prosectur überführt zu werden!

Mein Vater und mein Bruder Helmut erwarteten mich schon in meiner kleinen Ottakringer Wohnung.

Mein Pfleger aus dem AKH kam tatsächlich pünktlich jeden Tag und behandelte meine tiefen Hautwunden mit Geschick und großem Fachwissen. Er verwendete einen Spray, der auf der Hautoberfläche sehr wohl tat. Abschließend verband er mich fachgerecht und gab nützliche Anweisungen, wie mein Vater mich behandeln sollte. Da ich gemäß seiner Therapie nicht lange auf meinen verletzten Stellen liegen durfte, erinnerte ich meinen Vater, mich alle zwei Stunden auf die andere Bettseite zu drehen. Aus dem Spital hatte ich zwei äußerst unangenehme Souvenirs mitgebracht: erstens meine starr abgewinkelten Beine. Bedingt durch das wochenlange Liegen im Wasserbett war es mir nicht mehr möglich, meine Beine auszustrecken. Ich konnte seit dieser Zeit auch nicht mehr stehen. Seither bin ich endgültig und unwiderruflich an den Rollstuhl gefesselt. Zweitens hatte ich schon im Spital einen Dauerkatheter gesetzt bekommen. Der Arbeitsablauf im Spital, so hieß es, erfordere diese unangenehme Maßnahme, die zwangsweise zur Folge hatte, daß der Harn stetig aus der Blase tröpfelte und sich dort nie sammeln konnte. Somit begann – als eine Langzeitfolge – die Harnblase zu schrumpfen.

Von der MS-Gesellschaft bekam ich den ausgezeichneten Hinweis, daß zum Heben schwerer Patienten ein hydraulischer Hebekran entwickelt worden sei. In einer gemeinsamen Sparaktion, bei der sich auch die Krankenkasse etwa zur Hälfte beteiligte, konnte ich dieses Gerät anschaffen. Nunmehr war das tägliche Herausheben aus dem Bett sogar für meinen fast achtzigjährigen Vater relativ einfach: durch Tragegurte gehalten, baumelte ich kurz in der Luft, um einige Augenblicke später auf Knopfdruck in meinen Rollstuhl gesetzt zu werden. Ein Gefühl der Erleichterung erfaßte mich jedesmal, wenn ich den straffen Druck der Riemen fühlte. Von nun an mußte niemand mehr unter meiner Last stöhnen und schwitzen. So hatte mich der gnädige Herrgott auch in dieser schweren Bedrängnis nicht allein gelassen: ich hatte ein technisches Hilfsgerät und einen treuen Vater, der bei mir in der Wohnung schlief und so gut er nur konnte half.

Frau Heindl, die von Montag bis Freitag täglich mehrere Stunden als Heimhilfe bei mir war und meinen Vater bei der Morgentoilette unterstützte, hatte von dem Pfleger bei der Behandlung meines Dekubitus viel gelernt und sich schon nach zwei Wochen das Pflegeprogramm angeeignet. So konnte ich mir bald den doch teuren Pfleger sparen. Frau Heindl war an seine Stelle getreten. Das Wunder geschah, die zahlreichen Dekubituswunden heilten langsam von den Wundrändern nach innen ab. Sorgsam achteten wir, daß meine Sitz- oder Liegestellung während des Tages und auch in der Nacht so oft wie möglich verändert wurde.

Eines Tages läutete es an unserer Haustüre. Mein Vater öffnete. Im Türrahmen stand ein junger Mann, der sich sehr höflich als Sozialarbeiter im Allgemeinen Krankenhaus vorstellte. Er wurde zu mir geführt. Wie so oft gab es nun einen peinlichen Augenblick, als der Gast seine Hand zum Gruß vorstreckte und ich sie nicht ergreifen konnte. Der Student blickte zuerst verwirrt auf seine ausgestreckte Rechte, dann auf mich, sah meinen entschuldigenden Gesichtsausdruck und verstand schließlich. Er zog seine Hand zurück, und wir lächelten uns an. Der junge Mann erzählte, daß er von einem Dozenten der Neurologischen Abteilung des AKH geschickt worden sei, um sich nach meinem Befinden zu erkundigen. Obwohl der heftige Wortwechsel mir sogleich wieder einfiel, ließ ich mir nichts anmerken. Ich bedankte mich höflich für die freundliche Obsorge des Dozenten und ließ ihm mitteilen, daß ich von den Wunden des Dekubitus schon fast vollständig geheilt sei. Der Sozialarbeiter äußerte noch den Wunsch, die in Frage kommenden Hautstellen näher betrachten zu dürfen. Ich willigte ein. Nach genauer Untersuchung war er sichtlich beeindruckt. „Jetzt glaube ich selbst, daß ein Spital durch Personalmangel bei einer so arbeitsintensiven Behandlung einfach überfordert ist", sagte er ein wenig resignierend und verabschiedete sich.

Es ist vielleicht nicht nur der Personalmangel, dachte ich mir im stillen, sondern auch ein gerüttelt Maß an Interesselosigkeit. Für viele Pfleger und auch so manche geprüfte Schwester ist die Arbeit im Spital nur ein Broterwerb mit Pensionsanspruch, mehr jedoch nicht.

Verschiedene Begebenheiten in meinem Leben, die ich nunmehr vor dem Leser ausbreiten möchte, werden aufzeigen, daß diese schmerzliche Erkenntnis aus bitterer Erfahrung in mir gereift ist.

Kindheit in Hütteldorf

Der vermeintliche Erdklumpen machte ein zischendes Geräusch. „Dolfi, bitte wirf dieses Zeug rasch weg!" rief meine Schweser Berta, die neben mir im Hof der elterlichen Gaststätte spielte. Ganz instinktiv hatte ich ihrem Warnruf Folge geleistet und das erdverkrustete Etwas so weit ich nur konnte von mir geworfen. Noch während des Fluges detonierte die Eierhandgranate mit einem dumpfen Knall. Bereits als mich die Druckwelle zu Boden riß, spürte ich glühende Splitter in meinen Körper eindringen. Durch eine Rauchwolke hindurch sah ich auch meine Schwester mit schmerzverzerrtem Gesicht in sich zusammensinken. Als ich nach einer Ewigkeit verkrümmt auf dem Boden liegend zu mir kam, sah ich aus mehreren Wunden Blut sickern. Einige Augenblicke später ergoß sich ein Blutstrom über meine weiße Sommerhose. Dieser Anblick hat sich wie eine Fotografie in mein Gedächtnis eingeprägt.

Die einsetzende Panik brachte uns Kinder rasch wieder auf die Beine. In Todesangst, schreiend und brüllend, liefen wir auf den Hofeingang des Gasthauses zu. Im Hintergrund hörte ich das Schreien meines Bruders Helmut, der ebenfalls im Hof gespielt hatte und den wir in diesen dramatischen Sekunden vergessen hatten.

Kinderschicksal in Wien-Hütteldorf im Juni 1945 Dabei hatte alles so harmlos begonnen: Ich wollte mit meiner Schwester aus Lehm eine Burg bauen. Für dieses Vorhaben war der Hof hinter dem Gasthaus meiner Eltern geradezu ideal. Wegen der kriegsbeschädigten Häuser, aber besonders wegen den herumstreifenden Russen durften wir nicht in den kleinen Nebengassen Hütteldorfs spielen, wie wir es noch bis zu Beginn der schweren Luftangriffe täglich getan hatten. In unserem Hof gab es hinter dem Mistkübel besonders dicke Lehmklumpen zum Bauen. Ein solch vermeindlicher Lehmklumpen entpuppte sich als gefährliches Kriegsrelikt. Die Schreckensbilanz dieses heißen Junitages war noch nicht vollständig: auch mein Bruder Helmut war schwer verletzt worden. Das Tragische an seiner Verletzung war die Tatsache, daß ihm höchstwahrscheinlich überhaupt nichts geschehen wäre, wenn er nur in der hintersten Ecke, in ein Spiel vertieft, auf dem Kopfsteinpflaster sitzengeblieben wäre. Die Explosion dieses Höllengerätes hatte ihn jedoch hochgerissen, und er war geradezu in die Sprengstoffwolke hineingelaufen, so daß ein Granatsplitter in das rechte Auge eindrang.

Das Allgemeine Krankenhaus, das durch die Kämpfe um Groß-Wien überfüllt war, wurde noch um drei Kinder des Gastwirtes vom Baumgartner Spitz, Adolf Beinstingl sen., „bereichert". Mein Bruder Helmut kam auf die Augenstation, wo man sich – offenbar vergeblich – bemühte, den Granatsplitter aus der Hornhaut zu entfernen. Dieses „Andenken" aus jenen Tagen trägt er noch heute mit sich, fest mit der Hornhaut verwachsen. Das Auge bleibt bis an sein Lebensende zu etwa 90% sehunfähig.

Meine Schwester Berta und ich wurden auf der Chirurgischen Abteilung bei Professor Schönbauer untergebracht.

Auch meiner Schwester konnte ein Splitter zwischen dem Herzen und der Lunge nicht entfernt werden. Völlig verkapselt, macht dieser Fremdkörper heute jedoch keine weiteren Probleme. Mir selbst wurde in einer zweistündigen Operation ein großer Splitter aus dem linken Lungenflügel entfernt. Die Operation gestaltete sich deshalb so kompliziert, da auch mein Zwerchfell und mein Magen durch mehrere Splitter verletzt worden waren. Ich erinnere mich noch ganz genau, daß Professor Schönbauer, als ich aus der Narkose aufwachte, mit einem gütigen Lächeln an mein Bett trat und mir ein bizarr ausgezacktes Metallstück zeigte.

Nur meine Halbschwester Mizzi, die schon wesentlich älter war als wir drei ehelichen Geschwister, hatte der Mutter in der Küche geholfen und war so dieser Katastrophe entgangen. Sie war während der langen drei Sommermonate, die wir Kinder im Spital verbringen mußten, der Mutter einziger Trost.

Dabei war es erst Anfang Mai gewesen, als Mizzi selbst in eine gefährliche Situation geraten war: Die russischen Sturmeinheiten und Kampftruppen waren in den ersten Wellen über Wien hinweggefegt, und die Etappe hatte sich in unserem Bezirk breitgemacht. Somit war seit dem Abflauen der Kämpfe Mitte April 1945 unser Gasthaus ein „nachschubstrategisch" wichtiger Knotenpunkt für die fremden Truppen geworden. Meine Mutter mußte mit beigestellten Lebensmitteln fast Tag und Nacht für die siegreiche „Rote Armee" in großen Bottichen kochen. Gestohlene Tiere wurden auf den Holzdielen unserer Gastwirtschaft geschlachtet und mit den Bajonetten in bratengerechte Portionen zerteilt. Während dieser „Besuche" warfen die Soldaten immer begehrlichere Blicke auf meine Halbschwester, die gerade 15 Jahre alt geworden war und nicht unattraktiv aussah. Mein Vater bereitete eine wohlüberlegte Gegenmaßnahme vor: In der Kohlenkiste in unserem Keller wurde eine Ecke ausgeräumt, so daß ein junger Mensch in kauernder Haltung – zumindest für ein paar Stunden – versteckt werden konnte. Ein Brett diente als Dach und Luftreservoir, auf das man, zur besseren Tarnung, noch ein paar Kohlen legen konnte – sodann der Dekkel drauf, und fertig war das perfekte Versteck.

Als eine Spirituosenfabrik in unserem Stadtteil von den Russen erfolgreich – aber illegal – eines Nachts gestürmt worden war, sah Vater die Zeit für den Alarmplan gekommen. Mizzi wurde rasch in den Kohlenkeller verfrachtet. Keine Sekunde zu früh – hörte man doch schon vom Keller aus die Stiefel der Soldaten auf den Holzdielen im Gastraum rumoren. Gutturale Laute, dazwischen die aufgeregt-schrille Stimme meiner Mutter. Berta und ich beobachteten durch ein Astloch unter der Theke die dramatische Szene: betrunkene Russen fuchtelten dem Vater mit Maschinenpistolen vor der Nase herum. Dieser versuchte durch Gesten anzudeuten, daß er über den augenblicklichen Aufenthaltsort seiner Stieftochter nichts wisse. In diesem Augenblick kam Helmut ahnungslos bei der Schanktüre in den Gästeraum hereingelaufen. Gewehrmündungen richteten sich drohend auf ihn. Helmut, zu Tode erschrocken, wollte in Vaters ausgestreckte Arme laufen, doch die Soldateska verhinderte seine Absicht mit triumphierendem Grinsen. Sogleich war den Eltern der teuflische Hintergedanke klar: für die Freigabe des Sohnes war die Tochter auszuliefern. Mein Vater schüttelte jedoch entschlossen seinen markanten Bauernkopf. Daraufhin verließ die

Russenhorde unter Drohgebärden mit meinem verzweifelt „Vati, Mutti“ schreienden Bruder die Gastwirtschaft. Betroffen sahen sich die Eltern an. Beide hatten mit der Kinderliebe der Russen gerechnet. Die breiten Schultern meines Vaters sanken mutlos nach vorn. Die Eltern mußten eine schreckliche Nacht verbracht haben.

Wir saßen alle in gedrückter Stimmung um den kargen Mittagstisch – nur Mizzi knabberte ihr trockenes Kommißbrot vorsichtshalber auf ihrem Zimmer –, als die Eingangstüre unendlich langsam geöffnet wurde und Helmut mit einem zerrissenen Hemd und aufgeschlagenen Knien auf uns zukam. Als ob nichts gewesen wäre, setzte er sich an unseren Tisch. Wir waren alle fassungslos. „Schaut her, was ich euch mitgebracht habe!“, sagte er verlegen lächelnd und deutete auf die mit Schokolade vollgestopften Taschen seiner Trachtenjoppe. Die Herkunft der Schokolade war für Vater natürlich kein Geheimnis. Schon seit einer Woche war den Hütteldorfern bekannt, daß die Sowjets auch eine in der Nähe befindliche Schokoladenfabrik erfolgreich heimgesucht und die Lagerbestände blitzartig auf Null gebracht hatten. Aber das war jetzt alles nebensächlich: wir hatten gegen die sieggewohnte „Rote Armee“ eine ganz persönliche Schlacht gewonnen. Noch dazu ohne eigene Verluste!

Der Tod der Mutter

Meine Eltern stammen beide aus sehr bescheidenen bäuerlichen Verhältnissen. So wurde meine Mutter 1909 auf dem kleinen Bauernhof ihrer Eltern in Blumau-an-der-Wild im nördlichen Waldviertel geboren. Zu jener Zeit, als mein Vater, der etwa zehn Jahre älter als meine Mutter war, diese kennenlernte, ging es mit ihrer Familie finanziell steil bergab. Eine Feuersbrunst hatte den Hof zerstört, und mein Großvater war bemüht, die von der Versicherung ausgezahlte Summe systematisch und konsequent zu vertrinken. Als meine Mutter zu meinem Vater auf seinen Erbhof bei Döllersheim zog, hatte sie schon für eine uneheliche Tochter zu sorgen, Vater jedoch nahm die kleine Maria (sie wurde in unserer Familie nur Mizzi genannt) wie sein leibliches Kind auf. Als ich am 14. Jänner 1939 geboren wurde, fand es mein Vater an der Zeit, diese Verbindung zu legalisieren. Noch im gleichen Jahr wurde das Aufgebot bestellt. Ich wurde nach meinem Vater auf den Namen Adolf getauft – ein in dieser Periode sehr populärer Vorname. Eineinhalb Jahre nach meiner Geburt kam mein Bruder Helmut zur Welt.

Mein Vater ist in seinem Leben durch seine verschlossene Art und durch seine oftmals verschrobene Abkapselung in viele Fehlentscheidungen hineingeschlittert, zur Zeit des „Dritten Reiches" hatte er jedoch kurzfristig das große Los gezogen: In der Gegend um Döllersheim sollte für die Deutsche Wehrmacht ein Truppenübungsplatz entstehen. Vater hörte dieses Gerücht noch rechtzeitig und verkaufte seine ererbten 40 Joch Ackerland um rund 40.000 Reichsmark. Er zog im Frühjahr 1939 mit seiner Frau, seinen zwei Kindern, mit allem Hausrat – und vor allem mit sehr viel Hoffnung nach Wien. Zunächst wurde diese Hoffnung auf ein besseres Leben nicht getrübt, und alles lief recht gut an: Vater erwarb in der Hütteldorferstraße, beim Baumgartner Spitz, ein Zinshaus aus der Jahrhundertwende und nahm einen Bankkredit auf, um im Erdgeschoß eine Gastwirtschaft einrichten zu können.

Im September des gleichen Jahres wurde die Welt mit dem Überfall Deutschlands auf Polen in das schreckliche Drama eines Weltkrieges gestürzt. Mein größtes Problem in dieser Zeit war es – im wahrsten Sinne des Wortes – auf den eigenen kleinen Beinen zu stehen. An die Kriegsjahre kann ich mich nur ganz lückenhaft erinnern. Aus den Erzählungen meines Vaters weiß ich nur, daß sich ab September 1944, als die Luftangriffe der Amerikaner auf Wien einsetzten, die Versorgungslage der Bevölkerung ganz rapide verschlechterte. Tagelang war das Gasthaus ohne Gasversorgung. Meine Mutter konnte bald auch die einfachsten Speisen nicht mehr kochen. Unser Haus blieb jedenfalls wie durch ein Wunder vom Bombenhagel verschont. Im Juni 1945 kam es zum Unfall mit der Handgranate, über den ich schon berichtet habe. Ende September wurde ich aus dem Allgemeinen Krankenhaus entlassen. Ein paar Schulbücher wurden in einen alten Schuhkarton geschnürt, und meine Mutter begleitete mich auf meinem ersten – verspäteten – Schulweg.

Gegen Schulschluß hatte das Schicksal für unsere Familie einen weiteren schweren Schlag vorbereitet: Meine Mutter litt schon seit einer Woche an einer Blutvergiftung, die man in den ersten Tagen nicht erkannt hatte. Aufgrund der damaligen schlechten ärztlichen Versorgung konnte Vater erst sehr spät einen Arzt organisieren. Dieser ordnete nach einer kurzen Untersuchung eine sofortige Einlieferung in ein Spital an. Nachdem der Arzt mit einem hastigen Gruß unser Haus verlassen hatte, konnte ich heimlich auf der Spitalseinweisung das Wort „Lebensgefahr" entziffern. Obwohl Vater alle Hebel in Bewegung setzte, sah sich die städtische Rettung außerstande, sofort einen Wagen zu schicken. „Fahrzeugmangel", hieß die lakonische Antwort.

An jenem unvergeßlichen 23. Juni 1946 zog sich meine Mutter in Erwartung der Rettung schon sehr zeitig am Morgen an und verlangte nach einem Lavoir mit Wasser. Sie wusch sich und kämmte gerade ihr Haar, als sie plötzlich von Krämpfen geschüttelt wurde. Die Haarbürste fiel zu Boden. Der herbeieilende Vater fing Mutter auf und schleppte sie zu ihrem Bett. Die ganze Familie war in wenigen Augenblicken am Krankenbett versammelt. Schlagartig hatten wir Kinder die Situation erfaßt: die Mutter stirbt! Vater hielt ihre Hände und murmelte liebkosende Worte. Wir hatten jedoch nicht die Kraft, unsere Gefühle zurückzuhalten, wir weinten und jammerten. Mir fielen Kindergebete ein, die ich von der Mutter gelernt hatte. Diese wiederholte ich in meiner Verzweiflung in sinnloser Reihenfolge immer wieder. Mutter lag regungslos mit geschlossenen Augen. Ein neuerlicher Krampfanfall hob ihren Oberkörper. Sie streckte wie in Trance die Arme zur Zimmerdecke, die Finger bizarr ineinander verknotet. Mund und Augen weit aufgerissen, sank sie leblos auf ihr Kissen zurück. Nach einigen Sekunden atemloser Stille schloß Vater ihr mit einer unendlich zärtlichen Geste die starren

Augen. Eine halbe Stunde nach Mutters Tod klopfte die Rettung an die Haustüre, um sie ins Spital zu bringen.

Noch am gleichen Tag verließ Mizzi für immer unsere Wohnung. Sie war in diesem Jahr 18 Jahre alt und somit großjährig geworden. Bis heute habe ich keinen persönlichen Kontakt mehr mit ihr gehabt. Sie soll eine gute Stellung in einem Mineralölkonzern haben.

In diesen Tagen war auch die baldige Abholung eines Leichnams ein großes Problem: trotz der sommerlichen Hitze wurden die sterblichen Überreste unserer Mutter erst nach drei Tagen von einem Leichenwagen abgeholt. An jedem dieser drei Tage nahm ich vor dem Schulgang neuerlich für immer Abschied von der Mutter. Ich strich ihr in einem unbeobachteten Augenblick scheu über die erkalteten Hände. Als am dritten Tag gerade niemand in der Totenkammer war, schlich ich mit einer Schere zu ihr und schnitt eine Locke als Andenken ab.

Am 1. Juli fand das Begräbnis am Baumgarntner Friedhof statt. Vater in seinem schwarzen Sonntagsanzug mit Stecktuch führte an jeder Hand wortlos einen Sohn. Der Weg bis zum offenen Grab wollte nie enden. Das Tragkreuz in den Händen eines jungen Ministranten schwankte bei jedem Schritt. Nachdem der einfache Holzsarg hinabgelassen worden war, folgte eine kurze Ansprache des Pfarrers. „Sie war eine treusorgende Mutter", hat er gesagt. Wohl niemand in der kleinen Schar der versammelten Trauergemeinde konnte wie wir Kinder abschätzen, wie recht er mit seinen einfachen Worten hatte.

Erst Jahre später erfuhr ich durch Zufall, daß sich unsere Mutter bei einem unsachgemäß durchgeführten Abortus eine Blutinfektion geholt haben soll.

Stiefmütterliche Betreuung

Bald nach dem Tod meiner Mutter hatte Vater die Gastwirtschaft verpachtet. Wir Kinder wurden in sogenannten Hilfszügen mit anderen Halbwaisen und Waisen aufs Land verschickt. Meine Schwester kam nach Kärnten, mein Bruder nach Tirol und ich selbst nach Altdorf bei Zürich. Seit dieser Zeit verbinde ich mit dem Wort „Schweiz“ stets den Begriff „Schlaraffenland“. Die neutralen Eidgenossen waren von den furchtbaren Hungersnöten ihrer nordöstlichen Nachbarstaaten fast vollständig verschont geblieben. Die Schaufensterläden offenbarten den Kinderaugen eine bisher nie geahnte Wunderwelt. Minutenlang konnte ich meine Nase an die Glasscheiben pressen. So lernte ich fast ganz nebenbei zum ersten Mal in meinem Leben Aschanti und Orangen kennen.

In der Dorfschule wurde ich einfachheitshalber gleich nochmals in die erste Volksschulklasse gesteckt. Als ich Mitte November wieder nach Wien zurückgeschickt wurde, fiel mir daher die zweite Klasse ganz besonders schwer. Mein Vater half in einem landwirtschaftlichen Betrieb aus und hatte nur sehr wenig Zeit, mir bei den Hausaufgaben zu helfen. Aber er tat es letztlich so gut er nur konnte.

Über ein Ehevermittlungsbüro lernte mein Vater im Herbst 1948 meine spätere Stiefmutter kennen. Im Nachhinein sei mir die Bemerkung gestattet, daß ein gnädiger Herrgott uns und ihm diese Bekanntschaft wohl hätte ersparen können. Die Gründe für mein hartes Urteil werde ich noch darzustellen versuchen. Nachdem mein Vater diese Frau mehrere Male in der Steiermark besucht hatte, wurde im darauffolgenden Frühjahr geheiratet – denn alles, so pflegte mein Vater immer zu sagen, muß auch seine Ordnung haben –, und unsere Stiefmutter zog, ihren zwanzigjährigen Sohn in der Steiermark zurücklassend, zu uns nach Wien. Hier wollte sie die Gastwirtschaft gleich selbst führen. Vater konnte ihr diesen Wunsch nicht abschlagen. Zunächst mußte allerdings erst ein Kündigungsprozeß gegen die Pächterin durchgefochten werden. Zum einen war die Pacht zu einem lächerlich niedrigen Pachtschilling abgeschlossen worden, wie uns der Rechtsanwalt beweisen konnte, und zum anderen behauptete die Pächterin, das Gasthaus wäre ihr bis zur Großjährigkeit von uns Kindern überlassen worden, was mein Vater auf das heftigste bestritt. Die Pächterin hatte schon innerhalb eines halben Jahres den Prozeß verloren und mußte das Geschäftslokal räumen. So führte der Vater wieder die Gastwirtschaft, diesmal jedoch gemeinsam mit unserer Stiefmutter. Er war für den Einkauf der Waren, sie für die Küche zuständig.

Zur Aufbesserung des kärglichen Nachkriegsspeisezettels hatte mein Vater auf einer 100 m² großen Fläche im Areal unseres Innenhofes Hasenstallungen errichtet. Uns Kindern fiel die Aufgabe zu, bis zu 150 Hasen mit Futter zu versorgen. Auch die Streu mußte oftmals gewechselt werden, wollte man eine allzu intensive Geruchsentwicklung vermeiden. Bald kamen einige Dutzend Hühner hinzu, deren Haltung auch von der Fütterung her einfacher und unproblematischer war. Neben der Versorgung unserer Haustiere gingen wir Mutter tüchtig zur Hand. Noch vor unserem Frühstück mußten wir Milch und Gebäck einkaufen. Kaum hatten wir zu Mittag unseren Schulranzen erleichtert in ein Eck geworfen, mußten wir schon wieder verschiedene Besorgungen erledigen.

Was unsere Gastwirtschaft betraf, so war es leider mit den Organisationsqualitäten meiner Stiefmutter nicht allzuweit her. So waren die Lagerbestände oft so gering bemessen, daß wir Kinder, wenn es wieder einmal einen Engpaß gab, zu einem in der Nachbarschaft gelegenen Gasthaus laufen mußten, um Zigaretten, Wein oder Bier einzukaufen. Eine solch teure Bezugsquelle mußte sich zwangsweise in finanzieller Hinsicht unangenehm bemerkbar machen. Der Hauptgrund des geschäftlichen Niedergangs unserer bescheidenen Gastwirtschaft lag paradoxerweise in den allzu guten Beziehungen unserer Stiefmutter zu den Gästen. Aufgrund einer nicht gerade geschäftsfördernden Freunderlwirtschaft, gewährte sie fast jedem der bei uns zechenden Arbeiter über Wochen hinaus Kredit, wobei natürlich viele Schuldner nach einer so langen Zeitspanne die Höhe ihrer Verpflichtungen leugneten. Vater sah diesem Treiben gutmütig und – wie mir im Nachhinein scheint – auch recht hilflos zu.

Kein Verständnis hatte ich allerdings für Vaters Gutmütigkeit, als sich aus der Schar der zahllosen Bekanntschaften ein Favorit, ein gleichsam offizieller Hausfreund, häuslich bei uns einrichten konnte: Franz, der Schuster. Dieser arbeitsunwillige Handwerker (der nebstbei die Meisterprüfung nie geschafft hatte) verstand es mit erstaunlich viel Geschick, Einfühlungsvermögen und Charme gleichzeitig auch meinen Vater für sich zu gewinnen.

„Hört's amol ålle her!", rief er eines Tages über die Köpfe der bierschlürfenden Gäste hinweg und faßte meinen Vater mit einer vertrauensseligen Geste an der Schulter; „Der Adolf is mei Freind, und wer ihm wos åntuat, den z'reiß i in der Luft!"

Die Arbeiter stellten ihre Krügeln wortlos und lautlos auf die Plastiküberzüge der Wirtshaustische. Franz war von hühnenhafter Gestalt, und man nahm seine Worte kommentarlos zur Kenntnis.

Leider lief in unserem Wirtshaus nicht jede Situation so gedämpft-ruhig über die Bühne: fast so groß wie Franz selbst, war auch seine Eifersucht. Ich habe schon erwähnt, daß meine Stiefmutter gerne so dann und wann ein Auge auf einen gutgebauten Gast warf. Saß nun Franz ebenfalls in der Wirtsstube und hatte er schon – wie so oft – kräftig über den Durst getrunken, so ergab rasch ein Wort das andere, und eine handfeste Rauferei war aus dem Nichts blitzschnell im Gange. Bei diesen Gelegenheiten – wenn also die Bierkrügeln und Weingläser als Wurfgeschoße dienten – ergab es sich, daß so manches Stuhlbein auf einem harten Sturschädel zerdroschen wurde. Flugs suchte ich den schon in den ersten Befreiungstagen bewährten Beobachtungsplatz unter der Theke auf. Durch das kleine Astloch entging mir kein Detail, und ich konnte am nächsten Tag in der Zehnuhrpause dramatische Geschichten erzählen.

Franz hatte aber auch seine guten Seiten: So stellte er für uns Kinder strapazfähige Schuhe her – damals noch eine begehrte Mangelware. Franz nahm uns auch in den wiedereröffneten Wurstelprater mit und zahlte uns mehrere Ringelspielfahrten. Als hochwillkommene Draufgabe gab es Eis und Süßigkeiten. Luxusdinge, mit denen wir zu Hause niemals verwöhnt worden waren. Dafür mußten wir ihn anschließend noch bei seinen Zechtouren durch einige Kneipen begleiten. Bedauerlicherweise lagen auf unserem Fußmarsch vom 2. in den 14. Bezirk einige Spelunken auf der Wegstrecke. Kam er schließlich in diesem angetrunkenen Zustand in unsere Wirtsstube und erwischte er meine Stiefmutter zu allem Überdruß noch in einer mehr oder minder verfänglichen Situation, konnte es für sie saftige Ohrfeigen setzen. Eines späten Abends hatte Franz sie im Keller unseres Hauses so verdroschen, daß ihr das Schmuckgehänge aus dem Ohrläppchen gerissen wurde. Die Stiefmutter blutete stark, und ihr Gesicht war verquollen. Unser Vater verband sie wortlos mit fachmännischen Handbewegungen, ohne viele Fragen zu stellen.

Ganz still bei mir summierte ich meine zehnjährige Lebenserfahrung: in meine zukünftige Ehe würde sich kein anderer Mann drängen dürfen. Ich spürte ganz instinktiv, daß dieser Zustand das Ende einer Ehe bedeuten mußte.

Das Ende dieser Affaire kam unerwartet rasch. Als Franz zu Jahresbeginn 1953 wegen Lungenkrebs operiert werden mußte, hielt sein durch eine fortgeschrittene Leberzirrhose geschwächter Körper den operativen Belastungen nicht mehr stand. Er starb kurz nach dem Eingriff im Spital unter qualvollen Schmerzen.

Durch den tragischen Ausfall des offiziellen Hausfreundes wurde meine Stiefmutter noch launenhafter als sie es ohnehin schon war. Kamen wir nur eine halbe Stunde vom Spielplatz des nahen Beserlparks zu spät nach Hause – wir besaßen damals noch keine Uhr –, so setzte es Hiebe. Trotz ihres kleinen, zarten Wuchses und ihrer stämmigen kurzen Beine war sie wieselflink. Berta und ich waren im Sprint trotzdem schneller, nur Helmut, der jüngste von uns, blieb in ihren „Netzen“ gefangen. Er krümmte instinktiv seinen Rücken und wurde regelmäßig mit einem Holzlöffel oder einem ähnlichen Gegenstand, den sie in der Eile erwischte, gründlich bearbeitet. Hinter der Kellertüre versteckt, konnten wir die dumpfen Schläge und sein Wimmern deutlich hören.

Einige Zeit nach dem Tod des Schusters versuchte sie mit Gratisvierteln liebevoll einen neuen Favoriten aufzubauen, da jedoch riß meinem Vater endgültig die Geduld, und er warf lästige Freier kurzerhand hinaus. Diese Situationen häuften sich, und eines Tages erklärte meine Stiefmutter nach einer heftigen Szene, daß sie sich nicht mehr um die Gastwirtschaft kümmern werde. Bis zur Scheidung im Herbst 1955 ließ sie sich tatsächlich nicht mehr in der Küche blicken und blieb tagsüber in ihrer Kammer. Wir Geschwister halfen in dieser unangenehmen Situation dem Vater so gut wir nur konnten.

Für mich hatte diese Entwicklung in unserem Familienleben eine fast tragisch zu nennende Konsequenz: Mein Vater veranlaßte mich, eine interessante Lehrstelle aufzugeben, und ich mußte fortan im Gasthaus als Kellner arbeiten. Außer Würstel mit Brot und Senf gab es jetzt keine warmen Speisen. Bis weit nach Mitternacht stand ich hinter der Theke und kochte Kaffee, echten Wiener Heferlkaffee. Eine Espressomaschine wäre damals ein unerschwinglicher Luxus gewesen.

Während der Scheidungsverhandlung mußte mein Vater die Bilanz einer unglücklichen Ehe ziehen. Rund 15.000 Schilling Schulden waren durch unkluge Geschäftsgebarung entstanden. Für die fünfziger Jahre eine gewaltige Summe, speziell in unserem Groschengewerbe. Dabei hatte mein Vater den gesamten Zins, den unser Mietshaus abwarf, in die Gastwirtschaft investiert. Zu unserer ohnehin schwierigen wirtschaftlichen Situation kam noch erschwerend hinzu, daß mein Vater für das Ausbessern und Streichen der Fenster einen erhöhten Zins eingehoben hatte, welcher den Wohnparteien in kleinen Teilbeträgen wieder rückerstattet werden mußte, nachdem keine Materialien angeschafft werden konnten.

Mein Vater hatte kurz nach der Hochzeit seiner frischangetrauten Gattin ein Schreiben überreicht, in welchem er festgehalten hatte, daß sie nach seinem Tode ein Viertel des Hauses und zusätzlich noch die Gastwirtschaft erben sollte. Man kann sich unschwer vorstellen, daß dieses Schreiben zum Zentralpunkt des Scheidungsprozesses wurde. Da ich mittlerweile schon sechzehn Jahre alt geworden war, wurde ich als Zeuge vor

Gericht geladen. Wahrheitsgemäß, wenngleich auch etwas aufgeregt, schilderte ich vor dem Richter die Kreuzwegstationen dieser Ehe. Die materiellen Ansprüche meiner Stiefmutter wurden vom Gericht abgewiesen, die Ehe in beiderseitigem Einverständnis aufgelöst. Die Frau ging wieder zu ihrem leiblichen Sohn in ihre steirische Heimat zurück. Wir Kinder haben sie leichten Herzens aus unserem Leben gestrichen. Die Gastwirtschaft wurde neuerlich verpachtet.

Lehr- und Wanderjahre

Die Hauptschule beendete ich im Sommer 1953 in der Hochsatzengasse im 14. Bezirk. Für die Auswahl eines geeigneten Lehrberufs ergab sich für mich eine glückliche Fügung: Meine Schwester Berta war damals mit einem jungen Mann befreundet, den sie später auch tatsächlich geheiratet hat. Dessen Schwester führte eine Lebensmittelhandlung. Eben in dieser wollte ich meine kaufmännische Lehre beginnen. Ich hatte für diese Berufsentscheidung meine guten Gründe.

Vom Gasthausgewerbe im Arbeitermilieu hatte ich schon zu viele negative Seiten gesehen, um nicht zu einem „Aussteiger" zu werden: das Privatleben des Volkes in unserem Arbeiterbezirk spielte sich fast zur Gänze im Wirtshaus ab. Schon am Spätnachmittag saßen die Handwerker und Arbeiter beim Schnapsen und „Schmähführen" in launiger Runde. Ein wichtiger Ausgleich für schwere körperliche Arbeit. Als mehr oder minder freiwillige „Kiebitze" saßen ihre Frauen am Nebentisch, das Kinderwagerl stereotyp schaukelnd. Als die Kinder ins Bett gehen sollten, wollten die Männer natürlich ihre Frauen nicht an den häuslichen Herd begleiten. Streitereien und Gezänk waren die Folge. Selten hatten die Familien ausreichend Geld für Wirtshausbesuche auf der „hohen Kant'n". Man mußte daher „aufschreiben lassen". Zahllose Listen prangten auf dem Schwarzen Brett beim Kücheneingang. Ehrenwerte Familienväter versoffen oft schon am Samstagnachmittag den ganzen Wochenlohn. Ich beobachtete die abgehärmten Frauen auf der Suche nach ihren Männern. Verzweifelte Anrufungen an das väterliche Pflichtgefühl wurden nicht selten in hemmungslose Aggressionen umgesetzt. Durch die Ausbildung zum Lebensmittelhändler war ich entschlossen, diesem Leben im Bierdunst und Zigarettenqualm endgültig zu entkommen. Ich sollte in dieser Absicht noch viele Rückschläge erleben.

Das Lebensmittelgeschäft – in Wien nur kurz „der Greißler" genannt – befand sich nur ein paar Gassen von unserem Haus entfernt. Schon in den Sommerferien hatte ich einmal aushilfsweise dort gearbeitet. Mein Vater war letztlich froh, daß ich diese honorable Anstellung gefunden hatte, denn es gab zu dieser Zeit in Wien – wie schon so oft – ein Überangebot an postensuchenden Lehrlingen. Als ersten Monatslohn erhielt ich 195 Schilling. In meinen Augen ein kleines Vermögen. Die Stiefmutter, die damals noch bei uns lebte, stürzte sich sogleich auf das Geld: „. . . denn fressen tust' ja schließlich auch!"

Damit war ein Grund für meine prompte „Pfändung" gefunden. Für kleinere Gefälligkeiten konnte ich mir jedoch ein Trinkgeld verdienen, von dessen Existenz die Stiefmutter keine Ahnung hatte. Da gab es z.B. eine gehbehinderte Kundschaft, der ich den schweren Einkaufskorb in den vierten Stock hinauftrug. Jedesmal gab sie mir zwei Schillinge. Das war eine Menge Geld für mich, wenn man bedenkt, daß ein Liter Milch damals genausoviel kostete. Somit war ich schon zu Beginn meiner beruflichen „Karriere" gezwungen, mit meiner Barschaft äußerst sparsam umzugehen.

Das von mir schon erwähnte Lebensmittelgeschäft war noch ein klassischer Greißlerladen vom alten Schlag. Damals gab es noch keinen Supermarkt mit Neonlicht, Einkaufswagen und Musikberieselung. Dafür gab es an jeder Straßenecke einen Greißler. Eine fast versunkene Welt!

Der alte Kühlschrank mit Holzverkleidung mußte noch mit Eisblöcken gefüllt werden, die ein betagter „Eismann" in seinem klapprigen amerikanischen Lastwagen anlieferte. Die Wurst lagerte hinter einem verglasten Pult (ohne Kühlung), wo sich die Fliegen ein Stelldichein gaben.

Schon sehr zeitig in der Früh mußte ich den Salat putzen. „Tust' schön die braunen Ränder wegzupfen – damit er wieder ganz frisch aussieht!", ließ sich meine neue Chefin vernehmen. Danach mußten die Obst- und Gemüsesteigen auf ein abgeschrägtes Schaupult auf den Gehsteig gestellt werden. Nun wurde das Obst aufgeschlichtet – die schöne Seite tunlichst nach oben; man hatte verstanden. Die Äpfel wurden, wenn die Chefin gerade nicht hersah, mit Spucke liebevoll auf Hochglanz poliert. Noch bevor der erste Kunde das Geschäft betrat, mußten schließlich auf großen, schwarzen Blechtafeln mit Kreidestiften die Tagessensationen angekündigt werden.

War die Morgenarbeit erledigt, kam regelmäßig das etwas langweilige „Einwiegen" an die Reihe. In den ausklingenden fünfziger Jahren wurden Mehl, Zucker und Gries noch in Säcken zu 50 kg angeliefert. Mit Hilfe einer altertümlichen Balance-Waage begann nun die Tüftelei mit den punzierten Messinggewichten. Beim Mehleinwiegen war ich immer von einer Mehlwolke eingehüllt. Die gefüllten Säckchen mußten auf einer Marmorplatte abgeklopft und durch kunstvolle Falzungen verschlossen werden. Nach zwei Stunden des Herumwerkens mit der Messingschaufel sah ich aus, als ob ich selbst in einen der Mehlsäcke gefallen wäre. Aus Hosenschlitz und Hemdkragen rieselte noch nach Stunden der Mehlstaub heraus. Berufsschicksal. All dies geschah natürlich unter der strengen Kontrolle meiner Chefin, die peinlichst darauf achtete, daß das Wiegependel genau einen Millimeter vor der gewünschten Marke zum Stillstand kam.

Gegen Abend hieß es das Geschirr abwaschen und den Boden schrubben. Nach Geschäftsschluß um 18 Uhr 30 mußten Obst und Gemüse wieder versorgt werden. Der Schnittkäse wurde in Zeitungspapier verpackt und in ein nasses Tuch eingeschlagen.

Den Spaniel der Chefin äußerln führen, war eine freiwillige Draufgabe, die ich jedoch gerne leistete.

Fast unnötig zu erwähnen, daß ich nach meiner Heimkehr so gegen 20 Uhr im Wirtshaus noch kräftig zupacken mußte.

Die kaufmännische Berufsschule besuchte ich regelmäßig und mit einem Lerneifer, den man bislang bei mir nicht gewohnt war. Mein Lieblingsfach war kaufmännisches Rechnen, was meinen Kollegen völlig unverständlich war. Das Semesterzeugnis konnte sich sehen lassen. Ein bisher unbekanntes Glücksgefühl durchrieselte mich: die Schule war interessant, die Chefin nett. Freund, was willst du noch mehr vom Leben?

Leider dauerte diese Idylle nur ein dreiviertel Jahr. Dann mußte ich wegen der Weigerung meiner Noch-Stiefmutter, weiterhin in der Gastwirtschaft meines Vaters mitzuarbeiten, die Lehrausbildung abbrechen und dem Vater im Wirtshaus helfen. Vom Gipfel des Glücks war dies ein sehr schmerzlicher Absturz.

Zu meinem größten Unbehagen landete ich in einer Kellnerschule. Mein Vater sah sich zu dieser Notlösung gezwungen, um ein Einschreiten der Fürsorge wegen meiner unterbrochenen Pflichtschulausbildung zu verhindern.

In diesem Kurs habe ich mich gleich am Anfang blamiert. Ich konnte mich nur mit der Tatsache trösten, daß die anderen Mitschüler zumindest als Piccolos einige Praxis in zum Teil sehr vornehmen Hotels hinter sich hatten. Mein Mißgeschick begann damit, daß unser Fachlehrer mich eines Tages aufforderte, einen Abendtisch zu decken. In unserem Gasthaus war ein Tischtuch natürlich ein völlig entbehrlicher Luxus. Wurde Bier verschüttet, so nahm man einen Lappen und wischte über das Plastiktuch. Fertig. Ich warf also locker aus dem Handgelenk das blütenweiße Tischtuch über den Tisch und stellte schwungvoll noch einen Aschenbecher darauf. Messer, Gabel und Löffel landeten auf einem Haufen, da das Besteck bei uns immer in eine Papierserviette eingewickelt wurde. Kreischendes Gelächter folgte meiner Darbietung. Der Fachlehrer war einigermaßen fassungslos. Meine Noten waren dementsprechend.

Ich habe schon erwähnt, daß unser Gasthaus nach der Scheidung der Eltern wieder verpachtet wurde. Der für mich angenehme Nebeneffekt bestand darin, daß ich die ungeliebte Kellnerlehre nicht fortsetzen mußte, sondern mich nach einer mir interessant scheinenden Lehrstelle umsehen konnte. Das war leichter gesagt als getan.

Im „Neuen Österreich“ las ich mit immer längerem Gesicht den Anzeigenteil unter „Stellenangebote“. Endlich fand ich eine Annonce, die mir vielversprechend schien: „Molkerei Royer, Schweglerstraße 27, sucht junge Verkäuferin“. Die zwei Worte „junge Verkäuferin“ konnte ich mittlerweile schon richtig interpretieren: diese Firma suchte einen billigen Lehrling. So war es denn auch. Meiner Aufnahme stand nur ein kleines Problem im Wege: Die Molkerei hatte schon sechs Lehrlinge, und die Handelskammer war nur bereit mich zu akzeptieren, wenn der älteste Lehrling als Geselle weiter im Unternehmen arbeiten konnte. Aber auch diese Schwierigkeit wurde erfolgreich gemeistert, und ich konnte meine Ausbildung fortsetzen. Ich lernte die Büroarbeit kennen und arbeitete auch in den Lagerräumen. Im Verkauf wurde ich auch am Sonntag eingesetzt, da wir zu dieser Zeit noch zwei Stunden am Vormittag offen hatten.

Im März des folgenden Jahres hatte ich ausgelernt. Ich wurde „freigesprochen“, wie es nach altem Lehrlingsbrauch hieß.

In einem klapprigen VW-Lieferbus begleitete ich nun unseren Chauffeur auf seinen Kundenbesuchen durch Wien. Auf diese Art und Weise lernte ich nicht nur die Branchenusancen, sondern auch unsere Kunden kennen. Das klassische Prinzip der Arbeitsteilung wurde auch in unserem Betrieb verwirklicht: ich erstellte die Abrechnung, und der Chauffeur kassierte.

Obwohl wir stets etwa dreißig bis vierzig Käsesorten mit uns führten, konnten wir nicht immer alle Kundenwünsche befriedigen. Einmal wollte ein Kunde z.B. partout einen Emmentaler der Güteklasse I, wir hatten jedoch nur eine Sorte der Klasse II mit uns. Der betagte Greißler beklagte lautstark sein Schicksal. Dem Manne mußte geholfen werden: unter dem Vorwand nochmals nachsehen zu wollen, ging ich zu unserem Lieferwagen, nahm den Käsebohrer und stach ein paar große, schöne Löcher in den Käselaib. Als der Kaufmann die großen Löcher in meinem präparierten Käse sah, war er glücklich wie ein Kind. Wir beide waren nicht minder glücklich, war es uns doch gelungen, ein Käserad mehr zu verkaufen, denn die Höhe des Emmentalers und die Größe seiner Löcher gaben als Faustregel Auskunft über seine Qualität.

In den warmen, trockenen Sommermonaten machte ich den Führerschein und begab mich mit dem Lieferauto nunmehr allein auf Verkaufstour.

Nach der Scheidung meiner Eltern durfte ich natürlich meinen Lohn behalten, für Kinos oder ähnliche Vergnügungen konnte ich jedoch wegen der drückenden Schuldenlast keine Unterstützung erwarten. Nach Dienstschluß ging ich daher mit meinem Bruder in einen Gasthof im 15. Bezirk zum „Kegel aufklauben". Vollautomatische Kegelbahnen gab es in diesen Jahren noch nicht, und so war unser kleines Nebeneinkommen gesichert. Für hundert Schub (was letztlich hundert Mal bücken bedeutete) bekamen wir drei Schillinge. Einer von uns „Schanis" mußte auch mit Kreide das Ergebnis auf einer schwarzen Tafel „anschlagen". Wachsame Kiebitze deckten schonungslos jeden Schreib- und Additionsfehler auf. Vom „Schani" wurde auch als Selbstverständlichkeit erwartet, daß er alle Kegelregeln beherrschte.

Nun war ich wieder einmal – meistens bis nach Mitternacht – inmitten des Bierdunstes gelandet. Diesmal jedoch zu einem höheren Zweck: Schon nach relativ kurzer Zeit konnte ich mir ein neues Fahrrad leisten, und mein Bruder kaufte sich ein gebrauchtes Moped, für das ich auch einen Teil meines Gesparten beisteuerte.

Hochzeitsglocken

Ein Mann von Welt müsse tanzen können. Zumindest war ich in meiner Jugend davon felsenfest überzeugt. Eine Tanzschule auf der Hietzinger Hauptstraße zog mich magisch an. Kaum hatte man die Klinke der Eingangstüre niedergedrückt, empfing einen auch schon der Duft von frischem Bodenwachs. Betrat man nun den Tanzsaal, so spiegelten sich die Kristalluster in der feinen Holzmaserung. Junge Herren paradierten im dunklen Anzug mit beinahe dezenter Krawatte und weißen Zwirnhandschuhen. Die Mädchen präsentierten sich entweder im Dirndl mit Zöpfen oder im „kleinen Schwarzen". Waren sie damals auch sicher noch nicht so raffiniert geschminkt wie heute, boten dennoch einige einen ganz wunderbaren Anblick. So war ich letztlich froh, meine weißen Handschuhe zu tragen, blieb auf diese Weise doch mein plötzlich ungewohnt stark auftretender Handschweiß gnädig unter den Zwirnsfäden verborgen.

In dieser Tanzschulzeit hatte ich keine fixe Freundin. Das war eher Zufall, denn ich hatte mit dem anderen Geschlecht im allgemeinen nicht wesentlich größere Probleme als meine Altersgenossen auch. Die Koedukation war noch nicht erfunden, und so ging man eher vorsichtig, aber dennoch neugierig, aufeinander zu. Nach der Tanzstunde traf man sich in kleinen Gruppen im nahen Cafe Gröpl oder, wenn es einmal die Barschaft erlaubte, beim berühmten Dommayer. Nach einer Stunde gemütlichen Beisammenseins wurden die jungen Damen meist schon unruhig und blickten aus den Augenwinkeln auf die Uhr: Damals mußte man noch präzise zu einer vorgegebenen Zeit zu Hause sein.

In dieser Zeit hatte ich mein Augenmerk intensiv auf ein dunkelhaariges Mädchen geworfen. Sie blinzelte auch mit offensichtlichem Interesse zurück, als sich im Walzerreigen unsere Blicke trafen. Bedauerlicherweise wurde sie von ihren Eltern – angesehenen „Geschäftsleuten" in unserer Nachbarschaft – ganz besonders streng behütet. So mußten wir auf dem Heimweg ein flottes Tempo einschlagen, um die Zeit einzuholen, die wir eng umschlungen auf einer Parkbank zugebracht hatten. Unsere romantische Beziehung zerbrach an den pseudomoralischen Vorurteilen ihrer Eltern. Wer kann meine jugendlichen Seelenschmerzen beschreiben?

Mein Firmenchef feierte an einem grauverhangenen Februartag Hochzeit. Er bat mich, in seiner prachtvollen Wohnung an der Hochzeitstafel zu servieren. Dieser Bitte kam ich natürlich gerne nach, zumal er ein sehr netter, sympatischer Chef war. Gegen 21 Uhr war mein Auftritt beendet, und ich konnte, wohlversorgt mit Leckerbissen, meines Weges gehen. Was tun mit diesem angebrochenen Abend? Da geh'st zum Wimberger am Neubaugürtel, dachte ich mir und machte mich auf den Weg.

Ein eiskalter Nieselregen fegte die Gassen entlang. Schon weit vor dem Neubaugürtel mußte ich meinen alten Wagen parken, da kein Parkplatz vor dem Lokal zu finden war. Ich schlug meinen Mantelkragen hoch und wickelte meinen Wollschal noch fester um den Hals. Die Taschen meines dünnen Regenmantels konnten meine klammen Hände nicht wärmen. Am Neubaugürtel angekommen, betrat ich das Lokal. Über dem Portal stand mit greller Neonschrift „Dancing“. Hier war ich richtig.

Sauerstoffarme Wärme empfing mich. Ich versuchte mich an das schummrige Licht zu gewöhnen und blickte mich um. In der Nähe des Eingangs saß eine Blondine mit modischer Farah-Diba-Frisur, die sogleich meine Aufmerksamkeit erregte. Ich faßte mir ein Herz und steuerte auf sie zu, verbeugte mich kurz und sagte höflich, wie ich es in der Tanzschule gelernt hatte:

„Gestatten Sie, Fräulein“?

„Warum?“, kam schnippisch die Antwort.

„Sie retten damit einen halberfrorenen Menschen vor dem sicheren Tode. Ich komm' nämlich grad' von draußen“, fiel mir eine halbwegs lockere Antwort ein. Ihre Lippen verbreiterten sich zu einem Schmunzeln. Sie erhob sich zögernd. Ein Teilerfolg war errungen. Ich tanzte mehrmals mit ihr, und danach setzten wir uns nieder, um einen Drink zu nehmen.

Ich hatte nunmehr Gelegenheit, meine hübsche Blondine unbemerkt auch im Profil zu betrachten. Sie hatte regelmäßige, fast klassische Gesichtszüge. Die Art, wie sie Platz nahm, verriet Anmut und Grazie. Irgend etwas in mir geriet hoffnungslos aus der Balance.

„Ich heiße Adolf – und Sie?“

„Ingrid“, sagte sie knapp.

Die Musikband war inzwischen zu ruhigeren Songs übergegangen. Man konnte sich jetzt unterhalten, ohne die Stimme heben zu müssen. Zuerst sprachen wir über allerlei Nichtigkeiten, dann aber schien sie zu merken, daß ich auf ihre

Gesprächsthemen mit Interesse einging, und Ingrid begann aus ihrem Leben zu erzählen.

Bis vor einigen Wochen hatte sie bei einem angesehenen Strickwarenerzeuger gearbeitet. Sie hatte in dieser Firma als einfache Büglerin begonnen. Ihr Chef, ein verwöhnter Frauenkenner, meinte jedoch, daß sie als Arbeiterin in seinem Betrieb nicht optimal eingesetzt sei und schlug ihr vor, als Mannequin seine Strickmodelle vorzuführen. Ein Angebot, das sie selbstverständlich nicht ausschlagen konnte. Sie unterstrich ihre Worte mit anmutigen Bewegungen – aber jetzt nur nicht ablenken lassen! Sogar im Hotel Sacher, fuhr sie fort, ohne meine Irritation zu bemerken, habe sie vor noblem Publikum vorgeführt.

Nach einiger Zeit aber bekam sie Probleme mit ihrem Chef. Er war so um die fünfzig, und die jungen Lehrmädchen erachteten es als eine besondere Auszeichnung, zu diversen „Besprechungen" in sein Büro gerufen zu werden. Auch Ingrid blieb ein Besprechungstermin nicht erspart. Er bot ihr nach einigen freundlichen Einleitungsfloskeln Wein an und wollte sich an sie heranmachen. Mit dem Hinweis, daß er schon ihr Vater sein könnte und sich schämen sollte, gab Ingrid ihm eine schallende Ohrfeige, die seinen Lustpegel offenbar sofort auf Null reduzierte.

Die Kündigung ließ nach diesem Vorfall nicht lange auf sich warten.

Es war mir nicht möglich, eine Bemerkung zu machen, da im selben Augenblick Ingrids beste Freundin vor unserem Tisch auftauchte und sich nach einer sehr förmlichen Vorstellung an unserer Unterhaltung beteiligte. Da unser Gespräch nun sehr bald wieder zu unverbindlichen Themen überging, sah Ingrid auf die Uhr und drängte zum Aufbruch. Ich zahlte hastig und holte die Mäntel der Damen.

Vater und Bruder wunderten sich bald über meine sprunghaft angestiegene Vergnügungssucht und vermuteten daher – zu Recht – amouröse Abenteuer. In welches Vorstadtlokal wir auch gingen, Ingrid war der ungekrönte Star jeder Tanzfläche, und ich freute mich insgeheim, daß sie nach einigem Zögern meine Einladungen angenommen hatte. Auf dem Heimweg verfolgten uns hektisch blinkende Autos der verschmähten Tanzpartner bis nach Meidling, wo Ingrid mit ihrer Mutter und ihren Geschwistern eine kleine Gemeindewohnung bewohnte. Im Tanzlokal „Pirateninsel" fand sie in ihrem Mantel einen Zettel mit eindeutigen Angeboten eines Kellners, der uns zuvor aufdringlich bedient hatte. Da Ingrid diese und ähnliche Zudringlichkeiten nur mit einem verächtlichen Achselzucken quittierte, waren diese Begebenheiten für einen kopflos Verliebten nur die Bestätigung seiner Auserwähltheit.

Ingrid hatte Vertrauen zu mir gefaßt, und wir verbrachten sehr harmonische Monate miteinander. Sie war zeitweise etwas melancholisch, ich schenkte jedoch diesen Stimmungstiefs keine sonderliche Beachtung. Eines Frühlingstages sollte ich jedoch den Grund für ihre seltsame Niedergeschlagenheit erfahren, und ich muß gestehen, daß es für mich nicht leicht war, die Fassung zu bewahren.

Nach einem kleinen Ausflug in den Wienerwald hatte ich sie mit meinem schon klapprigen Auto nach Hause gebracht, als sich ihre Finger plötzlich an der Innentürverriegelung verkrampften. Sie sank in sich zusammen und begann bitterlich zu weinen.

„Was hast' denn, Ingrid?", fragte ich erstaunt und gleichzeitig besorgt.

„Wir können uns ab heute nicht mehr sehen", brach es aus ihr hervor.

„Weshalb denn nicht? Hab' ich dich beleidigt?"

„Ich bin schwanger – aber nicht von dir!"

Ich schwieg und betrachtete teilnahmslos den vorbeiflutenden Nachmittagsverkehr, bis ich mich nach einigen Augenblikken gefaßt hatte. Mit einer ungeheuren Kraftanstrengung schaffte ich es, mir meine namenlose Enttäuschung nicht anmerken zu lassen und meiner Stimme etwas Wärme zu geben.

„Aber Ingrid, das ist doch kein wirklich ernstes Problem zwischen uns beiden; das soll dich nicht belasten."

„Meinst du das wirklich ganz ehrlich ...?" Sie hob mit einem erstaunten Blick ihr verweintes Gesicht. Ich versuchte zu lächeln. Es mußte mir irgendwie glaubhaft gelungen sein, denn sie lehnte ihren Kopf an meine Schulter. In meinem Kopf wirbelten jedoch die Gedanken planlos durcheinander: Was war nur geschehen? Was hatte ich falsch gemacht? War Ingrids äußerliche Sprödheit doch nur ein Spiegelbild ihrer inneren Gefühlskälte? Sie hatte mir zärtlich über den Nacken gestrichen und wenige Stunden später offenbar mit anderen Männern geschlafen! Das harte Los meines Vaters kam mir in den Sinn, und mich schauderte. Sie muß meine innere Unruhe und Verzweiflung gespürt haben, denn mit leiser Stimme erschloß sie mir ein weiteres Kapitel ihres Lebens.

Etwa zwei Monate bevor wir uns kennengelernt hatten, liebte sie leidenschaftlich einen Welthandelstudenten, der sie auch geschwängert, danach aber einfach sitzengelassen habe. Deshalb sei sie bei unserem ersten Zusammentreffen anfänglich auch so arrogant gewesen, da sie von Männerbekanntschaften einfach nichts mehr wissen wollte. Ich glaubte ihren Worten, ohne auch nur eine Sekunde zu zweifeln, und ergriff – da sie meinte, nun doch nach Hause gehen zu müssen – ihre Hand, um sie zärtlich zu drücken. Sie erwiderte diesen Druck wortlos und glitt aus dem Wagen.

Im Juni 1961 kam ihr Sohn Robert zur Welt. Dieser neue Erdenbürger beanspruchte in der 30-m^2-Gemeindewohnung, in der schon Ingrids geschiedene Mutter, Großmutter und zwei weitere Geschwister wohnten, natürlich auch seinen Platz. Die bedrückenden Wohnverhältnisse waren somit für Ingrid zu einem Problem geworden. Um die Schwierigkeiten komplett zu machen, hatte sie weder eine Stellung noch eine Aussicht auf eine akzeptable Arbeit.

Als in unserem Zinshaus eine Wohnung frei wurde, besprach ich mit Vater, daß ich mit Ingrid und dem kleinen Robert in diese freigewordene kleine Wohnung einziehen könnte. Ich hatte jedoch nicht mit der rasenden Eifersucht meines Bruders Helmut gerechnet, dem gerade zu dieser Zeit – wie schon so oft – eine Freundin davongelaufen war. Als Ingrid mit dem Kinderwagen und ihren wenigen Habseligkeiten bei uns in der Hütteldorferstraße ankam, fing er in einem bisher noch nicht erlebten Ausmaß zu toben an. In blinder Wut hängte er die Türe unserer neuen Wohnung aus und warf sie an die Stiegenhauswand, so daß der Verputz auf die Steinfliesen rieselte. Mit geballter Faust drohte er einer geschockten Ingrid, daß er sie die Stiegen hinunterwerfen werde, wenn sie nicht augenblicklich in ihr „Hurennest“ zurückkehre. Es gelang mir, ihn in einem kurzen Handgemenge abzudrängen. Nachdem ich die Eingangstüre wieder eingehängt hatte und wir die Nacht unbelästigt und halbwegs ruhig hinter uns gebracht hatten, entschlossen wir uns, rasch wieder auszuziehen. Seit diesem denkwürdigen Apriltag des Jahres 1962, an dem mein Versuch einer Hausstandsgründung so kläglich gescheitert war, habe ich niemals wieder im Hause meines Vaters übernachtet. Ingrid zog wieder in die kleine Wohnung ihrer Mutter.

Über mein Unglück Klage zu führen, war allerdings nicht meine Art. Durch den Ankauf einer kleinen Spirituosenhandlung hatte ich mich unterdessen selbständig gemacht und war mit großem Einsatz bemüht, finanziell über die Runden zu kommen. Über meinen beruflichen Werdegang werde ich im nächsten Kapitel berichten. Hier möchte ich nur so viel vorwegnehmen, daß in meiner Neuerwerbung in der Schönbrunnerstraße leider kein zusätzlicher Wohnraum für meine „Familie“ zur Verfügung stand. Mein Geschäft befand sich zu ebener Erde in einer alten Mietskaserne, die heute schon längst nicht mehr steht. Neben dem Geschäftslokal gab es nur einen kleinen Lagerraum, dessen Wände außerdem noch feucht waren. Ich zog daher als „Bettgeher“ zu einer Kundin, die sich allerdings bald als „zu gute“ Kundin meiner Weinhandlung entpuppte, da sie selten nüchtern war. Das Aufräumen und Saubermachen in ihrer Wohnung gehörte sichtlich nicht zu ihrer Tagesroutine. Aber absolut unerträglich war der Umstand, daß ihr Pudel täglich ab vier Uhr früh mit einem Bellkonzert begann, das bis zum Frühstück nicht enden wollte.

Diese Umstände bewogen mich, mein Klappbett schleunigst bei einer anderen Kundin aufzustellen. Doch auch hier hielt es mich aus ähnlichen Gründen nicht sehr lange, und ich zog mit meinem Feldbett und den zwei Koffern in mein Geschäft und richtete mir den feuchten Lagerraum mit Schilfrohr an der Wand als Schlafzimmer ein, so gut es eben ging. Damals ahnte ich natürlich noch nicht, daß diese Lebensweise im düstersten Abschnitt meines Lebens zur täglich geübten Praxis werden sollte.

Das Gespräch mit meinen Kunden in der Weinhandlung mußte Ingrid erst durch Selbstüberwindung lernen, denn sie war im Umgang mit fremden Menschen eher schüchtern und abweisend. Ein beratendes Gespräch, ein kleiner Tratsch mit einer Rentnerin waren nicht ihre Sache. Mit der Zeit ist sie jedoch – zu meinem größten Erstaunen – ganz gut hineingewachsen. Sie erlernte rasch meine Warenbuchhaltung und gab Sammelbestellungen bei den Spirituosengroßhändlern auf.

Um zusätzliches Geld für unser zukünftiges gemeinsames Leben unter besseren Umständen aufzutreiben, nahm ich eine Zusatzbeschäftigung bei einem Autohändler an. Aus diesem Projekt mußte ich jedoch nach kurzer Zeit mit Verlust aussteigen. Auch auf diese Begebenheit will ich später noch kurz eingehen.

Letztlich war ich jedoch ganz froh, daß ich mein Spirituosengeschäft wieder selbst führte, hatte doch Ingrid bedauerlicherweise aus Unachtsamkeit einige Unregelmäßigkeiten in der Geschäftsgebarung einreißen lassen: die Retourware stimmte nicht mit dem Wareneingangsbuch, die Tageslosung nicht mit der tatsächlich verkauften Ware überein. Nächtelang vertiefte ich mich auf Fehlersuche in meine Bücher.

Die Zeitung „Neues Österreich“ half jedoch weiter: Das Lokal „Chatanooga“ am Graben im 1. Bezirk suchte eine Serviererin. Ingrid meldete sich und nahm sogleich eine weiße Schürze in Empfang.

Da auch ihre Mutter als Bedienerin beschäftigt war, sollte sich die Großmutter um den kleinen Robert kümmern. Doch auch dieser Job stellte keine langfristige Lösung unseres Geldproblems dar, da sowohl der Lokalbesitzer als auch der damalige Geschäftsführer Ingrid auf Schritt und Tritt nachstellten. Nach zwei Monaten legte sie die weiße Schürze kurzerhand auf einen Barhocker und ging.

Schließlich gelang es uns, wenigstens hinsichtlich der Wohnungsfrage einen bescheidenen Erfolg zu erringen. Eine meiner Kundinnen, eine ältere Dame, erwähnte, daß sie ihre kleine Wohnung in der Margaretenstraße wegen des Verkehrslärms gegen eine ruhigere Wohnung eintauschen würde. Mein Interesse war sofort geweckt, lag diese Wohnung doch nur ein paar Gehminuten von meinem Geschäftslokal entfernt. Ich sprach mit dem Hausverwalter, der gegen einen Barerlag von 7.000 Schilling nichts gegen einen Neubezug einzuwenden hatte. Also richtete ich dieser alten Dame zu ihrer vollsten Zufriedenheit eine Wohnung im 2. Bezirk ein. Ich malte die Wände und organisierte mit einem Freund ihren Möbeltransport.

Nunmehr konnte ich mit Lust und Leidenschaft darangehen, unsere erste gemeinsame Wohnung einzurichten! Der Komfort war natürlich nicht aufregend: das WC war am Gang zu finden. Vorkriegsstandard, aber was soll's. Ich begann nunmehr die Wohnung zu renovieren und Kalt- sowie Warmwasser für eine Brause einzuleiten. Nach mehreren Monaten harter gemeinsamer Arbeit (am Abend und an Wochenenden, versteht sich . . .) konnten wir im Frühjahr 1963 mit unseren wenigen Möbeln einziehen. Es gelang mir, Ingrid zu überreden, Robert mit in unsere Wohnung zu nehmen, da der Spitzbub der Großmutter doch gewissermaßen über den Kopf gewachsen war. Ingrid kam auf die Idee, zwei Lehnstühle zusammenzuschieben, und so entstand ein bequemes Bettchen für Robert.

Das Leben lief von diesem Tag an in geordneten Bahnen. Zum ersten Mal seit meiner Schulzeit dachte ich mit fast sorglosem Optimismus an die Zukunft. In dieser entspannten Situation entschlossen wir uns ganz spontan, zum ersten Mal in unserem Leben auf Urlaub zu fahren. Ingrid war mittlerweile 21 Jahre alt geworden, und so war dieser Luxus wirklich nicht unangebracht. Unser Urlaubsziel hieß Maria-Wörth am Wörthersee. Kärnten war in meiner Phantasie schon immer der Inbegriff eines idealen Reiselandes.

Ich hatte wieder ein Auto aus Drittbesitz gekauft und es mit viel Geduld und guten Ersatzteilquellen fahrtüchtig gemacht. Die Urlaubsreise war somit gleichzeitig die Jungfernfahrt meines fahrbaren Untersatzes. In der Nähe von Maria-Wörth fanden wir eine kleine Frühstückspension am Waldesrand, deren Besitzer für ihre Gäste ein Badehaus direkt am See zur Verfügung stellten. Wir machten von dieser Möglichkeit neben weitläufigen Spaziergängen auch ausgiebig Gebrauch. Ingrid war eine fast fanatische Sonnenanbeterin. Ich selbst saß lieber im Schatten einer alten Kastanie und studierte meine Zeitungen.

In solch harmonischen Tagen ist man fast allen Dingen gegenüber aufgeschlossener als im Alltag. Diese grundsätzliche Erkenntnis hatte auch Ingrid bewogen, ihre Gespräche – zuerst dezent, sodann jedoch konkreter – auf das Thema Heirat zu bringen. Ich muß offen gestehen, daß ich von diesem ehrwürdigen Stand nicht restlos überzeugt war, hatte ich doch das Schicksal meines Vaters noch sehr lebendig vor Augen.

Die Frauen scheinen es jedoch im Blut zu haben, wie man einen wichtigen Punkt auf die Tagesordnung bringt. In der vorletzten Nacht kuschelte sie sich ganz dicht an mich heran, biß mich ins Ohrläppchen und flüsterte:

„Dolfi, ich fühle mich jetzt auch an meinem Ringfinger so splitternackt.“ Das war ein Argument.

An einem trüben Oktobertag des Jahres 1964 war es dann soweit, das Aufgebot wurde bestellt, Verwandte und Freunde wurden eingeladen. Die standesamtliche Trauung ging – auf meinen dringenden Wunsch ohne Ansprache – in einem kahlen Amtshaus sehr kurz und schmerzlos über die Bühne. Die kirchliche Trauung fand in einem festlicheren Rahmen in der Pfarrkirche St. Joseph in der Schönbrunnerstraße statt. Die Verwandtschaft blickte so feierlich-fromm, wie ich sie noch nie gesehen hatte. Der junge Pfarrer sprach von dem kostbaren Gut der Liebe und Treue, die bis in die Ewigkeit hineinreichen. Er sprach davon, daß wir uns beistehen sollten, in guten wie auch in schlechten Tagen. Das gelobten wir beide vor dem Altar. Leider war meine Gattin den schweren Prüfungen, die uns das Schicksal in einer nicht allzu fernen Zukunft auferlegen sollte, menschlich nicht gewachsen. Doch an solch einem Festtag war Pessimismus natürlich nicht angebracht.

Bei der Hochzeitstafel in einem nahegelegenen Gasthaus waren von meiner Familie nur Vater und Bruder anwesend.

Nachdem wir die Wohnung im Haus des Vaters nicht mehr durch unsere Anwesenheit „entehrten“ und vor allem einer Weitervermietung nichts mehr im Wege stand, konnte sich Helmut sogar zu ein paar freundlichen Worten an meine Braut aufraffen. Meine Schwester Berta war nicht gekommen, da sie sich unter keinen Umständen mit Ingrid arrangieren wollte. Die Hochzeitsgesellschaft unterhielt sich so fröhlich und einträchtig, wie es in Zukunft nie mehr der Fall sein sollte. Ich erschrak beinahe, als ich Vater mehrmals aus vollem Halse lachen hörte. Das war mir schon seit meiner frühesten Jugend nicht mehr vergönnt gewesen. In aufgekratzter Stimmung beschloß der „harte Kern“ – also letztlich die Jugend – noch ins „Chatanooga“ zu gehen. Ingrid hoffte im stillen, dem lüsternen Geschäftsführer nicht mehr über den Weg zu laufen. Ihre Furcht war unbegründet, da er nicht anwesend war. Begabte Nachahmer der „Beatles“ produzierten sich gekonnt auf einer kleinen Bühne. Sekt wurde in versilberten Kühleimern herbeigeschleppt, und alle Nachtschwärmer ließen uns hochleben. Um 4 Uhr früh war auch für uns Sperrstunde.

Berufsleben

Das Zinshaus meines Vaters in der Hütteldorferstraße konnte aus den Mieteinnahmen allein nicht erhalten werden. Wir hatten zwar vierzehn Parteien im Haus, aber ein Großteil der Mieter zahlte nur den sogenannten „Friedenszins“ von 22 Schilling im Monat. Davon konnten die schon längst fälligen Reparaturen nicht bezahlt werden. Allein hundert Fensterflügel wären dringend zu streichen gewesen.

Eines Tages, ich glaube es war zu Jahresbeginn 1961 – ich war damals noch bei der Molkerei beschäftigt, – erzählte mein Vater eher beiläufig, daß ein Bankdirektor bei ihm wegen der geplanten Errichtung einer Filiale vorgesprochen hätte. Ich sah endlich eine Chance für die Renovierung des Hauses und fragte, was bei der Besprechung herausgekommen sei.

„Ach, nix. Die Pächterin wollte den Pachtvertrag für das Gasthaus nicht vorzeitig kündigen. Ich hab' den Herrn weg' g'schickt", meinte Vater in seiner wortkargen Art.

„Von welcher Bank war dieser Direktor?"

„Des waas i net."

Wir hatten somit „den Scherben auf", wie man bei uns in Wien in einem solchen Fall lakonisch festzustellen pflegt. Ich war jedoch von meiner Idee so besessen, daß ich alle großen Banken in Wien anrief und fragte, ob kürzlich ein leitender Herr in der Hütteldorferstraße eine Filiale errichten wollte. Endlich hatte ich Glück, und ich traf den Direktor in den folgenden Tagen mehrmals, um mit ihm konkreter zu verhandeln.

Das Ergebnis dieser Gespräche war, daß der Pächterin ein ansehnlicher Geldbetrag angeboten wurde, um sie für den vorzeitigen Rücktritt vom Pachtvertrag zu entschädigen. Die Bank zahlte weiters die Übersiedlung von sieben Mietern in gleichwertige Wohnungen. Unsere Mieter jedoch tatsächlich zum Auszug zu bewegen, war eine nervenaufreibende Tätigkeit, da diese meist älteren, alleinstehenden Menschen von einer Übersiedlung nichts wissen wollten. Mein Bruder und ich erklärten uns bereit, die neuen Wohnungen gemeinsam mit den Betroffenen auszuwählen und die notwendigen Adaptierungsarbeiten durchzuführen. Für dieses zeitaufwendige Projekt mußte ich damals meinen guten Job bei der Molkerei aufgeben. Mein Bruder kündigte bei einer Autowerkstätte, wo er als Lackierer beschäftigt war.

Nachdem die entsprechenden Wohnungen – größtenteils in ruhiger Grünlage – gefunden waren, hantierten wir monatelang mit dem Ausmalpinsel, so daß ich beim Ausmalen der letzten Wohnung den Geruch von Verputzfarbe kaum mehr ertragen konnte.

Die Bank bestand auf einem repräsentativen Eingang von der Hauptstraße her, und so mußten wir den Hauseingang und den Eingang zum Gasthaus in die Nebenstraße verlegen. Für den neuen Standort unseres Gasthauses wurden drei der freigewordenen Wohnungen umgebaut. Das Geldinstitut beanspruchte die restlichen vier. Gegen Jahresende war alles erledigt. Helmut sollte unser Gasthaus bewirtschaften.

Danach begannen jedoch neuerlich Umbauarbeiten in der Hütteldorferstraße, da mein Bruder sich auch als Autolackierer und Spengler selbständig machen und unseren Spielhof von einst zu einer Garage ausbauen wollte.

Wie schon erwähnt, hatte sich Ingrid in meinem kleinen Sprituosengeschäft schon ganz gut zurechtgefunden, so daß ich sie selbständig arbeiten ließ. Um zusätzlich Geld zu verdienen, nahm ich bei einer Autohandelsfirma einen Posten als Autoverkäufer an. Als Autonarr war die chromglitzernde Welt eines Autoverkäufers gerade das richtige für mich.

Leider kam ich bei diesem Job fast mit der Unterwelt in Berührung, da diese Autofirma binnen eines halben Jahres mit einem Millionenkonkurs in den Abgrund fuhr.

Mißtrauisch machte mich schon zu Beginn der Umstand, daß mein neuer Chef von mir eine Kaution von 10.000 Schilling verlangte, nahm ich doch als Verkäufer von den Kunden höhere Geldbeträge in Empfang – jedoch ich zahlte. Die Geschäftspraktiken dieser Firma waren jedoch mehr als bedenklich. So hatten wir beispielsweise von einer Kundschaft einen PKW zum Kommissionsverkauf in Empfang genommen. Nach ungefähr drei Wochen erkundigte sich der Wageneigentümer in meinem Büro nach dem Stand der Dinge. Noch bevor ich antworten konnte, begann ein ehrenwerter Kollege, der offenbar bessere Beziehungen zur Geschäftsleitung hatte, dem Kunden zu erklären, daß wir sein Auto leider noch nicht verkauft hätten und bat ihn, in einiger Zeit wieder nachzufragen. Ich traute meinen Ohren nicht. Ich selbst hatte den Wagen vor zehn Tagen verkauft und vom neuen Besitzer sofort den Kaufpreis in bar erhalten. So arbeitete unsere Firma inzwischen unredlicherweise mit dem Geld des Kunden.

Ich wollte und konnte diesem Spiel nicht weiter zusehen und bat meinen Chef um die Rückgabe der Kaution, die dieser jedoch verweigerte. Daraufhin drohte ich, mir mein Geld über das Arbeitsgericht zu holen. Der Firmenchef steckte zu diesem Zeitpunkt allerdings offensichtlich schon über beide Ohren in finanziellen Problemen, da selbst meine Drohung mit dem Arbeitsgericht nur geringen Erfolg brachte.

Letztendlich war ich nach meiner Kündigung um zwei Drittel meiner Kaution umgefallen – jedoch um eine Lebenserfahrung reicher.

Wie schon im vorangegangenen Kapitel erwähnt, stand ich nach meiner Kündigung wieder neben Ingrid im Spirituosengeschäft. Der günstige Standort meines Geschäftes (in der Schönbrunnerstraße, nahe dem Naschmarkt) machte es zu einer kleinen Goldgrube. Wir hatten unsere Produktpalette erfolgreich erweitert und verkauften nicht nur Alkoholika aller Art, sondern auch Fruchtsäfte, Mineralwasser und boten eine reiche Auswahl an Knabbergebäck an. Zu Beginn der sechziger Jahre waren die Supermärkte erst langsam im Entstehen und für die kleinen Geschäftsleute noch keine wirklich spürbare Konkurrenz. Man ging um den Häuserblock und kaufte nicht nur die täglichen Lebensnotwendigkeiten bei „seinem" Greißler, sondern man plauderte auch mit ihm in einer ruhigen Minute über Gott und die Welt. Die Götterdämmerung einer gutfunktionierenden Nahversorgung war somit noch nicht angebrochen – eine Tatsache, die vor allem betagte Menschen zu schätzen wußten.

Auf mich sollten allerdings von ganz anderer Seite her wieder Probleme zukommen: Gerüchten zufolge, sollte das alte Mietshaus, in welchem sich mein Geschäft befand, einem Neubau weichen. Das Nachbarhaus wurde bereits abgerissen. Caterpillar und Demoliergeräte verbreiteten Staub und Nachkriegsstimmung.

Ich bemühte mich verzweifelt, mein Geschäft noch rechtzeitig zu verkaufen, da ja noch nicht einmal meine Kaufschulden zur Gänze abgezahlt waren. Endlich konnte ich es mit empfindlichen Abschlägen vom ursprünglich verlangten Kaufpreis doch noch verhältnismäßig rasch an einen Spekulanten weiterverkaufen. Meine Schulden zahlte ich der Bank zurück, den Rest legte ich auf ein Sparbuch. Etwa zur gleichen Zeit wurde auch das Gasthaus meines Vaters wiederum verpachtet, da mein Bruder es nur sehr mangelhaft geführt hatte. Zu viele Betrunkene waren durch die neuadaptierten Gasträume getaumelt und hatten ihre Aggressionen an den Tapeten und Möbeln abreagiert. Schlägereien hatten sich gehäuft, und mein Vater bekam Probleme mit der Polizei.

So lange bis ich wieder ein geeignetes Geschäft gefunden hatte, arbeitete ich vorübergehend bei einem Papiergroßhändler. Die Papierbranche erschien mir seriös und gediegen. Also lieferte ich Papiersackerln, Seidenpapier sowie Büroartikel aller Art an Einzelverkäufer.

Bei meinen Dienstfahrten durch die Haupt- und Nebenstraßen Wiens hielt ich Ausschau nach einem geeigneten Geschäftslokal. Eines Tages fuhr ich in der Ottakringerstraße an einem zugesperrten ehemaligen Pelzgeschäft vorbei. Der Standort erschien mir sehr geeignet. In mühevoller Kleinarbeit konnte ich die zuständige Hausverwaltung in Erfahrung brin gen, da ihre Referenzkarte im Hausflur offenbar entfernt worden war und der Hausmeister kein Wort Deutsch verstand. In langwierigen Verhandlungen, aus denen mich Ingrid schon ungeduldig herauszerren wollte, konnte ich den Kaufpreis für das Geschäftslokal auf die Hälfte der ursprünglich verlangten Summe drücken. Ein Bankkredit blieb mir dennoch nicht er spart.

Ich kündigte leichterhand bei dem Papierwarengroßhandel und stürzte mich in den Aufbau meines neuen Geschäftslokals. Während noch großartige Ausstattungspläne in meinem Kopf herumschwirrten, traf ich zufällig meinen ehemaligen Schulfreund Rudi, der den Schlosserberuf ergriffen hatte. Er plante für mich ein wunderschönes Stahlportal, das solid, aber nicht protzig aussah.

Mein Bruder hatte damals wieder eine etwas ausgeglichenere Lebensphase und half mir sehr tatkräftig bei den Maurerarbeiten. Auch mein damals schon vierundsechzigjähriger Vater kam und half an der Betonmischmaschine, da der gesamte Fußboden neu betoniert werden mußte.

Im Oktober 1963 hatte ich das Geschäft gekauft, und schon knapp vor Weihnachten konnte ich meine schwarzen Blechtafeln mit den ersten Sonderangeboten in die grauweißen Schneehaufen vor meinem Stahlportal aufpflanzen. Somit gab es in der Ottakringerstraße auch ein Getränke- und Spirituosengeschäft.

Der Umsatz kam allerdings erst ganz langsam in Schwung, vom Gewinn ganz zu schweigen. Ich ließ daher rund 5.000 Informationszettel drucken und lief mit Ingrid nach Geschäftsschluß stundenlang treppauf-treppab, um diese in den Briefkästen unserer neuen Nachbarschaft zu deponieren.

Langsam, aber stetig ging es auch auf der neuen Geschäftsadresse bergauf – mit mir sollte es jedoch bergab gehen.

Quälende Ungewißheit

Im Berufsleben verlief vorerst wieder alles in geordneten Bahnen. Ingrid stand mit größerer Routine und mehr Einsatz erneut mit mir im Geschäft. Da unser Budget noch immer große Löcher aufwies, sah ich mich wieder nach einem Zusatzjob um. Einen solchen fand ich diesmal in einem Eiergroßhandelsbetrieb, der Gaststätten, Hotels, Pensionen und Greißler mit frischen Eiern versorgte. Ich sollte die Eierausfuhr übernehmen.

Mein Tagesprogramm bekam jetzt einige Fixpunkte dazu und glich einem Stafettenlauf: um sechs Uhr früh fing ich mit meinen Eierausfuhren an. Um halb acht Uhr holte ich mit dem Lieferauto rasch Ingrid ab, die leidenschaftlich gern jeden Tag bis zum letzten Augenblick im Bett blieb. Sodann drehte ich bis 17 Uhr meine Lieferrunden und fuhr anschließend zu Ingrid ins Geschäft. Bis 18 Uhr 30 konnte ich ihr noch in der stärksten Einkaufszeit behilflich sein. Nachdem der letzte Kunde das Geschäft verlassen hatte, mußte ich mich noch um das Wareneingangs- und Ausgangsbuch kümmern. Am Abend war ich dann einigermaßen erschöpft. Die Arbeit machte mir Spaß, und so legte ich die Stunden nicht auf die Briefwaage.

Zeitweise konnte mein Arbeitseifer allerdings einen kräftigen Dämpfer bekommen. So zum Beispiel, als ich eines Tages näher mit dem Finanzamt zu tun bekam. Ich kam abends arglos in mein Geschäft, um wie üblich Ingrid beim Aufräumen zu helfen. Schon beim Eingang stürzte sie in heller Aufregung auf mich zu:

„Denk Dir, heute waren die Finanzer hier und haben überall den Kuckuck draufgeklebt!"

Ich sah mich rasch um. Sie hatte nicht übertrieben: am Kühlschrank, am Durchlauferhitzer, am Gasofen und sogar auf der Kaffeemaschine prangte der Bundesadler des Finanzamtes.

„Dieses Zeichen können wir nicht einmal für ein neues Weinetikett ausgeben . . .", versuchte ich einen müden Scherz.

„Wir müssen für letztes Jahr rund 20.000 Schilling Steuer nachzahlen. Etwa 7.000 Schilling haben die Herrschaften gleich bei einem amtlichen Kassasturz an sich gerissen!", sprach Ingrid hastig weiter, ohne sich ablenken zu lassen.

Als sich Ingrid ein wenig beruhigt hatte, konnte ich den konkreten Sachverhalt erfahren. Ich hatte – gemessen am Umsatz – nach Meinung des Finanzamtes den Gewinn zu niedrig angesetzt, was letztlich nicht der Wahrheit entsprach. Zwar hatte ich die gleichen Einstandspreise wie ähnlich sortierte Lebensmittelgeschäfte, ich konnte jedoch aus Konkurrenzgründen nicht die gleichen Verkaufspreise erzielen. An der geforderten Nachzahlung war rechtlich nicht mehr zu rütteln. Mein Rekurs wurde rundweg abgelehnt, eine Ratenzahlung jedoch genehmigt.

Auf Empfehlung eines Kunden beschäftigte ich seit diesem Vorfall einen in diesen Dingen versierten Buchhalter. Dieser fand so viele legale Abzugsposten und steuerliche Möglichkeiten, daß das Finanzamt schließlich sogar weniger Geld von mir bekam. Das Finanzamt war jedoch durch diese professionelle Vorgangsweise befriedigt, und ich letztlich auch.

Schon bald sollte ich an mir selbst erfahren, daß solche Aufregungen im Leben eines Menschen nur Kleinigkeiten waren.

Eines Tages im Februar 1965 machte sich beim Aufstehen erstmals eine ganz ungewohnte Müdigkeit bemerkbar. Ganz matt tappte ich herum und fühlte mich beim Ankleiden ganz schwindlig. Mit „Bleigewichten" an den Beinen schleppte ich mich zu meinem Auto, um zu meiner Arbeit zu fahren. Zunächst dachte ich an eine verschleppte Grippe und schenkte dieser auffallenden Müdigkeit keine Beachtung. Erst als ich im Laufe des

Tages kein Gefühl mehr in den Fingerspitzen verspürte, dachte ich ernstlich daran, einen Arzt aufzusuchen.

Ich hatte seit meiner frühesten Jugend um Ärzte immer einen großen Bogen gemacht. Nicht weil ich ihnen grundsätzlich mißtraut hätte, sondern weil ich mir einfach nicht die Zeit nehmen wollte, Stunden in Wartezimmern zu verbringen. Wozu gab es bewährte Hausrezepte?

Diesmal suchte ich jedoch in der Nähe meines Arbeitsplatzes einen Praktischen Arzt auf. Dieser warf einen kurzen Blick auf mich und verschrieb mir Pulver, deren Bezeichnung ich schon vergessen habe. Ich glaube es war ein Grippemittel, da ich auch über kalte und gefühllose Beine klagte. Nach einigen Tagen hatte ich die Gewißheit, daß mir diese Pulver nichts halfen, und ich suchte den nächsten Arzt auf, der auf meiner täglichen Fixroute lag. Dieser verschrieb mir Strombehandlungen und Unterwassermassagen. Ich unterbrach jeden Tag für eine dreiviertel Stunde meine Rundfahrt und unterzog mich der verordneten Behandlung.

Die Wochen vergingen zähflüssig. Jeder neue Tag brachte Aufstehprobleme. So stand ich schon um halb fünf Uhr auf, um noch etwas Zeit für eine selbstentwickelte Gelenksgymnastik zu haben: Füße ausstrecken – Knie zum Brustkorb ziehen, eins – zwei. Hände ausstrecken – Faust zum Kinn, eins – zwei. Sodann Kniebeugen. Erst nach einer halben Stunde fühlte ich mich für den Alltag gerüstet.

Beim Tragen der Eierkisten beobachtete ich, wie ich den rechten Fuß nachzuziehen begann. Er war steif, gefühllos, schwer und kalt. Um zu Hause keine Beunruhigung auszulösen, trat ich meine unheimlichen Beobachtungen nicht unnötig breit, sondern dachte mir im stillen, es sei viel vernünftiger, eine Fachambulanz aufzusuchen. Dies tat ich dann auch.

In der Ambulanz für Innere Medizin auf dem Börseplatz (ich hatte diese Ambulanz im Wiener Telefonbuch gefunden) erlebte ich jedoch eine herbe Enttäuschung. Der diensthabende Facharzt hielt mich, wie ich seinen Anspielungen entnehmen konnte, für arbeitsscheu und vermutete offenbar, ich wollte mir einen Krankenstand erschleichen. Wortlos überreichte er mir ein

Rezept, beugte sich über seinen Schreibtisch, drückte eine rote Taste und sprach ins Mikrofon: „Der nächste bitte!"

Ich warf einen Blick auf das Rezept, das ich nur mühsam entziffern konnte: VESALIUM, 50 Dragées. Ein Beruhigungsmittel.

Das nächste Mal suchte ich zur Abwechslung wieder einen Praktischen Arzt auf. Dieser fand erstmals ein wirksames Mittel gegen meine periodische Müdigkeit: Vitamin B-Injektionen. Ich bekam eine Spritzen-Kur verschrieben, die mich kurzfristig aus meiner Lethargie riß.

Das Frühjahr war mittlerweile gekommen, und Zug um Zug wurde die schwere Winterbekleidung gegen eine etwas leichtere Garnitur ausgetauscht. Warme Stutzen wurden gegen Socken ausgewechselt. Ich erwähne diese Kleinigkeiten deshalb, weil mir ein sonderbarer Umstand fest im Gedächtnis haften geblieben ist: Immer häufiger beobachtete ich, daß der Socken meines rechten Fußes ein kleines Loch bekam. Ich schenkte dieser Beobachtung zunächst keine Aufmerksamkeit und legte das Sockenpaar einfach zu den Stopfsachen. Zufällig drehte ich einmal am Morgen meinen Schuh um: die Schuhsohle war bis auf die Gehfläche durchgewetzt. Erschrocken untersuchte ich meine rechte Fußsohle. Der Fußballen zeigte eine tiefe Schürfwunde, die erstaunlicherweise nur ganz schwach blutete. Ich war auf meinem Fleisch gegangen und hatte es nicht bemerkt! Der nächste Praktische Arzt war an der Reihe. Er nahm sich mit freundlichen Worten Zeit für mein Problem und befaßte sich eingehend mit meinem Blutdruck. Er konstatierte Blutzirkulationsstörungen und gab mir Venostasintropfen, ein Durchblutungsmittel aus Kastanienextrakt. Der Erfolg war bescheiden.

Der Alltag stellte jedoch weiterhin seine Anforderungen an mich. Jeden Arbeitstag trug ich rund hundert Eierkisten aus dem großen Lagerraum zu meinem Lieferwagen und machte mich auf meine Runde.

Zu dieser Zeit wurde jedoch auch das Autofahren für mich zu einem unangenehmen Problem. Wenn mir während der Fahrt plötzlich für Sekunden schwarz vor den Augen wurde, wußte ich schon aus leidvoller Erfahrung, daß mein rechter Fuß in demselben Augenblick für ganz kurze Zeit kraftlos und bewegungsunfähig sein würde. Jetzt hieß es handeln: Schnell mit der linken Hand den rechten Fuß auf die Bremse gestellt, das linke Bein sicherheitshalber für eine Schnellbremsung auf die Kupplung. Nach etwa fünfzehn Sekunden war der Spuk vorbei, und ich konnte wieder unbehindert weiterfahren.

Dieses kraftlose Auslassen meines rechten Fußes wurde häufiger. Bald knickte ich fast schon jede Stunde in den unmöglichsten Situationen zusammen. So überquerte ich etwa im Arbeitsmantel zu Fuß eine Kreuzung bei Grün, um einem Kunden meine Abrechnung vorzulegen. Plötzlich, mitten auf dem Zebrastreifen, wurde das rechte Knie völlig gefühllos und butterweich, eine Art Stromstoß durchfuhr mein Bein, und ich lag auf der Straße. Im Zeitlupentempo konnte ich mich aufrichten; als die Ampel für die Fußgänger Rot anzeigte, war ich gerade auf meine Knie gekommen. Ich stützte mich mit meinen beiden Handflächen ab, um ins Gleichgewicht zu kommen. In diesem Augenblick wollte gerade die Autokolonne anfahren. Motoren erhöhten die Tourenzahl, und Stoßstangen schoben sich ungeduldig näher. Der Ruf eines Polizisten war über die ganze Kreuzung zu hören: „Können's net aufpassen!? Na so wos; noch im Dienst und schon b'soffen!" Es gelang mir endlich die Balance zu halten und mich aufzurichten. Mit hochrotem Kopf ging ich meines Weges, als wäre nichts geschehen.

Führichgasse im 1. Bezirk: sechzig Stufen bis zum „Liesingerkeller". Ein Schwächeanfall ließ mich straucheln, ich fiel die Treppen hinunter. Drei Steigen Eier der Güteklasse 1 A zerbrachen. Bewegungsunfähig rutschte ich mit meiner zerquetschten Ladung weiter bis zum Eingang. In einem Heimat-Lustspiel hätte ich für diese Szene möglicherweise viel Geld verdient. So erntete ich nur den Applaus und das Gelächter der Lokalgäste.

Not macht jedoch erfinderisch. Wenn ich die schon typischen Anzeichen eines drohenden Schwächeanfalls registrierte, verlagerte ich blitzschnell mein Körpergewicht auf das linke Bein und verharrte in dieser Stellung, bis der Anfall vorbei war.

Ich hielt die Zeit für gekommen, mit Ingrid über meine gesundheitlichen Probleme zu sprechen. Sie zeigte sich jedoch zu meiner großen Erleichterung nicht sonderlich beunruhigt und fühlte sich durch meine zeitweilige Unpäßlichkeit auch nicht gestört. Der Tagesablauf vollzog sich ja wie gewöhnlich. Auch als Ehemann ließ ich mir keine Versäumnisse nachsagen. Alles lief ohnehin bestens mit mir, und diese Schwächeanfälle würden schon vorbeigehen! Allerdings riet sie mir, noch einen Hausarzt vom alten Schlag in meinem Heimatbezirk aufzusuchen.

Ich setzte mich am nächsten Tag in das Wartezimmer des Doktor Kainz. Es sah genauso aus wie das Dutzend Wartesäle, die ich in dem Halbjahr zuvor schon aufgesucht hatte. Illustrierte und Bilderbücher lagen auf einem schmucklosen Tisch. Alte Damen sprachen langatmig über ihre Wehwehchen und wachten eifersüchtig, daß sich auch niemand vordrängen konnte. Als ich an der Reihe war, schilderte ich dem aufmerksam lauschenden Arzt meine Eigenbeobachtungen.

„Ich könnt' mir schon vorstellen, woran Sie laborieren“, sagte er nach einigen Augenblicken, die mir wie eine ganze Ewigkeit vorkamen.

„Ich schicke Sie vorsichtshalber erst einmal zu einem Neurologen.“

Diese Fachbezeichnung hatte ich schon irgendwo einmal gehört, konnte jedoch im Augenblick nicht viel damit anfangen. Irgendwie klang dieses Wort für mich bedrohlich. Das ist doch wohl ein Irrenarzt? Unter keinen Umständen wagte ich den alten Herrn zu fragen. Für den Augenblick war es besser, alles nicht so genau zu wissen. Drohende Gefahren werden zu echten Belastungen, wenn man genau über sie Bescheid weiß.

Ich unterrichtete meinen Chef von dieser Überweisung, wobei ich vorsichtigerweise das Wort „Neurologe“ vermied und statt dessen die etwas neutralere Bezeichnung „Facharzt“ verwendete. In Wien sind Krankheitsbezeichnungen, die eine Nerven- oder Geisteskrankheit beschreiben, mit äußerster Vorsicht zu gebrauchen, will man sich nicht augenblicklich abstempeln lassen.

Am 5. Juni 1965 suchte ich die Neurologische Ambulanz im 15. Bezirk auf. Wieder ein unpersönlicher, muffiger Wartesaal. Die diensthabende Schwester bat mich, nur mit Unterhose bekleidet in der Ordination zu erscheinen und wies mir eine kleine Wartekabine zu. Dann stand ich Primarius Bodner gegenüber. Meine Beine wurden nun zum ersten Male mit einem kleinen Gummihammer auf Reflexfähigkeit überprüft. Mein Kopf wurde gedreht und gewendet. Nach einigen weiteren Untersuchungen erhob sich der Primarius. Ähnlich wie schon Dr. Kainz zuvor, machte auch er ein nachdenkliches Gesicht:

„Also ich sag' Ihnen Schwester, der Mann gehört ins Spital!"

Spital! Welch ein entsetzliches Wort! Ich war, außer auf Krankenbesuch, seit meinem Handgranatenunfall in keinem Spital mehr gewesen. Ich zuckte unter seiner Bemerkung sichtlich zusammen. Der Arzt beruhigte mich jedoch. Nach dem Ankleiden sollte ich noch meinen Spitalseinweisungsschein in der Ordination holen. Als ich in meinem Arbeitsmantel eintrat, fragte mich der Primarius verblüfft, ob ich denn noch arbeite. Auf meine bejahende Antwort hin, schickte er mich sofort in den Krankenstand. Er überreichte mir die Spitalsüberweisung. Ich überflog mit raschem Blick das Stück Papier. Mein Blick blieb bei dem fettgedruckten Wort „Diagnose" hängen. Dort standen zwei geheimnisvolle Buchstaben: E. D. Der Primarius bemerkte meinen fragenden Blick.

„Sie haben eine Entzündung im Rückenmark. Machen Sie sich keine Sorgen, das wird schon besser werden!"

Wieder lächelte er freundlich, hob seine Hand und schob mich mit sanftem Druck in Richtung Türe. Beim Zusammenfalten des Überweisungsscheins las ich wieder Fettgedrucktes: Einzuweisende Anstalt: Klinik Hoff – Neurologische Abt. Zu Hause stürzte ich mich auf mein Lexikon. E. D. = Enzephalomyelitis disseminata; Entzündung des Rückenmarkes; organische Nervenkrankheit. Ich wurde daraus nicht sonderlich klug.

Am nächsten Morgen zeigte ich meinem Chef den Überweisungsschein. Zuerst war er erstaunt, sodann bestürzt und bat mich, noch bis zu meinem Spitalstermin bei ihm zu arbeiten. Nach Rücksprache mit dem Spital stellte sich heraus, daß wegen der Urlaubszeit meine stationäre Aufnahme nicht vor dem 9. August 1965 möglich war. Ich fühlte mich nunmehr meinem Chef verpflichtet, der immer sehr zuvorkommend und verständnisvoll gewesen war. Ich drehte daher – wenngleich auch unter großen Mühen – meine Runden durch Wiens Gassengewirr weiter.

Dies brachte mich jedoch zwangsläufig in Konflikt mit der staatlichen Krankenkasse. Ist eine werktätige Person vom hiezu befugten Arzt krankgeschrieben worden, so muß sie mit amtlicher Kontrolle des Lebenswandels rechnen: sie hat – weil krank – natürlich zu Hause zu sein. Ich war es selbstredend nicht, da ich meinem Chef aushalf. Sooft nun die Kontrollore der Krankenkasse an meine Wohnungstüre klopften, war ich nicht zugegen, was eine prompte Vorladung zum Gruppenarzt zur Folge hatte. Ich rechtfertigte mich jedesmal stereotyp, daß ich zur fraglichen Zeit gerade für meine Gattin einkaufen gewesen sei. Eines Tages wurde es dem Gruppenarzt zu bunt, und er schnauzte in meiner Gegenwart einen seiner Kontrollore mit hörbarer Ungnade an:

„Was schleppt's ihr mir ständig diesen Patienten daher. Ihr wißt's doch was er für eine schreckliche Krankheit hat." Ich spitzte die Ohren.

„Was für eine schreckliche Krankheit, bitte?"

„Na ja, so eine Krankheit, so eine Entzündung halt . . .", war seine ausweichende Antwort. Dies war für mich nicht sehr informativ, aber ich wurde seit diesem Wutausbruch des Gruppenarztes von weiteren Vorladungen verschont. Ich war durch die engmaschigen Netze eines Kontrollsystems gefallen.

Meine Probleme mit dem rechten Bein wurden natürlich nicht geringer. Wieder einmal war ich, auf meinen Trick vergessend, auf dem Gehsteig mit einer Eierkiste gestürzt. Ich war gerade auf dem Weg zu einer Kundschaft. Eine junge Frau ging mit ihrem Kleinkind an mir vorbei.

„Schau her Mutti, was hat denn dieser Mann?", fragte die Kleine neugierig und zeigte mit ihrem Fingerchen auf mich.

„Ach Ulli, schau bitte nicht hin, das ist ein Betrunkener", sagte die Mutter und zog angewidert ihr Kind mit sich fort.

„Was ist denn ein Betrunkener?", hörte ich das Kind noch fragen, dann waren die beiden um eine Hausecke. Somit sollte ich die mütterliche Definition meines Zustandes nie mehr erfahren. Merke: Wer in Wiens Gassen schwankt, ist ein Betrunkener. Irrtum grundsätzlich ausgeschlossen, noch dazu, wenn Grinzing nicht weit entfernt ist.

Wie schon so oft, mußte ich nach diesem Zwischenfall einige Minuten auf dem Boden verharren und mich kurz ausrasten, dann ging es weiter, als ob nichts geschehen wäre.

Zu allem Unglück kamen jetzt auch noch Sehstörungen hinzu, die oft stundenlang anhielten. Ich sah bizarre Doppelbilder. Gleichzeitig ließ die Sehschärfe nach, und imaginäre Sterne begannen vor meinen Augen zu tanzen. Kam noch intensives Sonnenlicht dazu, so verschwammen die Konturen der entgegenkommenden Autos. Besonders die Verkehrsampeln waren ein schwerwiegendes Problem für mich: Rot konnte ich erkennen, aber Gelb und Grün waren kaum auseinanderzuhalten. So wartete ich vorsichtshalber, bis mich das hinter mir befindliche Auto mit ungeduldigem Hupen zum Anfahren aufforderte.

Ich fühlte mittlerweile, daß ich für den Verkehr zu einem Sicherheitsrisiko wurde, und ich befürchtete die Abnahme meines Führerscheins. Das wollte ich nicht unnötig provozieren. Ich meldete mich zu einem Gespräch mit meinem Chef an. Dieser hatte größtes Verständnis für meine Probleme. Ab sofort absolvierte ich die Dienstfahrten bis Anfang August zusammen mit seiner Gattin. Sie fuhr und half mir beim Tragen. Ich machte die Abrechnungen.

Das Berufsleben war somit für mich leichter geworden, aber der ominöse 9. August rückte näher, und meine Unruhe wuchs zu nächtlichen Alpträumen.

Spitalsluft

Knapp vor meinem Spitalsaufenthalt hatte mein Bruder Helmut von der Baubehörde die langersehnte Baubewilligung für seine Garage in Vaters Hof bekommen. Er bat mich so eindringlich um Mithilfe, daß ich ihm diese nicht versagen konnte.

Hatte ich früher einen Zementsack mit Leichtigkeit gehoben, so hatte ich jetzt beim Tragen große Probleme. Ich brach oftmals zusammen. Der Sack riß auf, Betonstaub hüllte mich ein – und zum Überdruß hatte ich noch den Spott meines Bruders und seines Freundes zu ertragen.

Diese körperlich so anstrengenden Sommermonate Juni und Juli konnte ich nur durch eine Vitamin-B-Injektionskur überstehen, die mir auf der Neurologischen Ambulanz verschrieben wurde. Dreimal in der Woche pilgerte ich also dorthin. Ich spürte, wie mich die Kräfte nach etwa 24 Stunden verließen.

Noch am 8. August – also einen Tag vor Beginn meines Spitalsaufenthalts – half ich meinem Bruder beim Betonieren des Bodens. An diesem Tag kam ich erst gegen 23 Uhr nach Hause und mußte mir von Ingrid deshalb langatmige Vorhaltungen anhören.

Am Morgen des 9. August fuhr ich mit meinem eigenen PKW in das Allgemeine Krankenhaus. Ich hielt alle Verkehrsvorschriften übergenau ein. Nur jetzt nicht der Polizei auffallen! Meine linke Hand hatte ich für den Notfall auf meinen rechten Schenkel gelegt. Vom Portier wurde ich zur „Offenen Abteilung" der Klinik Hoff verwiesen. (Auch vor meiner Familie hatte ich das Stichwort „Hoff" immer ängstlich vermieden. Jeder eingeborene Wiener weiß, daß dieser Begriff letztlich nur ein vornehmer Ausdruck für Irrenanstalt ist.)

Unverwechselbarer Spitalsgeruch empfing mich, eine Mischung aus Desinfektionsmittel und Kohlsuppe. Scheinbar schlagartig ging es mit meinem Fuß schlechter, und ich mußte mich krampfhaft am Treppengeländer festhalten. Mein Koffer rutschte aus meiner Hand lautstark ein paar Stufen hinab. Erstaunt blickten sich einige Besucher um. Nach unendlich langen Sekunden, während derer ich mich am Geländer festhielt, blieb endlich ein betagter Herr stehen und trug den Koffer wieder zu mir herauf. Diese kleine Geste der Menschlichkeit tat mir gut. Seelisch und körperlich ein wenig gestärkt, betrat ich den ersten Stock des alten Gebäudes. Auf Station B 18 erwartete mich schon die Schwester Oberin und wies mir ein Vierbett-Zimmer zu.

Meine neue Umgebung bot sich mir als Jammertal dar: ein Patient litt unter Schüttellähmung, die beiden anderen lagen regungs- und teilnahmslos in ihren Betten. An welcher Krankheit sie litten, war von der Türschwelle aus nicht festzustellen. Ihr Schicksal sollte mir in den zwei Monaten, die ich hier verbrachte, noch bestens bekannt werden. In den Gängen sah ich Menschen auf Krücken mühselig ein paar Schritte tun, Rollstühle schoben sich langsam an mir vorbei. Was hatte ich hier verloren? Ich war aufrecht gehend ohne Stock hier in diesen Leidenstempel eingetreten! Was sich hier meinen Blicken darbot, war nicht meine Welt! – Sie sollte es aber noch werden.

Am nächsten Tag, es war – für mich unvergeßlich – ein Freitag, war Chefvisite angesagt. Eine große Gruppe weißgekleideter Personen umgab unsere Betten, in ihrer Mitte der Primarius. Alles lauschte andächtig seinen Worten. Schwestern schrieben hastig mit. Auch mein Fall wurde ausgiebig begutachtet. Halblautes Gemurmel in einer seltsamen Sprache die ich nicht verstand. Mein Schicksal für die nächsten Tage wurde offenbar gerade festgelegt.

Noch vor dem Mittagessen war eine sogenannte „Lumbalpunktion“ angesetzt. Dieser Fachbegriff wurde somit für mich zu einem ganz konkreten Erlebnis: mittels einer dicken Plastikspritze wurde aus der Wirbelsäule etwas Rückenmarkflüssigkeit, der „Liquor“, entnommen. Ein Arzt erklärte mir später, daß aus der Analyse dieser Flüssigkeit Art und Stadium der Krankheit festgestellt werden könnten. Wie auch immer, damals tat's nur weh. Wozu dies alles gut war, erfuhr ich lange Zeit nicht. Leider erfuhr ich auch erst bei meinem nächsten Spitalsaufenthalt, daß man nach einer Lumbalpunktion etwa 24 Stunden auf seinem Bett ganz waagrecht, tunlichst ohne Polster, liegen muß. Die Schwester jedoch klebte nur ein Pflaster auf die Einstichstelle und schickte mich ohne weitere Hinweise auf mein Zimmer. Ich bin sicher, daß dies auch der Grund war, weshalb ich mich in den nächsten Wochen nur durch die Gänge schleppen konnte. Nach kurzem Zögern borgte ich mir von der diensthabenden Schwester einen Stock aus. Mit dieser Gehhilfe sah ich nun meinen Leidensgenossen schon viel ähnlicher.

Langsam vertrauten sich mir meine Zimmergenossen an, und ich machte die tröstliche Erfahrung, wie gut es mir eigentlich noch immer ging. Meinen Bettnachbar zur Rechten hatte das Schicksal ganz besonders hart getroffen: Er war vollkommen blind und litt noch zusätzlich an Multipler Sklerose (kurz MS). Damals hörte ich diese Krankheitsbezeichnung zum ersten Mal ganz bewußt; etwas zynisch ausgedrückt, hatte ich das „Anschauungsmaterial“ direkt vor Augen. Ein wahrhaft armer Kerl, dachte ich mir insgeheim, da geht es mir doch viel besser – ich habe ja nur „ED“. Die Tatsache, daß die Fachbezeichnung meines Frühstadiums nur ein Unterbegriff für Multiple Sklerose ist, war mir zu diesem Zeitpunkt überhaupt nicht klar.

In schlaflosen Sommernächten, während die dicken Ziegelmauern die Tageshitze abstrahlten, erzählten wir uns unsere Lebensgeschichten.

Dem Fritz, wie wir Patienten den Blinden nannten, hatte noch drei Tage vor Kriegsende eine explodierende Handgranate das Augenlicht geraubt. Nach dem Krieg heiratete er ein Mädchen, das aus Sachsen geflohen war. Mit ihr hatte er eine Tochter. Schließlich kaufte er sich als Invalider eine Trafik und konnte dadurch ganz ausreichend sein Leben fristen. Als Blinder war er natürlich ganz besonders auf seinen Tastsinn angewiesen. Mir fröstelte, als ich mir vorstellte, was in ihm vorgegangen sein mußte: blind und jetzt, aufgrund der MS, auch ohne Tastsinn! War das jetzt eine 10 Schilling-Münze oder doch nur ein Schilling? Ist das jetzt ein Päckchen Zigaretten mit oder ohne Filter? Eine fast unmenschlich grausame Situation. Nur mit größter Anstrengung konnte Fritz ein paar zaghafte Schritte machen, dann mußte er sich sogleich niedersetzen.

In einer anderen Nacht verfolgte ich insgeheim eine lebhafte Diskussion zwischen Fritz und einem diensthabenden

Assistenzarzt, der sich auf seine Bettkante gesetzt hatte. Es ging um den Sinn des Lebens.

„Herr Doktor, glauben Sie mir, wenn meiner Frau und meiner Tochter ein furchtbares Unglück zustoßen sollte, dann bring' ich mich um", hörte ich unseren Fritz mit erregter Stimme flüstern.

„Ich glaube nicht, daß sie hier in die richtige Richtung denken", gab der Arzt etwas matt zurück.

„Gut, dann erklären sie mir bitte den Sinn meines Dahinvegetierens ohne Familie, blind und fast bewegungslos?"

Der junge Doktor schwieg, und es entstand eine peinliche Stille.

Ich drehte mich auf die andere Seite und lauschte in mich hinein. Selbstmord? Eigenartig, in keiner Phase meines bisherigen Lebens hatte ich an diese furchtbare Alternative gedacht. Ich mußte an unseren gutmütigen, alten Religionslehrer denken, den wir in der Schule oftmals furchtbar geärgert hatten. Wie auch immer, er hatte uns zu diesem Thema eine großartige Wahrheit mit auf den Weg gegeben:

„Gott gibt das Leben, und Gott nimmt es." Daran glaube ich auch heute noch ganz fest. Der Ausstieg in eine andere Welt, in ein anderes Dasein, ist uns Menschen nicht gestattet und löst letztlich auch keine Probleme. Ich kam während meiner Grübeleien zu der Erkenntnis, daß man auch in einer ganz besonders schrecklichen Leidenssituation immer nach dem Lebenssinn suchen sollte. Das gibt einem die Kraft, sich immer wieder an den ganz kleinen Alltagsfreuden aufbauen zu können. Letztlich ist der hilflose, kranke Mensch vielleicht für die Gesunden eine Bewährungschance für das Leben nach dem Tode.

Als sich bei der geistigen Weiterverfolgung dieses Themas bei mir etwas Selbstmitleid einschleichen wollte, versuchte ich einzuschlafen, was mir nach einigen Minuten auch trotz des Gemurmels in der anderen Zimmerecke ganz gut gelang.

Zu meiner größten Freude besuchte mich Ingrid fast jeden Tag. Sie war zu dieser Zeit wirklich sehr liebevoll zu mir, obgleich natürlich auch sie nicht die bittere Wahrheit erkennen konnte, daß mich vom Zustand meiner Kameraden nur noch ein paar Jahre trennen sollten. Sie half mir die Stiegen in den Hof hinunter, und ich spürte die Wärme ihrer Hand.

Im Gegensatz zu seiner Mutter hat mich ihr Sohn Robert niemals im Spital besucht. Dieser Umstand schmerzte mich besonders, hatte ich doch während seiner ganzen Jugendzeit versucht, ihm ein guter, aber auch ein verantwortungsbewußter Vater zu sein. Trotz allem habe ich offensichtlich sein Herz nicht gewinnen können. Wer für Verzicht und Bemühungen Dank oder gar Anerkennung von seinen Kindern erwartet, ist in meinen Augen ein einfältiger Narr.

Die Wochenenden durfte ich zu Hause verbringen. Die gewohnte und liebgewordene Umgebung empfand ich jedesmal wie ein Geschenk Gottes. Spaziergänge im Wienerwald. Picknick auf der Campingdecke. Ein flüchtiger Kuß.

Doch rasch holte mich der Spitalsalltag wieder ein: B-Vitamininjektionen, wie gehabt. Dazu kamen noch Cortisontabletten. 18 Stück pro Tag. Mit einem Lächeln meinte ich einmal zu einer Schwester, daß ich bei dieser Menge eigentlich kein Mittagessen mehr benötigte. Sie nahm's jedoch persönlich und gab schnippisch zurück, daß es der behandelnde Arzt verschrieben hätte – übrigens könnte ich mich ja beschweren. Ich gab meine Scherze auf. Was blieb, war der Umstand, daß ich auf dieses Medikament ganz besonders schlecht und unruhig schlief. Schrittweise wurde die Dosis auf eine Tablette pro Tag reduziert. Mit großem Interesse hörte ich auf die Anleitungen der Heilgymnastikerin. Die rhythmischen Bewegungen hoben meine Stimmung ganz ungemein. Das Klettern auf der Sprossenwand wurde zum elitären Erlebnis – denn dieses „Kunststück" konnte nur eine verschwindende Minderheit, und zu dieser gehörte ich! Ein Glücksgefühl stieg in mir auf. Es wird alles wieder gut werden! Doch ich wurde rasch wieder auf den Boden der Realität geholt. Im Oktober verließ ich das Spital mit den gleichen Sehstörungen, der gleichen Gefühllosigkeit meiner Hände und der gleichen Unverläßlichkeit meines rechten Beines. Meiner erwartungsvollen familiären Umgebung gab ich zwar optimistische Auskünfte über mein Befinden, an die ich aber selbst nicht mehr glauben konnte.

Zwischen Hoffnung und Verzweiflung

Ein Lichtblick war für mich jedoch meine Getränkehandlung. Um meine Kräfte nicht mehr allzusehr zu überfordern, hatte ich mein Dienstverhältnis mit dem Eiergroßhandel einvernehmlich gelöst. Entgegen anderslautender persönlicher Versicherungen, bin ich überzeugt, daß mein damaliger Chef über meinen Entschluß nicht allzu traurig gewesen sein konnte.

Das Geschäft lief gut, und das kam nicht von ungefähr. Da der Konkurrenzdruck der Supermärkte zu dieser Zeit schon merklich spürbar wurde, hatte ich mir einige umsatzbelebende Aktionen einfallen lassen. Vor meinem Geschäft prangte eines Tages ein neues Schild: „Kaufe Leerflaschen auf Gutschrift." Ich hatte die Beobachtung gemacht, daß die Supermärkte Leerflaschen ohne Etikette nicht mehr zurücknehmen wollten. Also wurden sie von den Konsumenten einfach weggeworfen. Verschwendung von noch gebrauchfähigen Gütern hatte mich schon seit meinen Jugendtagen in Rage gebracht. Somit konnte ich das Praktische mit dem Nützlichen verbinden. Die Kundschaft konnte bei mir ihre leeren Flaschen loswerden, ich zahlte den vollen Einsatz, und gleichzeitig ergab sich die Chance, ein neues Geschäft anzubahnen.

Zeitweise gab es allerdings auch Probleme mit dem etwas kleinlichen Naturell meiner Gattin. So wurde ich eines Tages Ohrenzeuge eines Tumults im Geschäftsraum. Sogleich stoppte ich meine Aufräumarbeiten in dem kleinen Warenlager und stürzte nach vorne ins Geschäft. Ingrid lieferte einer alten Dame ein leidenschaftliches Wortgefecht.

„Ich sag's Ihnen zum letzten Mal: Sie haben mir nur eine Leerflasche gegeben!"

„Aber ich schwöre, daß es genau vier Flaschen waren!", zetterte die Kundin.

„Um Gottes Willen, Ingrid, so rechne doch bitte vier Flaschen ab", mischte ich mich in die Diskussion.

„Aber ich hab ganz sicher recht", zischte sie zu mir herüber.

„Sicher hast' recht, aber willst' wegen drei Schilling eine Stammkundschaft verlieren und noch a schlechte Nachred' haben?", wisperte ich zurück. Das half. Widerwillig kramte Ingrid das Kleingeld aus der Kassa.

Weiters gab es eine „Gutscheinaktion". Die Kundschaft bekam in ein Bücherl jeden Kauf vermerkt. Nach einem Umsatz von 500 Schilling gab es eine Flasche gratis. Für mich war es ein relativ kleiner Rabatt, und die Kundschaft hatte ihre Freude.

Ich kaufte grundsätzlich niemals bei Weingroßhändlern, die oftmals billige und qualitativ schlechtere Auslandsware mit Inlandsweinen vermischten. In meinen Anfangsjahren als Spirituosenkaufmann fuhr ich lieber ins Burgenland zu den lokalen Weinbauern. Vor den Hauerhäusern gab es dann regelmäßig turbulente Feilschszenen, die allen Beteiligten insgeheim ungeheuren Spaß machten. Einem dicken Weinbauern aus Gols hatte ich ganz besonders vertraut und ihn zu meinem „Hoflieferanten" erkoren. Als er mich eines Tages mit sauren Ladenhütern ums Ohr hauen wollte, mußte er mir zur „Strafe" einen hohen Rabatt geben. Bald nach diesem Vorfall hatte ich in meinem Geschäft „Weiße Wochen" ausgeschrieben. Es herrschte gerade ein starker Föhn in Wien, und die Leute waren durstig wie schon lange nicht mehr.

Einige Wochen nach meinem Spitalsaufenthalt bekam ich in meinem Geschäft einen interessanten Besuch. Ein Wirt aus Wien/Stadlau, dessen Haus weggerissen worden war, wollte eine Spirituosenhandlung kaufen und machte mir ein so phantastisches Angebot, daß ich als leidenschaftlicher Geschäftsmann einfach nicht ablehnen konnte. Mein schönes Stahlportal hatte es ihm ganz besonders angetan. Meine geheimnisvolle Krankheit und die Ungewißheit, wie lange ich denn überhaupt noch arbeitsfähig sein würde, machten mir die Entscheidung letztlich doch leicht. Ich verkaufte dem ehemaligen Wirt mein Geschäft mit gutem Gewinn.

Ingrid bestürmte mich, nun ein Kaffeehaus aufzumachen. Sie habe gehört, daß mit einem Kaffeehaus gut zu verdienen sei. Die Arbeit sei auch nicht so schwer wie in einem Spirituosengeschäft. Ich gab meine Skepsis schließlich auf und studierte wieder einmal den Anzeigenteil der Tageszeitungen. Im 2. Bezirk, in der Nähe der Reichsbrücke, schien ein geeignetes

Kaffeehaus zum Verkauf angeboten zu werden. Die Besitzerin, eine betagte Frau, forderte eine angemessene Leibrente. Ihre Tochter und ihr Schwiegersohn schraubten jedoch die monatliche Rate auf eine schwindelerregende Höhe, so daß sich dieses Geschäft schließlich zerschlagen hat. Im nachhinein konnte ich in Erfahrung bringen, daß es sich bei diesem Kaffeehaus um einen Zuhältertreff übelster Sorte gehandelt haben soll. Ich war froh, dieses Geschäft nicht abgeschlossen zu haben.

Der Griff zur Tageszeitung wurde für mich wieder mein tägliches Brot. Ganz klar hatte ich meine Sehnsüchte erkannt: koste es was es wolle, ich mußte wieder ein Spirituosengeschäft mein eigen nennen. Es war zu meinem Lebensinhalt geworden. Den Ausflug in eine fremde Branche wollte ich rasch wieder vergessen. Es dauerte nicht lange, als ich wieder ein konkretes Geschäft in Aussicht hatte. Ich war überzeugt, daß sich trotz der körperlichen Anstrengungen diese Beschäftigungstherapie letztlich positiv auf meinen Organismus auswirkte. Zwar waren Müdigkeit und Mattigkeit in der Früh nach wie vor vorhanden, das tägliche Gymnastiktraining machte meine steifen Gelenke jedoch wieder halbwegs gebrauchsfähig. Ein wirkungsvolles Ritual.

Gestärkt durch ausgiebige Bewegungsübungen, fuhr ich eines Novembertages in die Kaiserstraße im 7. Bezirk. Eine kleine Spirituosenhandlung wurde zum Verkauf angeboten. Die altgewordenen Besitzer wollten sich in die Rente zurückziehen. Das Geschäftslokal war wesentlich kleiner als mein vorhergehendes in der Ottakringerstraße. Auch war das Warensortiment klein und ohne Phantasie. All diese Beobachtungen waren ein handfestes Argument gegen die etwas unrealistischen Preisvorstellungen des Noch-Besitzers. Wir einigten uns etwa bei der Hälfte des ursprünglich geforderten Betrages.

Ich hatte wieder ein Geschäft und somit eine Lebensaufgabe! Diese und ähnliche Gedanken schossen mir durch den Kopf, als ich mit dem Taxi nach Hause fuhr, um Ingrid die Frohbotschaft zu verkünden. Nochmals hatte ich unwahrscheinliches Glück: ein ehemaliger Schulfreund half mir mit großer Umsicht beim Ausbau des Geschäfts. Zahlreiche Stellagen waren zu errichten. Ich fühlte mich jedoch auf der Leiter sehr unsicher. Seine Mithilfe war ein Geschenk des Himmels. Auch Ingrid half tatkräftig mit, und so konnten wir schon Anfang Dezember 1965 – also zu Beginn des Weihnachtsgeschäfts – die Eröffnung auf Flugzetteln ankündigen. Adolf Beinstingl war wieder auf dem Markt präsent!

Im Frühjahr 1966 half ich meinem Bruder bei der Fertigstellung seiner schon lange geplanten Lackiererwerkstatt im Hof. Auf das „schmucke" Flachdach mußte Dachpappe geschmiert werden. Ein Wellblechdach zierte schließlich das Gebäude, das von der Baupolizei nur die offizielle Widmung „Lagerraum" erhalten hatte. Alles ging auch hier den österreichischen Weg: die Behörde hatte ihren Lagerraum im mit Bundesstempelmarken gezierten Bauplan, und mein Bruder Helmut hatte seine Lackiererei. Bei einem Lackierauftrag wurde das Auto heimlich in die Werkstatt geschoben, und die Arbeit wurde darüber hinaus „schwarz" (also ohne Steuerabgabe) durchgeführt. Sein Eifer als „selbständiger Pfuscher" hielt jedoch nicht lange an. Schon nach einigen Monaten suchte er sich bei den Steyr-Werken eine „Hackn". Seitdem wohnen im Lagerraum die Ratten.

Es war an einem schönen Herbsttag, als sich mir meine Krankheit wieder lebhaft ins Gedächtnis rief. Wir waren von der Schwiegermutter zum Abendessen eingeladen worden und erwarteten einen gemütlichen Ausklang der arbeitsreichen Woche. Jedes Detail dieses Abends ist in meinem Gedächtnis haften geblieben: So gab es zum Beispiel gebackenen Fisch, den ich mit Heißhunger verzehrte. Scherze und humorvolle Histörchen flogen über den reichlich gedeckten Tisch. Man unterhielt sich prächtig. Plötzlich wurde mir schlecht. Der Blutdruck sackte ab, und mit letzter Kraft und mit Hilfe meiner geschockten Familie erreichte ich das WC. Die Schwägerin und meine Gattin halfen mir später auf die Sitzbank in der Küche. Ich taumelte wie ein sinnlos Betrunkener, ohne auch nur einen Tropfen Alkohol zu mir genommen zu haben. Eine angsteinflößende Gleichgewichtsstörung plagte mich, und ich wagte bis zum Morgengrauen nicht, die Küchenbank zu verlassen. Das war also der gefürchtete „Schub", von dem ich im Spital so oft gehört hatte und von dem ich bisher immer nur die Anfangssymptome verspürt hatte.

Als ich mich am darauffolgenden Montag ein wenig besser fühlte, fuhr ich mit dem Taxi wieder in die Neurologische Ambulanz. Der Primarius untersuchte mich kurz und stellte mir sogleich einen Spitalsüberweisungsschein aus. Nachdem ich die schmerzhafte Erfahrung eines Schubes mitgemacht hatte, erschien mir das Spital wie ein Rettungsanker. Diesmal mußte man mir doch helfen können! Jetzt, so dachte ich, hatte man doch im Allgemeinen Krankenhaus schon einen umfangreichen Untersuchungsakt, auf den man eine sinnvolle Therapie würde aufbauen können.

Voll Hoffnung und Optimismus stand ich also wieder mit meinem kleinen Handkoffer vor dem Eingang zur Neurologischen Station. Nach den Anmeldeformalitäten bekam ich das gleiche Zimmer wie vor einem Jahr zugewiesen. Ein Zimmerinsasse, im ärarischen Nachthemd in einem Rollstuhl sitzend, blickte mich fragend an.

„Ja bitte, suchen sie jemand?"

„Ich suche niemanden", antwortete ich mit einem Lächeln, „ich bin ab heute ihr Mitbewohner."

Johann W., mit dem ich soeben gesprochen hatte, sollte mir bis zum heutigen Tage ein treuer Freund bleiben. Bei unserer ersten Begegnung wollte er mich allerdings nicht ganz so taxfrei als echten Patienten einstufen. Erst als er sah, wie ich beim Gehen das rechte Bein nachzog, war ich anerkannt. Ich muß jedoch wahrheitsgemäß feststellen, daß ich heute meinen Freund Johann im Krankheitsverlauf sogar überholt habe. Er kann noch seine Arme gebrauchen.

Die Untersuchungsmaschinerie hatte mich bald wieder in ihren Klauen: Einstandsveranstaltung war wiederum eine Lumbalpunktion. Diesmal bekam ich jedoch von meinem aufmerksamen Zimmergenossen Johann den wichtigen Hinweis, mich 24 Stunden nicht zu bewegen. So lag ich einen ganzen Tag fast regungslos im Bett. Sogar meinen Polster hatte ich auf das Nachtkästchen gelegt, um ganz flach liegen zu können. Außer Schmerzen im Rücken, hatte ich diesmal keine weiteren

Beschwerden. Ich bekam auch wieder Vitamin-B-Injektionen, die mir neue Kraft gaben. Eine neue Behandlungsvariante stellten für mich die Infusionen dar. Aus einer Flasche – hoch über meinem Bett – tröpfelte unendlich langsam eine geheimnisvolle Essenz namens „DW 75“ in meine Venen. Die Zeit tröpfelte dahin wie diese Flüssigkeit. Ich ließ alles mit größter Ruhe an mir geschehen. Zeit spielt bekanntlich hinter diesen Mauern keine Rolle. Schon nach einigen Tagen richtet sich das innere Zeitgefühl nur nach dem Rhythmus der Tagesmahlzeiten.

Bald bekam ich auch mit den anderen Zimmerbewohnern Kontakt. Unter ihnen befand sich ein halbseitig gelähmter Patient, der kürzlich an einem Gehirntumor operiert worden war. Als er sich nach einigen Tagen der Fast-Agonie schon wieder ein wenig bewegen und sogar ein paar Worte sprechen konnte, schöpfte ich für mich auch ein wenig mehr Hoffnung. Die moderne Medizin vollbringt doch Wunderdinge! Jetzt wird mir auch geholfen, dachte ich glücklich, lehnte mich in meinem Strohsessel zurück und schloß die Augen. Ein anderer Patient schoß jedoch meinen Hoffnungsballon mit einer Wortrakete schonungslos ab. Ich hatte seine Füße in eine für ihn bequemere Lage gebettet und schnitt ihm das Kalbfleisch in mundgerechte Portionen. Mittagszeit.

„Du bist halt ein armer Kerl“, sagte ich mit tiefempfundenem Mitleid und klopfte ihm mit einer eher hilflosen Geste auf die Schulter.

„Du bist auch arm, mein junger Freund“, gab er trocken zur Antwort.

„Wieso denn? Ich hab’ doch nicht MS wie du. Ich hab nur ED“, sagte ich, und ein Schreckensschmerz verbreitete sich in meiner Magengegend.

„Schau, du hast die gleiche Krankheit wie ich. MS ist nur ein Sammelbegriff für diese Pestilenz!“ Als er meinen erschrecktungläubigen Blick bemerkte, fügte er noch hinzu: „Ich mußte selbst erfahren, daß ED nur das Anfangsstadium dieser Nervenkrankheit ist.“ Im gleichen Augenblick wurde er selbst unruhig – wenngleich aus einem ganz anderen Grund als ich.

„Bitte hilf mir dort auf den Leibstuhl, rasch!“, keuchte er. Ich half ihm so gut ich konnte rasch aufzustehen – aber es war, sozusagen, schon alle Müh' vergebens. Ich klingelte der diensthabenden Schwester, die mit Zellstoff und Klosettpapier (und einem indignierten Blick) angelaufen kam.

Nach diesem Gespräch stieg ich langsam die Treppe hinunter und öffnete die hohe, weiße Türe zum Garten. Ich mußte das Gehörte erst langsam verdauen. Es wollte mir nicht so recht gelingen. Verzweiflung und Hoffnungslosigkeit ergriffen rasch Besitz von mir, sosehr ich auch dagegen ankämpfte.

Das Laub raschelte unter meinen Schritten. Ich war allein in diesem herbstlichen Garten. So konnte – Gott sei Dank – niemand meine Tränen sehen. Meine Frau – mein Kind – mein Geschäft. Was soll aus meinem Leben werden, wie kann ich meiner Verantwortung noch nachkommen, wenn ich schon in den kommenden Jahren zu einem hilflosen Sozialfall degradiert werde? Fritz mit seinen Selbstmordabsichten fiel mir wieder ein, und ich glaubte ihn jetzt besser verstehen zu können. Sogleich verwarf ich diesen furchtbaren Gedanken. Ich war im Gegenteil entschlossen, gegen diese Krankheit mit allen meinen noch verbliebenen Körperkräften anzukämpfen, ja noch besser, sie einfach zu ignorieren. „Immer, wenn du meinst, es geht nicht mehr, kommt von irgendwo ein Lichtlein her . . .", dieser Kinderreim fiel mir ein und hatte auf mich eine unglaublich befreiende Wirkung. Glaube und Hoffnung – das war wohl die Essenz, aus der mein zukünftiges Leben gemixt werden mußte. Etwas erleichtert stieg ich wieder die Stufen in das erste Stockwerk hinauf.

Kaum war ich auf meinem Zimmer angelangt, wurde ich schon zum Telefon gerufen. Ingrid teilte mir mit, daß sie wegen dringenden Warennachschubs in einen Großhandelsmarkt fahren müsse. Ich wurde also wieder gebraucht. Diese Tatsache gab mir zusätzlichen Auftrieb, denn Ingrid hatte keinen Führerschein, und mein Wagen stand auf dem Parkplatz des Spitalareals. Was aber tun? Ohne ein umständliches und vor allem zeitraubendes Bewilligungsverfahren konnte ich das Spitalsgelände sicherlich nicht legal verlassen. So entschloß ich mich, auf eine offizielle Erlaubnis zu verzichten. Gedacht, getan. Als das Mittagessen vorbei war, schlenderte ich möglichst unauffällig zu meinem Auto hinunter, tunlichst immer entlang einer Hausmauer, um nicht durch einen Schwächeanfall aufzufallen. Ich vertauschte rasch die Anstaltskleidung mit einem braunen Anzug, den ich im Auto liegen hatte. Mit Hilfe des Rückspiegels knüpfte ich etwas umständlich meine Krawatte und fuhr, huldvollst winkend, am Portiershäuschen vorbei. Der rundliche Portier winkte freundlich zurück. Ich war also illegal in Freiheit. Mein schon perfektioniertes System mit dem bremsbereiten Fuß funktionierte ganz ausgezeichnet. Schwer beladen parkte ich meinen Wagen vor unserem Geschäft. Ingrid mußte die Ware im Geschäft einlagern. Ich hatte ihr mit meinem Coup aus einer Verlegenheit geholfen. Meinen Verdacht, daß sie die Warenbestellungen einfach viel zu spät bei den Weinproduzenten aufgegeben hatte, behielt ich besser für mich.

Das abwechslungslose Leben hinter Spitalsmauern hatte nunmehr meinen Tatendrang herausgefordert. Als das Abendessen um 16 Uhr 30 vorüber war, wandte ich nun öfter wieder meinen Verkleidungstrick an und verließ kurzerhand das Spital. Der gutmütige Portier mußte mich für einen vielbeschäftigen Anstaltspfleger oder etwas Ähnliches halten, jedenfalls winkten wir uns jetzt regelmäßig freundlich zu. Wenn die Schwestern nach 18 Uhr 30 das Ritual des Fieberthermometerverteilens mit großer Gewissenhaftigkeit zelebrierten, waren meine Kameraden von mir schon gut präpariert worden. Wir hatten mehrere Varianten erarbeitet, um meine augenblickliche Abwesenheit plausibel zu machen: ich säße gerade auf dem WC, ich wäre gerade zum Buffett gegangen, oder ich schlenderte noch ein wenig im Garten. Meine Kameraden waren allesamt vertrauenserweckende Auskunftspersonen, denn man glaubte ihnen und hinterlegte das Fieberthermometer einfach auf meinem Nachtkästchen. Inzwischen schlief ich zufrieden zu Hause in meiner vertrauten Umgebung und trachtete tunlichst vor dem „Morgenthermometer" wieder im Spital zu sein. Der Dienstturnus der Schwestern war für mein verbotenes Vorhaben ein wahrer Segen. Ich konnte durch meine „Flucht auf Zeit" zu Hause helfen und die Buchhaltung à jour halten.

Nach endlosen Wochen nahte der Tag meiner Entlassung.

Auch ein unverbesserlicher Optimist mußte meinen Heilungserfolg als äußerst bescheiden einstufen. In der Administration wollte man mir meinen Befund nicht persönlich aushändigen, sondern direkt an den Primarius schicken. Ich machte mir aber ganz konkrete Sorgen, und nach langem Hin und Her bekam ich den verschlossenen Befund. Das Kuvert war auf der Rückseite quer über die Klebestelle mit dem Anstaltssiegel versehen worden. Zu Hause versuchte ich den Umschlag über Dunst – um ihn nachher wieder verschließen zu können – zu öffnen. Als der Befund geöffnet vor mir lag, war ich neuerlich schockiert. Ich las mit tonloser Stimme:

„Bei dem Patienten Adolf Beinstingl, 27a, handelt es sich um den zweiten Schub einer Enzephalomyelitis dissem nata."

Ich hatte noch im Spital den Befund meines Leidensgenossen abgeschrieben und verglich nun den Text. Einziger Unterschied: er hatte schon den vierten Schub hinter sich. Ich ging zum Fenster und blickte auf den Verkehr hinunter. Ich versuchte meine Gedanken zu ordnen. Weshalb nahmen sich die „Götter" im weißen Mantel nicht die Zeit, mit uns Patienten ein erklärendes und vor allem aufklärendes Gespräch zu führen? Es wäre doch alles viel leichter zu ertragen, wenn man um die Beschaffenheit seiner Krankheit Bescheid wüßte! Noch dazu würde das Vertrauen zu dem Arzt gestärkt werden. Meine Stirn sank auf die Glasscheibe. Das Glas kühlte meinen heißen Kopf. Ich hob nach kurzer Zeit die Stirn. Ein häßlicher Fettfleck hatte meine Sorgenfalten auf der glatten Oberfläche verewigt.

Stellungswechsel

Abends, nach Kassasturz und Aufräumen, gingen Ingrid und ich bei gutem Wetter manchmal den Weg von unserem Geschäft zu Fuß zu unserer Wohnung. Ingrid sah sich gerne die Schaufenster der Modegeschäfte an, und ich betrachtete – als alter Autonarr – die geparkten Autos. Ein für mich peinlicher

Vorfall ließ mich auch von diesem harmlosen Vergnügen in Zukunft Abstand nehmen. Wir schlenderten gerade in der einsetzenden Dämmerung durch die Stumpergasse, als ich plötzlich eine überwältigende Müdigkeit verspürte. Ein krampfartiger Schwächeanfall durchfuhr beide Beine.

„Ingrid, bitte bleib' stehn. Ich glaub' ich fall' der Länge nach hin!", preßte ich zwischen den Lippen hervor und setzte mich rasch auf den Gehsteig.

„Was fällt dir denn ein! Was bist du denn für ein Mann. Setzt sich ganz einfach mitten zwischen die Leut!"

Ich merkte diesmal zum ersten Mal eine echte Verstimmung bei ihr. Sie war sichtlich irritiert, daß meine Krankheit den Blicken der Öffentlichkeit preisgegeben war. Ich registrierte diese neue Variante ihres Verhaltens trotz der schwierigen Situation, in der ich mich körperlich befand. Nach einer kurzen Zeitspanne konnte ich aufstehen, als wäre nichts geschehen. Nach etwa 500 Metern passierte mir Ähnliches, doch diesmal rettete mich ein Kaffeehaussessel, der inmitten einer Sitzgruppe auf dem Gehsteig stand. Ingrid redete aufgebracht auf mich ein. Ich könne sie doch in der Öffentlichkeit nicht unmöglich machen. Jeder Passant könnte mit Recht glauben, daß ich sternhagelvoll betrunken sei. Ich dagegen beteuerte lautstark meine Unschuld. In diese mit einiger Heftigkeit geführte Diskussion platzte ein Ober, der nach unseren Konsumationswünschen fragte. Ich entschuldigte mich mit einer eher nichtssagenden Gebärde und murmelte verlegen etwas von einem Schwächeanfall, stand rasch auf und versuchte Ingrid einzuholen, die beim Auftritt des Kellners davongeeilt war.

Szenenwechsel: Ich hatte in einer Seitengasse, in der Nähe unseres Geschäfts, einen Brief in einen Postkasten geworfen und wollte zum Geschäft zurückkehren. Wieder überkam mich ein Schwächeanfall. Ich fand in meiner Panik als sprichwörtlich rettenden Strohhalm einen Lichtmast, an den ich mich festklammern konnte. Als ich langsam wieder zu Kräften gekommen und in mein Geschäft eingetreten war, empfing mich Ingrid mit einem unüberhörbaren Vorwurf in der Stimme:

„Soeben hat ein Kunde behauptet, dich stockbesoffen einen Lichtmast umklammern gesehen zu haben."

Ich ging ohne zu antworten in den Lagerraum. Was hätte ich auf ihre Bemerkung antworten sollen? Aus der Ferne waren die Beobachtungen meines Kunden ganz exakt, nur die Deutung spielte sich in seiner Vorstellungswelt ab. Aber was lag denn menschlich näher, als daß ich in meinem Geschäft selbst mein bester Kunde gewesen wäre?

Um der Wahrheit die Ehre zu geben, muß ich feststellen, daß ich mir schon seit Jugendtagen niemals viel aus Alkoholika gemacht habe. Natürlich trank ich in gemütlicher Gesellschaft gelegentlich ein Glas Bier oder ein Achterl Wein. Seit Beginn meiner Krankheit hatte ich jedoch feststellen müssen, daß selbst schon geringste Mengen Alkohols eine unangenehme Unruhe in mir auslösten. Mußte ich bei den Weinbauern Ware verkosten, nahm ich stets einen herzhaften Schluck in den Mund, „biß" ihn fachgerecht und spie den Wein kunstvoll in hohem Bogen aus. Dieses Ritual brachte mir bei den Weinbauern den Ruf eines gottbegnadeten Weinverkosters nach altem Schlag ein.

Eines Tages entschloß ich mich schweren Herzens bei einem Orthopäden einen Stock zu kaufen. Vor allem der mich behandelnde Primarius Bodner hatte zu diesem Schritt geraten, indem er meinte, daß ich für die gesunde Umwelt damit ein Signal setzen könnte: dieser Mensch ist behindert und nicht betrunken. Die ersten Tage hatte ich jedoch noch große Scheu, in der Nähe unseres Geschäfts mit einem Stock in der Hand gesehen zu werden. Sah ich eine Kundschaft auf der anderen Straßenseite, wandte ich meinen Oberkörper der Straßenseite zu und verdeckte den Stock schamhaft hinter meinem Rücken. Für mich war diese Gewöhnungsphase ein langer, schmerzhafter Weg, den ich noch einmal mit einem Beispiel belegen möchte: Ich war langsam und äußerst vorsichtig zu meiner Hausverwaltung gefahren, um eine Reparaturrechnung zu klären. Ich parkte den Wagen, stieg aus und läutete an der Haustüre. Niemand meldete sich. Langsam ging ich zu meinem Auto zurück.

Plötzlich hielt mit quietschenden Bremsen eine Funkstreife

hinter meinem Wagen. Ein junger Streifenbeamter sprang mit Elan aus dem Einsatzfahrzeug und steuerte auf mich zu.

„Wir haben sie vorhin beobachtet, wie sie aus ihrem Wagen gestiegen sind!“

„Grüß Gott, was ist denn da Vorschriftswidriges daran?“, gab ich freundlich zurück.

„Sie können doch in ihrem Zustand nicht einen PKW lenken. Sie sind doch alkoholisiert!“, sprach er mich schon um eine Nuance freundlicher an. Ich antwortete ganz ruhig, daß ich mich von einer Trunkenheit meilenweit entfernt wisse. Gleichzeitig fiel mir ein, daß ich den kurzen Weg bis zum Haustor natürlich ohne Stock zurückgelegt hatte. Mein Schwanken war mir selbst schon nicht mehr aufgefallen.

„Na, dann blasen's bitte“, meinte er diensteifrig und kramte auch schon das von Automobilisten so gefürchtete „Röhrl“ aus seiner Anoraktasche. Ich holte tief Luft und blies kräftig hinein, es verfärbte sich jedoch nicht. Der Polizist verstand seine Welt nicht mehr und trat mit einem gemurmelten Gruß den Rückzug an.

So begann ich nach einigen Wochen meinen Stock, der mir beim Gehen tatsächlich auch eine gewisse Sicherheit gab, fast in mein Herz zu schließen. Nur in der Straßenbahn schien mir ein Stock wegen der zahlreichen Sitzplätze und Haltegriffe doch ein wenig übertrieben zu sein. Eines Tages war die von mir regelmäßig benützte Tramway wegen einer mit mir zugestiegenen Schulklasse bis auf den letzten Sitzplatz besetzt. Ich ergriff neben einer vor mir sitzenden älteren Dame die Haltegriffe. Die Straßenbahn nahm langsam die Fahrt auf. In dieser Situation durchzuckte mich wieder ein heftiger Schmerz in beiden Beinen, und ich fühlte, wie mir der Boden unter den Fußsohlen wegzuschwimmen schien. Ich drohte unfreiwillig in die Hocke zu gehen. In dieser Notlage wagte ich es, die alte Frau anzusprechen:

„Ich bitt' Sie, könnten Sie mir rasch ihren Sitzplatz überlassen?“

Die Frau sah maßlos erstaunt zu mir herauf. Ich sank langsam in mich zusammen. Die Haltegriffe drohten unter meinem

Gewicht zu reißen. Jetzt war keine Zeit mehr für Höflichkeitsfloskeln. Gleich würde ich am Boden liegen.

„So stehn's doch bitte endlich auf!"

Jetzt schien sie die Situation zu begreifen und sprang – so rasch sie eben konnte – auf. Ich verlagerte mein Gewicht und plumpste unsanft auf den Sitzplatz. Mit meinen nachschwingenden Armen umarmte ich fast noch eine neben mir sitzende junge Mutter, die ihr Kind auf dem Schoß hatte. Der Bub fand meine Turnerei natürlich lustig und strahlte mich über sein ganzes Rundgesicht freundlich an. Nachdem nun die alte Frau ihre Fassung wiedergefunden hatte, meinte sie:

„Jessas, die heutige Jugend! Schon so jung fangen's mit dem marod sein an!" Ich ließ mit einem dankbaren Dauerlächeln alle bedauernden Worte über die gesundheitlich herabgekommene Jugend über mich ergehen. Gerade als sie mit der Erzählung über ihre sportlichen Großtaten in den zwanziger Jahren beginnen wollte, belehrte sie ein Blick aus dem Fenster, daß sie aussteigen mußte. Der Stock war somit in allen Lebenslagen mein ständiger Begleiter geworden.

Meine Gattin lag mir nun – nebstbei völlig zu Recht – wegen unseres leidigen Wohnungsproblems ständig in den Ohren. In der Margaretenstraße wohnten wir zu dritt auf einer Fläche von 27 m². Ich hatte zwar Jahr um Jahr Schilling um Schilling gespart, aber jetzt, da ein Wohnungskauf ins Haus stand, hatte ich etwas Hemmungen, dieses Geld auch wirklich auszugeben. Nach einiger Überwindung wurde jedoch schließlich im 14. Bezirk, in der Bachmanngasse, zu Jahresbeginn 1967 eine Wohnung gekauft, die zwei geräumige Zimmer, eine Küche und einen etwas unpraktischen, langgezogenen Korridor umfaßte. In diesem Althaus hoffte ich unser Familienleben in etwas harmonischere Bahnen lenken zu können, da wir uns gegenseitig nicht mehr ständig im Weg sein würden.

So arbeitete ich in meiner Freizeit wie ein Besessener an der neuen Wohnung. Es gab hunderttausend Handgriffe zu tun. Durch meine zahlreichen Schwächeanfälle wurde alles natürlich doppelt mühsam, aber ich hatte mir schon im Spital geschworen, diese Krankheit durch totales Ignorieren zu „strafen". Der lange Gang wurde durch eine Trennwand zu zwei kleinen Zimmern gestaltet. Eines davon fand als Vorzimmer Verwendung. Die Wohnung wurde unter Mithilfe meines Bruders ausgemalt, Wandkästchen gebastelt und befestigt. Ingrid bestand felsenfest auf einer Dusche. Ich murmelte zwar etwas, das nach „. . . eine Waschmuschel genügt ja auch“ klang, aber ich mußte mir innerlich eingestehen, daß sie auch in diesem Punkt Recht hatte. Also nahm ich wieder das Stemmeisen zur Hand und fräste Rinnen in den Fußboden und die Wände. Ein Installationsbetrieb verlegte darin Wasserrohre. Die Verfliesung schaffte mein Bruder im Alleingang. Abschließend versiegelte ich noch den Parkettboden, und die Wohnung war für unsere kleine Familie bezugsfertig.

Bei der Übersiedlung mußte mir natürlich wieder ein Mißgeschick zustoßen. Hansi, unser Kanarienvogel, sollte in seinem großen, weißlackierten Käfig als letzter die alte, ausgeräumte Wohnung verlassen. Ich wollte ihn gerade zum Wagen hinuntertragen, als mein rechter Fuß wieder kraftlos zusammenknickte und ich mit dem aufkreischenden Vogel ein ganzes Stockwerk hinunterfiel. Gott sei Dank hatte ich mir außer ein paar leichten Prellungen keine weiteren Verletzungen zugezogen. Auch Hansi war unverletzt geblieben, sieht man von der Tatsache ab, daß er einige Federn lassen mußte. Ingrid störte an dieser kleinen Episode vor allem der Umstand, daß ich mir meinen Sonntagsanzug zerrissen hatte.

In diesem 67er-Jahr gab es jedoch noch manch andere Weichenstellung in meinem Leben. Schon zeitig im Frühjahr hatte der Pächter das Gasthaus meines Vaters verlassen, das sich in einem beklagenswert desolaten Zustand befand. Meine Gattin hatte seit unserem mißglückten Versuch, ein Kaffeehaus zu kaufen, innerlich den Vorsatz, in die Gastgewerbebranche einzusteigen, noch nicht aufgegeben. Also begann sie mich hartnäckig zu bestürmen. Auch mein Vater wollte unbedingt, daß ich das Gasthaus übernehmen sollte, hatte er doch von Verpachtungen bereits mehr als genug. Bald gab ich mich geschlagen und begann in Gottes Namen in Etappen mit den Ausbesserungsarbeiten. In bester Übung war ich ja schon.

Mittlerweile hatte sich ein dichtgedrängtes Arbeitsrotationssystem entwickelt. Noch heute wundere ich mich insgeheim, wie ich das damals alles körperlich geschafft habe. Vormittags half ich Ingrid im Geschäft aus, nachmittags restaurierte ich die Gastwirtschaft, abends holte ich mit dem Wagen meine Gattin aus der Kaiserstraße ab und führte sie zu unserer neuen Wohnung. Nach einem rasch eingenommenen Nachtmahl fuhr ich in der Regel nochmals in die ganz in unserer Nähe gelegene Gastwirtschaft zurück und arbeitete dort noch bis 22 Uhr – manchmal wurde es auch noch später. Mein Vater und mein Bruder ließen mich nicht im Stich und halfen wacker mit. Somit war schon recht bald ein beachtenswerter Fortschritt zu erkennen. Von Fachleuten ließ ich einen Warmwasserspeicher montieren. Gleichzeitig bestellte ich ein dringend benötigtes Kühlpult, dessen Ratenzahlungen von einer Brauerei vorfinanziert wurden. Um meinen spielerischen Hang zu kleinen Basteleien zu befriedigen, baute ich eine Spiegelbar hinter die Theke, die noch heute in Verwendung ist.

Im Spätherbst 1967 konnte das Gasthaus wieder eröffnet werden. Mit gemischten Gefühlen und ohne Leidenschaften hatte ich das Schild „Neuübernahme durch die Eigentümer" mit einer roten Leuchtschrift gemalt.

Anfang September mußte auch unser Sohn Robert erstmals in die Schule. Eine große Zuckerltüte versüßte ihm zwar die ersten Tage, aber schon nach wenigen Wochen kam ihm die Erkenntnis, daß von ihm unerhörterweise Leistung verlangt wurde. Nach ein paar schulischen Rückschlägen erlahmte sein Eifer, und er zog sich als Hinterbänkler vom allgemeinen Lehrbetrieb zurück. Der Startschuß für jahrelange Schulprobleme und häuslichen Unfrieden war mit dem Beginn seiner Schulkarriere endgültig erfolgt. So manchem Leser werden diese Szenen aus seinem eigenen Familienkreis gar nicht so unbekannt sein.

Roberts Schulbeginn hatte aber für uns auch noch andere Überlegungen ausgelöst: Wohnung, Gasthaus und Schule lagen jetzt im 14. Bezirk relativ nahe beisammen. War es durch meine Behinderung wirklich noch machbar, täglich zweimal in den 7. Bezirk zu fahren, nur um dort unseren Getränkeladen zusätzlich noch mit Mühe und Plage weiterzuführen? Die Entscheidung war unter diesen Voraussetzungen rasch getroffen. Es gelang uns in kürzester Zeit, unser Geschäft an einen Interessenten abzustoßen. Denn jetzt, da wir es durch ein gutsortiertes Warenangebot und verkaufsfördernde Maßnahmen hochgebracht hatten, war es mit einem großen Kundenstock natürlich leicht an den Kaufmann zu bringen.

Es mag ein wenig wehmütig klingen, aber in jedem Geschäft blieb tatsächlich ein Stück von mir selbst zurück. Ich war plötzlich unendlich traurig geworden, denn ich fühlte, daß ich mich – bedingt durch meine langsam, aber stetig fortschreitende Krankheit – wohl kaum noch in meinem Leben zu einer neuen Geschäftsaktivität würde aufraffen können.

Neue Zuversicht

Ingrid und ich waren nunmehr ganztägig im väterlichen Gasthaus beschäftigt. Der Speisezettel war weit davon entfernt, kulinarisch genannt zu werden. Es gab bei uns Würstel, Gulasch und Wiener Schnitzel. Fertig. Ich saß hinter der Theke, bediente die neue Espressomaschine und schenkte die diversen Alkoholika – sowie ganz selten – auch Limonaden aus.

Zu dieser Zeit hatte ich eine eher zufällige Begegnung mit einem Multiple-Sklerose-Patienten, die meine Lebens- und Essensgewohnheiten von Grund auf ändern sollte. Ich möchte jedoch der Reihe nach erzählen wie alles gekommen ist: Ich kam mit einer langjährigen Bekannten, Frau Burgi Molnitzky, die bei einer Wiener Krankenversicherung beschäftigt ist, in ein längeres Gespräch. Unsere Unterhaltung kreiste um meine geheimnisvolle Krankheit. Sie erzählte mir, daß einer ihrer Arbeitskollegen, der seit den fünfziger Jahren an MS litt, nach einer vier- bis fünfjährigen strengen Rohkostdiät wieder gehen könne. Ich erfuhr über diesen Patienten, daß er sogar an den Rollstuhl gefesselt war, jedoch vor einigen Jahren den Führerschein machen konnte und heute wieder in das Berufsleben eingetreten ist. Das war mein Experte! Ich ließ mir seine Telefonnummer geben und machte mit ihm ein Treffen in einem Kaffeehaus in Hernals aus. Er war mir auf den ersten Blick sympatisch. Ich war fasziniert, mit welch elastischen Bewegungen er sich einen Stuhl herbeiholte und sich zu mir setzte. Was er mir jedoch zu erzählen hatte, beeindruckte mich noch mehr: Sein Heilerfolg sei einzig und allein auf eine ganz strenge Rohkostdiät zurückzuführen. Der Praktiker Dr. Bircher-Benner, aber auch andere Forscher hätten erkannt, daß der pflanzlichen Lebendnahrung heilende Kräfte innewohnen. Diese Lebendnahrung soll eine besonders hochstufige Energieordnung darstellen. Ich verstand damals seinen fast wissenschaftlichen Vortrag nur zum Teil, war aber überzeugt, daß es mit dieser Diät etwas auf sich hatte.

Zu dieser Rohkostdiät, so führte mein neuer Freund und ehemaliger Leidensgenosse aus, gehörte die frische Obst-, Gemüse-, Getreide- und Nußnahrung. Die für die menschliche Ernährung in Frage kommenden pflanzlichen Lebewesen nehmen mittels ihrer grünen Blätter Energiequanten aus dem Potential des Sonnenlichts auf und bauen mit Hilfe dieser Energie aus Wasser und aus der Kohlensäure der Luft die Kohlehydrate auf. Diesen Vorgang nenne man Photosynthese. So etwas Ähnliches hatte ich in meiner Schulzeit sicherlich schon gehört, wenngleich auch sicher in einfacheren Worten. Durch diesen Energiegewinn aus der Sonne, so ging der Unterricht weiter, würden in den Organen der pflanzlichen Lebewesen Fette, Eiweiß sowie viele Vitamine und Enzyme gebildet. Diese lebendige pflanzliche Nahrung sei für die menschlichen Verdauungsorgane ganz vorzüglich zerlegbar. Ich war verwirrt und fasziniert zugleich. Als wir uns von den Sitzen erhoben hatten und dem Lokalausgang zustrebten, kam mir der Ober mit vorwurfsvollem Blick und mit der Rechnung in der Hand nachgelaufen. Ich war so in das Gespräch vertieft, daß ich auf die Bezahlung gänzlich vergessen hatte.

Dieses für mich so bedeutsame Gespräch fand am 12. September 1967 statt. Schon am nächsten Tag, versorgt mit allen

Rohstoffen, begann ich mit dieser kompromißlosen Diät. Ich ertappte mich dabei, an die Heilkraft dieser Kur mit einem Fanatismus zu glauben, als ob mein Seelenheil davon abhängen würde. Mit Akribie studierte ich das Buch „Warum Evers-Diät? – Die Ernährung des Gesunden und Kranken" von dem deutschen Arzt Dr. Joseph Evers.

Bis zum Jänner 1977, also volle zehn Jahre, habe ich diese Diät tagtäglich eingehalten und mich auch nicht durch Schokoladen oder andere Süßigkeiten verleiten lassen.

Hatte ich schon früher keine übergroße Freude an Fleischspeisen gehabt, so wurde mir durch diese Diät das Fleischessen grundsätzlich untersagt. Vollkornbrot, frischgemahlener Weizen-, Roggen- oder Gerstenschrot, einige Stunden im Wasser vorgeweicht, wurde mein Lebenselixier. Die Getreidekörner wurden zuvor ein paar Tage im Wasser zum Keimen gebracht, bis ein kleiner Keimling mit freiem Auge sichtbar wurde. Die Körner wurden mehrmals abgeschwemmt, um die Gärsäure aus der Nahrung zu entfernen. Rohes Gemüse, Karotten, Sellerie, Erbsen sowie rohe Eier komplettierten meinen Speisezettel. Honig und Landbutter waren der einzige Luxus, den ich mir gönnen durfte. Als Flüssigkeit nahm ich ein Jahrzehnt nur Rettichsaft oder ähnliche Gemüsepreßsäfte zu mir. Weiters trank ich täglich einen Liter unpasteurisierte Milch, die ich mir aus der Meierei holen ließ, um auf mein benötigtes Eiweißquantum zu kommen. In den ersten Diätjahren konnte ich mir die Milch noch selbst abholen, später mußte Ingrid sie mir mitbringen. Sie tat es zwar bereitwillig, spöttelte jedoch ein wenig über meine „Hirngespinste".

Daß mein Diätweg letztlich in eine Sackgasse geführt hat, mag in der Tatsache begründet sein, daß ich mit dieser nützlichen Diät wahrscheinlich in einem zu späten Stadium meiner Krankheit begonnen hatte. Die Beschädigung meiner Nervenzellen muß schon zu weit fortgeschritten gewesen sein.

Kurz nachdem ich mit der Diät begonnen hatte, bekam ich wieder einen schweren Schub. Wiederum wurde ich meinem behandelnden Arzt in der Ambulanz vorgeführt. Wieder stellte man mir einen Spitalseinweisungsschein aus. Nachdem der

Arzt jedoch von einer Rohkostdiät absolut nichts wissen wollte und mir auch nicht zusichern konnte, daß ich im Spital meine Spezialnahrung zu mir nehmen könnte, warf ich diesen Überweisungsschein zu Hause kurzerhand in den Papierkorb. Auch in der Nervenheilanstalt auf der Hofzeile in Wien-Döbling verwies man auf die damals übliche Cortisonbehandlung, so daß ich den Gedanken, in ein Spital zu gehen, gänzlich verwarf.

Ich wartete geduldig, bis die Nachwirkungen des Schubes nach und nach verklungen waren, und widmete mich – neben meinen Verpflichtungen im Gasthaus – vollständig der Zubereitung meiner Diätkost, an die ich mich mit all meiner Hoffnung klammerte. „Es wird alles wieder wie früher, es wird alles wieder so, wie es gewesen ist", sagte ich mir in Stunden der Einsamkeit und Hoffnungslosigkeit immer wieder vor. Die Suggestionskraft meiner Hoffnungsgedanken gab mir für die nächsten Jahre immer wieder Kraft und Zuversicht.

Ich war von dieser Rohkostdiät so fasziniert, daß ich mir die Adresse des Diätspezialisten Dr. Joseph Evers in der Bundesrepublik Deutschland besorgte. Ich begann mit diesem freundlichen und verständnisvollen Arzt eine lebhafte Korrespondenz. Eines Tages erhielt ich eine persönliche Einladung, zu ihm in seine Klinik nach Westfalen, Kreis Arnsberg, zu kommen, um eine noch intensivere Einschulung in seine Diätvorschriften zu bekommen. Meine spontane Freude über diese Einladung wich einer großen Sorge: Wie sollte ich rund 1.300 km weit, über das Ruhrgebiet hinaus, zu diesem Sanatorium gelangen? Ich studierte die möglichen Eisenbahnverbindungen. Sie waren allesamt sehr kompliziert. Ein Freund befreite mich von meinen Sorgen, indem er sich erbötig machte, mich mit meinem Auto gegen Spesenersatz nach Deutschland zu fahren. Ich verabschiedete mich kurzerhand von Frau und Kind, und wir machten uns über die Westautobahn auf den Weg.

Gleich nach meiner Ankunft und Unterbringung begann Dr. Evers unverzüglich mit der Anamnese. Obwohl es seiner Ansicht nach natürlich günstiger gewesen wäre, wenn ich ihn bereits früher aufgesucht hätte, machte er mir doch Hoffnungen, in einigen Jahren wieder ohne Stock gehen zu können. Seine Worte gaben mir großen Auftrieb. Auch die Umgebung in der Evers-Klinik gab zu Optimismus berechtigten Anlaß: Ich sah MS-Patienten auf einem Bewegungsparcours Bäume fällen und die geschnittenen Holzscheiben wegtragen. Aus einem Lehnstuhl beobachtete ich dieses vielseitige Bewegungstraining. Für mich war ein so weit fortgeschrittenes Programm noch lange nicht vorgesehen.

Die Wochen vergingen, und ich mußte mit meinem Freund die Heimreise nach Wien antreten. Das Ergebnis war jedoch nicht überwältigend positiv. Ich fühlte mich zwar besser, meine Verdauung war durch diese Diät wesentlich verbessert worden – die Steifheit meiner Füße hatte sich jedoch nicht geändert. Nach wie vor verkrampfte sich meine rechte Hand ängstlich um den Stockgriff.

Apropos Stock: Ein glücklicher Zufall brachte es mit sich, daß ich mit einem befreundeten Pfleger aus Steinhof zusammentraf, der versprach, für mich zwei Krücken aus dem Depot zu entleihen. Ich klopfte ihm lachend auf die Schulter und bedankte mich herzlich. Nicht im Traum dachte ich daran, daß er in fünf Minuten noch an mich denken würde – und überhaupt, waren Krücken nicht doch etwas übertrieben? Ich hatte mich in ihm getäuscht. Schon wenige Tage später stand der Pfleger mit zwei nagelneuen Krücken in unserer Wirtshausstube. Mit gemischten Gefühlen ergriff ich diese Gehwerkzeuge und stellte sie mit seiner Hilfe auf meine Größe ein. Die Armstützen hielten mich gut und verlagerten angenehm das Körpergewicht. Mit diesem Gerät hatte ich endlich die dringend benötigte Sicherheit beim Gehen. Sogar bücken konnte ich mich und etwas aufheben. Meine Skepsis war augenblicklich verflogen. Meine Selbstachtung verbat mir jedoch, beide Krücken gleichzeitig zu verwenden. Die zweite Krücke gab ich auf den Dachboden. Man mußte auf alles gefaßt sein . . .

In diesen ereignisreichen Herbsttagen des Jahres 1967 verursachte ich einen Autounfall, den ich in meinen geheimsten Gedanken schon lange befürchtet hatte. Gott sei Dank gab es nur einen Blechschaden, als ich vor einer Kreuzung in ein plötzlich abbremsendes Auto hineinkrachte. Trotz aller Tricks hatte ich diese Notbremsung einfach nicht mehr geschafft. Bei mir schrillten die Alarmglocken. Ich durfte mich in meinem Zustand einfach nicht mehr an das Lenkrad setzen! Noch am gleichen Abend bat ich Ingrid, doch den Führerschein zu machen. Nach anfänglichem Zögern stimmte sie meinem Vorschlag zu.

Die offiziellen Fahrschulen kamen für uns nicht in Frage, sie waren zu teuer. Zum anderen glaubte ich genügend Fahrpraxis zu besitzen, um Übungsfahrten vom Beifahrersitz aus selbst zu überwachen. Nach Abgabe eines Antragformulars bei der Verkehrspolizei und nach einer langen Wartezeit bekam ich den mit Stempelmarken vollgepflasterten Genehmigungsbescheid zugestellt. Unmittelbar danach begannen wir mit den Übungsfahrten.

Ingrid hatte ihre Hand um das Lenkrad verkrampft – ich die meine um die Handbremse gelegt. Manchmal bewirkte allerdings die Verkehrssituation, daß Ingrid ihre Nerven etwas mutwillig und unbeherrscht einfach über Bord warf. So waren wir einmal langsam auf eine Kreuzung zugerollt, die durch eine auf „Rot" gestellte Ampel für uns gesperrt war. Als die Ampel „Grün" zeigte, ließ sie die Kupplung etwas zu rasch los, und der Motor starb ab – nicht ohne zuvor noch einen kräftigen Bocksprung zu machen. Ein ungeduldiger Straßenkamerad hinter uns blinkte und hupte. Ingrid blickte zuerst etwas hilflos das Armaturenbrett an, um Sekundenbruchteile später hektisch am Zündschlüssel herumzudrehen. Der Motor wollte und wollte einfach nicht anspringen. Ich versuchte mit ganz ruhig ausgesprochenen Anweisungen die Situation im letzten Augenblick noch zu retten. Offenbar vergeblich, denn plötzlich sprang sie mit wilden Flüchen aus unserem Auto, hieb mit der Faust auf die Motorhaube und rannte in eine Seitengasse. Das Hupkonzert steigerte sich zu einem Infernal. Es mußte rasch etwas geschehen – zumal unser Wagen noch immer die Kreuzung blockierte! Ich schob mich so rasch ich konnte auf den Fahrersitz, startete und lenkte den Wagen in die Gasse, in der Ingrid soeben verschwunden war.

Ich mußte meine ganze Überredungskunst aufbieten, um sie wieder hinter das Lenkrad zu bekommen.

Nicht nur die gemeinsamen Übungsfahrten, auch das Lernen der Theorie für die Fahrprüfung kosteten uns beiden viel Nerven und Schweiß. Leider fiel Ingrid dann auch zweimal bei der Prüfung durch. Im September 1968 war es aber endlich soweit: Ingrid erhielt ihren Führerschein.

Meine Freude war noch aus einem anderen, nicht ganz selbstlosen Grund übergroß, hatte ich doch nunmehr endlich einen verläßlichen Chauffeur in der Familie.

Die Tatsache, daß Ingrid mit ihrem Führerschein auch mehr Freiheit und Selbständigkeit erlangt hatte, war ein Aspekt, den ich damals noch nicht im entferntesten in Betracht gezogen hatte.

Bekanntschaften

In mir steigerte sich mit den dahineilenden Tagen und Wochen das Gefühl, daß ich im Gasthaus wohl endgültig stranden würde. Durch den erst um Mitternacht endenden Geschäftsbetrieb kam auch unser Sohn Robert natürlich nie zeitgerecht ins Bett, was zur Folge hatte, daß er am nächsten Tag nicht aus den Federn konnte. Für mich war dieser Umstand das Tüpfchen auf dem i, und ich argumentierte auch gegenüber meinem Vater mit den schlechten schulischen Leistungen unseres Robert. Ich verlangte ultimativ, daß das Gasthaus wieder verpachtet werden sollte und begab mich auf die Suche nach einem geeigneten Pächter, doch erst im März 1969 war es soweit.

Ingrid und ich blieben in der folgenden Zeit zu Hause und lebten von unserem Ersparten. Da wir dieses beschauliche Leben natürlich nicht auf Dauer führen konnten, hatte ich mich mittlerweile um ein, wie ich meinte, lukratives Geschäft umgesehen: die Marktlücke, die ich entdeckt zu haben glaubte, hieß Musik-, Spiel- und Warenautomatengeschäft. Ein Großteil unseres Sparguthabens wurde nun in derartige Maschinen investiert, die ich in mir bekannten Gasthäusern und Espressokneipen auf mein finanzielles Risiko aufstellen ließ. Den Erlös teilte ich mit dem Gasthausbesitzer, wobei jedoch der Staat und die Stadt Wien durch Vergnügungs- und Musiksteuer noch ganz kräftig mitnaschten.

Ich muß zugeben, daß dieses Automatengeschäft ein moralisch nicht ganz einwandfreier Broterwerb war. Ich war damals jedoch – ganz unter dem Eindruck meines sich stetig verschlechternden körperlichen Zustandes – der Auffassung, daß ich nur mehr relativ einfach zu administrierende Geschäfte würde durchführen können. Natürlich gab es auch große Probleme mit diesen technisch komplizierten Geräten. Erreichte mich zu Hause ein Anruf eines meist sehr ungehaltenen Gastwirtes, so mußte ich mich um einen Servicetechniker umsehen. Zeit und viel Geld verrannen auf diese Weise. Dagegen war das Auswechseln der Schallplatten noch eine leichte Arbeit, die ich persönlich im Halbjahresrhythmus vornahm.

So waren wir das ganze Jahr 1969 zu Hause geblieben und hatten uns mit dem Automatengeschäft irgendwie über Wasser gehalten. In den Sommermonaten fuhren wir mehrmals ins Burgenland. Der von sanften Erhebungen umgebene Neusiedlersee hatte es meiner Gattin ganz besonders angetan. Ich erwähnte schon, daß sie eine leidenschaftliche Sonnenanbeterin war, die oft stundenlang am Strand in der Sonne liegen konnte. Durch Ingrids Führerschein hatten wir ein neues Freiheitsgefühl erlangt. Die Ölkrise des Jahres 1973 war darüber hinaus noch fern, so daß die zahlreichen Überlandfahrten finanziell nicht so sehr ins Gewicht fielen.

Im Herbst des gleichen Jahres brachte mich Ingrid in ein Vegetarisches Pflegeheim in Singen bei Konstanz am Bodensee. Die Samariter-Schwestern boten dort ihren Patienten Diät- und Fastenkuren an. Ich hatte schon vor einiger Zeit ein Diätbuch von einem gewissen Pfarrer Kaiser gelesen, der diesem Heim als Leiter vorstand. Somit war mein Interesse geweckt. Ich korrespondierte mit dem Pfarrer, um einen Heimplatz zu bekommen. Alles klappte bestens.

Während meines zweimonatigen Aufenthalts habe ich

so stark abgenommen, daß ich jede Hose ohne Gürtel einfach verlor.

Die Ursache dafür war die ausschließliche Ernährung durch Rohsäfte aller Art: Karottensaft, Erdäpfelwasser, saure Milch und zahlreiche andere Fruchtsäfte. Zweieinhalb Liter Flüssigkeit pro Tag – eine harte Tortur für mich, obwohl ich schon seit zwei Jahren meine Rohkostdiät mit größtmöglicher Selbstbeherrschung durchgehalten hatte. In dem Fachbuch des Pfarrers hatte ich gelesen, daß vor allem MS-Kranke auf diese Fastenkuren ganz besonders gut angesprochen hätten.

Das Heim war von einem schönen Park umgeben, in dem ich lange Spaziergänge machte. Immer häufiger gab ich meinem Gleichgewichtsbedürfnis nach und verwendete beide Krükken.

Am Ende der Kur wünschte ich mir trotz aller körperlichen Entbehrungen nichts sehnlicher, als hierher wiederkommen zu können. In diesem Heim war das Krank- und Behindertsein der normale Zustand; man humpelte, wankte, schleppte sich an der Hauswand entlang oder suchte am Stock Halt und Sicherheit. Hier fiel man mit seinem Schicksal nicht auf; die Demokratisierung des Leidens war hier Wirklichkeit geworden – im Gegensatz zu einer verständnislosen, fast möchte ich sagen feindlichen Außenwelt.

Zur Heimreise benützte ich die Bahn. Ingrid gegenüber hatte ich keine genauen Zeitangaben über meine Ankunft gemacht, um sie zu überraschen. Ich hatte zu dieser sicher seltsamen Vorgangsweise meine guten Gründe: Schon seit dem vergangenen Jahr war ein gewisser Karl Molnitzky, der Gatte meiner Bekannten Burgi, Ingrid mit fast peinlicher Offenheit nachgestiegen. Dieser Mann gehörte jener Sorte eitler Gecken an, die sich beständig durch Damenbekanntschaften und Weibergeschichten selbst bestätigen müssen. Ein geschniegelter Eroll-Flynn-Typ, der sich schon in die erste Ehe von Burgi hineingedrängt hatte.

Burgi arbeitete – wie schon erwähnt – in einer Krankenversicherung. Dort lernte sie schicksalshaft Karl Molnitzky kennen, der die Aufnahme neuer Mitarbeiter zu erledigen hatte. Aber auch die Aufnahme von Frauenherzen schien in sein Ressort zu fallen. Die Bearbeitung dieses außerbetrieblichen Sachgebietes wurde diesem Herzensbrecher auch allzu leicht gemacht: Burgis Ehemann hatte aus dienstlichen Gründen oftmals in den Bundesländern zu tun, was nun Herrn Molnitzky die Gelegenheit gab, sich hilfreich um die „grüne Witwe“ zu kümmern.

Als ich die lebenslustige und etwas zur Fülligkeit neigende Burgi nach einiger Zeit zufällig wieder traf, war sie schon die Ehefrau des schönen Karli. Sie lobte überschwenglich seine Qualitäten, so daß ich innerlich noch mehr auf Ablehnungsposition einschwenkte. Ich hatte auch jeden Grund dazu, denn Burgis beste Freundin war ausgerechnet meine Ingrid, was zur Folge hatte, daß man sich bei uns zu Hause oder in Vorstadtlokalen zu einem Schwätzchen traf. Bei diesen unvermeidbaren Gelegenheiten vollführte unser Herzensbrecher bei meiner Frau das Handkußzeremoniell immer sehr üppig: betont langsam und feierlich mit einem frivolen Augenaufschlag. Zusätzlich durfte natürlich ein zärtlicher Wangenkuß nicht fehlen.

„Weiß’t was, Karl“, konnte ich mir eines Tages einfach nicht verkneifen zu bemerken,“ mach’ das ganze Handerlbussi-Theater doch lieber bei deiner frischgetrauten Frau und laß’ meine Ingrid in Ruhe!“

Er lächelte versonnen in sich hinein und blieb mir seine Antwort schuldig.

Man kann sich daher sicherlich lebhaft vorstellen, weshalb ich nach meiner Ankunft am Wiener Westbahnhof mit bangem Herzen im Taxi saß.

Welche Situation würde mich zu Hause erwarten? Wird mir womöglich jener Karli mit erstauntem Blick die Türe öffnen – vielleicht sogar noch mit meinen Pantoffeln an den nackten Füßen? Diese absurde Szene quälte mich ohne Unterlaß, während ich im Stiegenhaus mühsam Stufe um Stufe emporstieg.

Auf mein Läuten öffnete eine sichtlich erfreute Ingrid. Von Karl war keine Spur zu sehen. Meine Wiedersehensfreude mischte sich mit meiner Scham über die offenbar völlig unbegründete Eifersucht.

„Warum hast’ denn nicht angerufen? Ich hätte dich doch

gerne abgeholt“, sagte Ingrid nach einer heftigen Umarmung.

Ich murmelte etwas von „unnötigen Umständen“. Wie hätte ich ihr meine Ängste erklären sollen?

Im darauffolgenden Februar fuhr ich wieder auf zwei Monate ins Heim der Samariter-Schwestern.

Durch die strenge, vegetarische Fastenkost hatte ich mittlerweile bis auf 58 Kilo abgenommen. Um so mehr war ich für seelische Nahrung ansprechbar. Während meines zweiten Aufenthalts in Singen lernte ich ein junges, dunkelhaariges Mädchen namens Maria kennen, das aus einer Vegetarierfamilie stammte und selbst streng nach vegetarischen Prinzipien lebte.

Nachdem ich eines Abends mit ihr und zwei anderen älteren Damen an einem Tisch gesessen hatte, fragte sie mich unvermittelt ganz leise:

„Sagen Sie, Adolf. In welchem Stock wohnen Sie?“

„Im ersten Stock, Zimmer 121“, antwortete ich etwas verdattert im gleichen Flüsterton.

Nach dem Abendessen und einer eher anstrengenden Unterhaltung (die alten Damen waren beide schwerhörig) nahm ich meine zwei Krücken auf und fuhr mit dem Aufzug in mein Stockwerk. Ich hatte der Frage des jungen Mädchens keine weitere Bedeutung beigemessen und sie daher auch rasch vergessen. Wenige Minuten nach meinem Eintritt klopfte es jedoch leise an meiner Zimmertüre.

„Ich darf doch eintreten?“ fragte eine jugendliche Stimme, und im selben Augenblick steckte Maria schon ihren dunkelbraunen Schopf bei dem Türspalt herein.

Ihre Augen strahlten mich so fröhlich an, daß ich schmunzeln mußte. Wortlos deutete ich mit der ausgestreckten Hand auf einen Lehnstuhl. Nach einigen verlegenen Bemerkungen über meine Unordnung und ihrer Entschuldigung über ihr nächtliches Eindringen trafen sich unsere Blicke nochmals, und wir mußten gleichzeitig lauthals über unsere delikate Situation lachen, war es uns doch von den Klosterschwestern allerstrengstens untersagt worden, Besuche des anderen Geschlechts – gleichgültig zu welcher Tageszeit – auf den Zimmern zu empfangen. Sie bat mich, einige Details aus meinem Leben und aus meiner Krankengeschichte zu erzählen. Ich kam dieser Bitte mit einiger Erleichterung nach, denn das Sprechen nahm mir meine peinliche Befangenheit.

Ich begann also von meinen Spitalsaufenthalten und meinem Leben zwischen Hoffnung und Verzweiflung zu erzählen. Sichtlich bewegt ergriff Maria plötzlich meine Hand und drückte sie.

„Ich verstehe Sie ja so gut Adolf, bitte sprechen Sie weiter."

Wieso kann sie mich verstehen? Sie ist doch ein gesunder Mensch und sogar mindestens zehn Jahre jünger als ich, dachte ich mir und blickte verwirrt auf meine Hand, die in der ihren ruhte. Instinktiv spürte ich, daß sie jetzt einen Kuß, eine Geste der Zärtlichkeit, eine Liebkosung von mir erwartete. Ich war innerlich schon bereit, meinem spontanen Gefühl nachzugeben, als mir meine treue und brave Ingrid einfiel. Du bist wahrlich ein gemeiner Schuft, wenn du dich jetzt auf irgend etwas einläßt, während sie auf dich zu Hause wartet. Ich nahm meine zweite Hand, streichelte ihren Handrücken und zog dann rasch beide Hände zurück.

„Es ist schon spät, Maria, und ich habe morgen sehr zeitig meine Kontrolluntersuchung", sagte ich knapp und versuchte zu lächeln.

„Ja, ja, Sie haben recht. Ich vergaß . . ."

Was sie nun vergaß – sich selbst oder die Zeit – sprach sie nicht aus. Sie verabschiedete sich mit einem etwas linkischen Heben der rechten Hand und schlüpfte leise bei der Türe hinaus.

Ich saß in meinem Lehnstuhl wie auf einem Nadelkissen. Ein junges, wirklich hübsches Mädchen hatte – aus welchen Motiven auch immer – ganz offensichtlich Gefallen an mir Krüppel gefunden, und ich mußte sie wegen meines Über-Gewissens fortschicken. Wir beide lebten hier in diesem weltfernen Heim in einer ganz sonderbaren geistigen und menschlichen Harmonie, ja sogar Wertschätzung, und mir war es einfach unmöglich, ihr näherzukommen. Der Gedanke, daß ich vielleicht zum letzten Mal in meinem Leben eine schöne Erfahrung, eine verlockende

Gelegenheit versäumt hatte, quälte mich tagtäglich noch viele Monate hindurch. Aber mein Verzicht hatte ja einen höheren Sinn! Meine Ingrid und mein Sohn waren mir nahe, ja meine Familie wurde mir in der Fremde noch mehr Lebensinhalt und Fixpunkt.

In den nächsten Tagen und Wochen gingen Maria und ich noch oft gemeinsam durch den Park bis an den nahen Waldrand. Bei diesen Spaziergängen zeigte Maria hingebungsvoll Ausdauer und Geduld, denn ich mußte alle 200 Meter eine längere Verschnaufpause einlegen und mich minutenlang auf meinen Krücken aufstützen.

Bei einer dieser Ruhepausen fiel mir schlagartig ein, wie ungeduldig Ingrid mit mir im letzten Jahr geworden war. Meine Behinderung in der Öffentlichkeit bloßgestellt zu sehen, war ihr immer peinlicher geworden. Stürmisch hatte sie einen erkennbaren Erfolg meiner Diäten und Kuren gefordert.

Dagegen schien Maria meine Krücken einfach nicht zu bemerken. Sie suchte für mich Primeln oder Himmelschlüssel und steckte mir einen Buschen in das oberste Knopfloch meines Mantels.

Überwältigt von einer neuen Aufbruchstimmung, ließ ich die junge Jahreszeit auf mich wirken und schob meine düsteren Gedanken beiseite. Das Erwachen der Natur hatte mich beflügelt: ich war geschwätzig und zu Scherzen aufgelegt, wie schon seit Jahren nicht mehr. Über eine kleine abschüssige Wiese versuchte ich mit meinen Krücken Bocksprünge zu machen. Maria lief mir lachend mit warnenden Worten nach. Als ich der Länge nach hinrutschte und sie mir liebevoll aufhalf, war ein flüchtiger Kuß unvermeidbar geworden. Als ich meine Kleidung wieder geordnet hatte und wir unseren Weg fortsetzten, erfuhr ich ganz nebenbei, daß sie als Apothekergehilfin in Köln angestellt war. Sie erzählte weiters, daß sie nur einen Partner haben könnte, der auch Vegetarier sei, da ihr schon allein beim bloßen Gedanken an ein Schweinsschnitzel ganz schlecht würde. An einem Fleischerladen könne sie nur im Laufschritt vorbei.

Ich stellte mir ganz plastisch vor, wie Maria an einem Fleischhauer vorbeisprintete und mußte in mich hineinlachen.

Sie bezog mein Schmunzeln jedoch auf das soeben besprochene Thema und beschwor mich, daran zu glauben, daß MS durch richtige Ernährung wieder ganz geheilt werden kann.

Ihre Worte hatte ich im Gedächtnis, als ich mich zwei Tage später im Zug nach Westfalen zu Dr. Evers befand. Ich war sehr müde, denn ich hatte einen ereignisreichen Tag hinter mir. Zwar hatte ich meine Koffer bei den Samariter-Schwestern gelassen und mir nur einen Rucksack ausgeborgt, aber auch mit diesem und meinen beiden Krücken war es für mich nicht einfach, in den Zug einzusteigen. Ich wollte jedoch unter allen Umständen noch zwei Tage bei Dr. Evers anschließen, um mir neue Richtlinien (und vor allem Mut) für meinen zukünftigen Lebensfahrplan zu holen.

Ich muß nachträglich sagen, daß sich die 1.000 km Umweg vom Bodensee bis Hachen bei Leverkusen gelohnt haben. Ich wurde von Dr. Evers, der damals schon weit über siebzig Jahre alt war, mit besonderer Herzlichkeit begrüßt.

„Adolf, bei Ihnen haben wir folgendes Problem: wir wissen nicht wieviele Nervenzellen bei Ihnen schon beschädigt sind. Sie sind schon in einem relativ späten Krankheitsstadium in eine zielgerichtete Behandlung gekommen. Sie müssen weiterhin Geduld haben!“

Er sprach von weiteren fünf Jahren Geduld.

Bei diesem Kuraufenthalt kam ich auch in Kontakt mit ehemaligen MS-Patienten, die sich bei Dr. Evers zur Nachbehandlung aufhielten. Einige von ihnen zeigten mir Fotos, die sie selbst beim Holzhacken und Radfahren darstellten. Meine Zuversicht bekam neuen Auftrieb.

Glücklich und zufrieden nahm ich wenige Tage vor dem Osterfest die beschwerliche Rückreise wieder auf mich. Bei meiner Zwischenstation in Konstanz sandte ich Ingrid ein Telegramm: „Ich komme nach Hause.“ Mehr war nicht zu sagen. Meine ganzen Gefühle lagen in diesem einen Satz konzentriert.

Im Halbschlaf hörte ich das gleichmäßige Rattern des Zuges. Zwei Kleinkinder stritten im Abteil um ein Spielzeug. Dieser Lärm hinderte mich bis zum Salzburger Hauptbahnhof am Einschlafen. Aber das alles machte mir nichts aus: Ich werde wieder gesund, und der drohende Schatten über der Beziehung zwischen mir und Ingrid wird sich in nichts auflösen. Auf dem Wiener Westbahnhof fielen wir uns in die Arme. Robert hob rasch die Krücken vom Perron auf.

Auf der Fahrt nach Hause beobachtete ich Ingrid aus den Augenwinkeln. Ich war froh, daß ich bei Maria so standhaft geblieben war.

Allerdings führte ich mit Maria noch über Monate hinweg eine rege Korrespondenz, bis nach einem kleinen Mißverständnis die Briefe rarer wurden. Sie schrieb mir, daß sie einen netten jungen Mann kennengelernt hatte, mit dem sie viele gemeinsame Interessen teile. Selbstverständlich war er Vegetarier.

Der Sommer kam ins Land, und wir beschlossen trotz schwindsüchtigen Budgets auf Urlaub zu fahren. Wenn man den Tageszeitungen Glauben schenken darf, so handelt ein beachtlich hoher Prozentsatz der Österreicher ähnlich wie wir. Kein Geld zu haben, ist in unserer Alpenrepublik noch lange kein ausreichender Grund, auf ein wohlverdientes Vergnügen zu verzichten. Wir packten also die Badesachen und ein paar Habseligkeiten ein und fuhren mit Robert nach Greifenburg am Weißensee in Kärnten. Ingrids Schwester Eveline begleitete uns mit ihrer Familie. Ihr Mann war gebürtiger Kärntner. Seine Eltern wohnten in der Nähe unseres Ferienbauernhofes. So war letztlich alles wohlorganisiert, da wir die regelmäßigen Einladungen zum Mittagessen natürlich nicht ausschlagen konnten. Ingrid stürzte mit Begeisterung zum See hinunter. Auch ich zog – wenngleich auch mit weitaus weniger Leidenschaft – die Badehose an und stieg bis zum Bauch in die Fluten. Tiefer ging ich allerdings nicht ins Wasser, da ich mich unsicher fühlte. Obwohl viele MS-Patienten durch die Gewichtsverminderung im Wasser eine spürbare Erleichterung erfahren, machte ich bei mir die Beobachtung, daß mein rechtes Bein fast doppelt so steif wurde.

Nach unserem Badeaufenthalt folgte die kalte Dusche allerdings gleich in zweifacher Hinsicht: zum ersten, als ich einen Kassasturz vornahm. Zwar hatte ich meine Sparbücher noch nicht antasten müssen, doch waren meine Reserven sehr zusammengeschrumpft.

Die zweite Unannehmlichkeit, die mich zu dieser Zeit traf, war weitaus dramatischer und behinderte meine Suche nach einem geeigneten Geschäft ungemein: meine Harnblase zeigte Lähmungserscheinungen. Am Abend nach unserer Heimkehr konnte ich nicht mehr Harn ablassen, obgleich ich unterwegs wegen der großen Hitze viel getrunken hatte.

Nach einer schlaflosen, in Schmerzen zugebrachten Nacht fuhren wir schon zeitig am Morgen in das Lainzer Spital. Auf der Urologischen Ambulanz setzte man mir sogleich einen Dauerkatheter. Ich war somit der Gefangene eines Plastikschlauches geworden. Alle acht Tage mußte ich in den folgenden Wochen im Lainzer Spital meine Blase mit einem Desinfektionsmittel spülen lassen. Zwischen diesen Spülungen mußte im gleichen Zeitabstand der Dauerkatheter gewechselt werden.

Ich litt unter dieser Situation und wurde von Tag zu Tag ruheloser und schwermütiger.

Durch ein beiläufiges Gespräch mit einer Nachbarin vom gleichen Stockwerk wurden wir auf einen Urologen im 23. Bezirk aufmerksam gemacht. Die Nachbarin sprach Lobeshymnen über seine Fähigkeiten, und so fuhren wir gleich am nächsten Montag zu seiner Ordination. Ich schilderte dem Doktor in kurzen Worten mein Problem. Er bat mich zunächst so lange zu warten, bis der letzte Patient die Ordination verlassen hatte.

„Sind sie verheiratet?“, fragte er mich, noch ehe ich die Ordinationstüre schließen konnte.

„Ja, meine Gattin wartet unten im Wagen.“ Er blickte beim Fenster hinaus und ließ sich von mir das Auto zeigen.

„Warten Sie da. Ich komm’ gleich wieder.“ Wenige Augenblicke später schob er meine etwas verdattert dreinblickende Ingrid in das Zimmer.

„Also, wie ich schon ihrer Gattin erklärt habe: den Dauerkatheter müssen wir wegbekommen.“

Zunächst mußte Ingrid meinen Penis ergreifen. Vor einem Fremden war ihr das sichtlich peinlich, aber sie überwand sich tapfer. „So, da ist die Gleitcreme, versuchen Sie jetzt vorsichtig das Katheterrohr einzuführen.“ Ingrid hantierte mit dem Plastikrohr noch etwas ungeschickt und verursachte mir zusätzliche

Schmerzen. Ich war jedoch andererseits glücklich, daß sie sich für mich zu dieser Tätigkeit überwunden hatte.

„Das wichtigste ist, die Harnblase jetzt wieder zu aktivieren. Dieser Einwegkatheter darf ab heute nur mehr zum Ablassen des Restharnes benützt werden; dann kommt er heraus". Mit einer ganzen Palette harntreibender Tees wurden wir aus seiner Ordination entlassen.

Der Anfang war – wie immer im Leben – sehr schwierig.

Ich versuchte, mit jedem Tag erfolgreicher, ohne Katheter auszukommen. Kubikmillimeterweise ging die Restharnmenge zurück. Schließlich benötigte ich bis 1977 keinen Katheter mehr. Dann allerdings konnte mich niemand mehr von ihm befreien.

Für diesmal hatten wir uns unter richtiger Anleitung selbst helfen können. Für mich war das eine wichtige Erkenntnis, die ich auch auf meine MS-Erkrankung zu übertragen entschlossen war.

Der Hausbau in Purbach

Rastlos machte ich mich wieder auf die Suche nach einem neuen Geschäft.

Durch Glück und ein wenig Herumhören in meiner vertrauten Spirituosenbranche bekam ich von Kollegen den Hinweis, daß die Firma Mayer ihre Geschäftskette abstoßen wollte. Das Gerücht erwies sich als stichhaltig, und der Firmenchef führte mich persönlich mit seinem Mercedes von Filiale zu Filiale. Ich tippte mit dem Zeigefinger im Stadtplan auf den Schuhmeierplatz im 16. Bezirk.

„Ah, die Filiale bei der Wattgasse, des is doch nix für Sie. Da führen neun Stufen ins G'schäft hinunter!", meinte er mit einem vielsagenden Blick auf meine Beine.

Ich bestand jedoch darauf, auch diese Filiale sehen zu können. Achselzuckend fügte er sich. Das Geschäftslokal bot nichts Außergewöhnliches. Man hatte es schon vor einem Jahr geschlossen. Der Schmutz starrte aus allen Ecken. Aber von diesen Äußerlichkeiten ließ ich mich nicht täuschen. Die Lage inmitten eines dichtbewohnten Bezirkes mit einer stark frequentierten Hauptstraße war ganz ausgezeichnet. Ich zeigte mich vorsichtig interessiert. Herr Mayer nannte einen etwas unrealistischen Preis. Ich sagte ihm ganz offen meine Meinung. Er dachte eine Weile versonnen nach, kratzte sich umständlich am Hinterkopf und reduzierte den Preis geringfügig.

Nun zeigte ich ihm zum Schein die kalte Schulter.

„Na ja, Herr Mayer, wenn das so ist, werden wir nicht z'ammkommen. Ich darf Sie bitten, daß Sie mich jetzt wieder nach Hause bringen."

Er blickte ganz betroffen. Trotz seiner Versuche das Gespräch wieder in Fluß zu bringen, gab ich nur abweisende, kurze Antworten. Auch die Verabschiedung vor meinem Wohnhaus verlief eher frostig. Schon zeitig am nächsten Morgen war der Spirituosengroßhändler und Gremialvorsteher Mayer am Telefon und bat mich, ihm meine Preisvorstellung zu nennen. Ich nannte ihm eine Summe. Ich hörte einen langgezogenen Seufzer. Eine Weile schien die Telefonleitung tot zu sein. Dann jedoch akzeptierte er mit langatmigen Worten den Preis, den ich genannt hatte.

Ich machte innerlich einen Luftsprung. Ein lukratives Geschäft abzuschließen, bedeutete für mich immer schon ein ganz besonderes Lustgefühl. Wenn auch andere Sinne in meinem Körper langsam abstarben – mein Geschäftssinn war offensichtlich noch ganz gut entwickelt. Ingrid holte mich jedoch bald von dem Elfenbeinturm herunter, indem sie mir erklärte, kein gesteigertes Interesse zu haben, wieder täglich über neun Stunden in einem Geschäft zu stehen. „Hast du dir denn schon überlegt, wer diese Bruchbude einrichten wird? Du vielleicht selbst – mit deinen zwei Krücken?" Ihre Argumentation war unfair und verletzte mich tief. Sie hatte jedoch nicht unrecht. Wer sollte denn wirklich das Geschäft herrichten? Die Dinge standen dort wahrlich nicht zum besten: der Bodenbelag war stark abgetreten, die Wandverkleidung aus gebeiztem Holz war morsch, die Tapeten hingen von der Mauer, und zuletzt waren die Metallregale rostig und teilweise verbogen. Ich ließ betrübt den Kopf hängen. Aber womit und wovon sollte ich meine Familie ernähren? Ich wollte um keinen Preis schon jetzt ein staatlicher Almosenempfänger werden. Andererseits war ich den Beruf eines Spirituosenhändlers gewohnt und kannte mich gut in der Branche aus.

Da kam mir ein rettender Einfall. Ich erinnerte mich an meinen Freund Rudi, den Kunstschlosser, der mir einst in der Kaiserstraße das dekorative Stahlportal hergestellt hatte. Wir hatten uns schon in der Schule gut vertragen, und so lehnte er meine Bitte um Hilfe nicht ab.

Ingrid versprach ich (bei gutem Geschäftsgang) einen echten Pelzmantel. Weiters sollte sie monatlich ein großzügiges Taschengeld erhalten. Ich hatte erkannt, daß ich sie diesbezüglich aus extremer Sparsamkeit meinerseits eher kurz gehalten hatte.

Somit konnte die Adaptierung meiner Spirituosenhandlung beginnen.

Zwei Dinge konnte ich in jenen Sommertagen des Jahres 1970 nicht ahnen: erstens, daß es bis April 1971 dauern würde bis das Geschäft eröffnet werden konnte und zweitens, daß der Schuhmeierplatz meine letzte kaufmännische Erwerbsquelle in meinem Leben werden sollte.

Unbelastet von solchen Zukunftsaussichten machten wir uns zu dritt an die Aufbauarbeit: Ingrid klebte Tapeten, mein Kunstschlosser bastelte an einem Geschäftspult und strich die Stellagen. Ich selbst hielt die Leitern, richtete das Essen her und verrichtete kleinere Arbeiten, bei denen ich nicht allzulange stehen mußte.

Während die Arbeiten am Schuhmeierplatz langsam weitergingen, verkaufte ich Stück um Stück meine Spielautomaten, da sie nach einer gewissen Zeitspanne durch unsachliche Benutzung fast alle kaputt gegangen waren. Die Reparaturkosten hatten schon längst den Gewinn aufgefressen, den dieses Groschengeschäft abgeworfen hatte. Ich weinte diesem Beruf keine Träne nach.

Mit der Spirituosenhandlung hatte ich mir weitere Probleme aufgehalst. Ich hatte die Tatsache, daß dieses Geschäft schon mehr als ein Jahr geschlossen war, einfach unterschätzt. Das Lokal blieb über Stunden menschenleer. Die Losung der ersten Tage überschritt nie die 70-Schilling-Marke. Die Lösung des Problems: Reklamezettel austragen. Ingrid und mein Schulfreund Rudi verteilten Stöße von Werbezetteln in den Postkästen der Umgebung. Robert und ich klapperten die ebenerdigen Wohnungen ab. Doch schon während der ersten Hitzewelle des Frühsommers stieg die Nachfrage nach Flüssigkeiten aller Art so sprunghaft an, daß die Lieferanten fast nicht mehr mit dem Nachschub zurechtkamen.

Dieses erfreuliche Umsatzhoch hielt auch den ganzen Sommer an und füllte mein Bankkonto.

Dem finanziellen Hoch folgte ein gesundheitliches Tief. Ein Schub hatte sich bereits angekündigt: nach einer unruhigen Nacht war ich unfähig, mich von meinem Bett zu erheben. Ich konnte nicht einmal ein Handgelenk bewegen. Ingrid trug mich unter Aufbietung all ihrer Körperkräfte auf das Klosett. Zentimeter um Zentimeter schob sie mich auf das Sitzbrett. Plötzlich stieß sie einen schmerzerfüllten Schrei aus, denn sie hatte sich das Spülgestänge in den Rücken gerammt. Ich konnte ihr nicht einmal sagen, wie leid es mir tat, daß sie sich meinetwegen solche Schmerzen zugezogen hatte, denn aus meinem Munde kam nur ein unverständliches Lallen. Ingrid ließ mich für meine Verrichtungen dann allein. Ich spürte plötzlich, wie ich Übergewicht bekam und schließlich zu Boden stürzte.

Als Ingrid ein dumpfes Poltern hörte, lief sie zur Klosetttüre und riß sie auf. Dadurch verlor mein an der Tür angelehnter Kopf seine stützende Auflage, ich fiel hart auf die Vorzimmerfliesen und zog mir eine stark blutende Platzwunde zu.

Ingrid rief die Nachbarin um Hilfe. Gemeinsam trugen mich die beiden Frauen zu meinem Bett.

Dieser totale Zusammenbruch dauerte eine ganze Woche. Meine Gliedmaßen konnte ich während dieser Zeit nicht bewegen. Zudem hatte ich wieder verstärkt Sehstörungen und Hörprobleme und konnte nur ganz leise sprechen. Eine unbeschreibbare Müdigkeit verstärkte meine Gleichgültigkeit gegenüber meiner Umwelt.

Nach dieser Woche ging es mir auf einmal spürbar besser. Ich begann mich rasch zu erholen. Allerdings hatte auch dieser Schub wieder seine Spuren hinterlassen: mein rechter Fuß war nunmehr unrettbar steif geworden, und meinen linken konnte ich auch nur nach einem langen Bewegungstraining wieder abbiegen. Mir fiel weiters auf, daß auch meine Arme kraftloser geworden waren. Besonders mein rechter Arm war von dieser Kraft- und Gefühllosigkeit betroffen. Um ihn zu heben, bedurfte es einer großen Willensanstrengung. Beim Kämmen und Zähneputzen wandte ich daher eine komplizierte Technik an, indem ich den Arm fest an meinen Körper preßte und mich so ganz auf meine Körperkraft und den Bewegungsablauf konzentrieren konnte.

Kaum war ich meine ärgsten gesundheitlichen und geschäftlichen Sorgen los, kamen aus einer ganz anderen Richtung Probleme auf mich zu.

Es begann damit, daß Ingrid eines Novembertages spätabends von der Taufe des zweiten Kindes ihrer Schwester nach Hause kam. Ich hatte schon die Nachttischlampe abgedreht und schlief. Sie polterte ganz ungewöhnlich laut in unser Schlafzimmer, so daß ich unwillig ein Auge öffnete. In verschwommenen Konturen sah ich sie vor mir stehen.

„Stell' dir vor, was die haben!“, sagte sie in höchster Erregung und ließ sich auf unser Ehebett fallen.

Schlaftrunken murmelte ich eine Antwort und wollte meinen Kopf auf die nichtbeleuchtete Seite des Zimmers drehen.

„Ich hör' schon auf damit. Das kann ich von dir eh' nicht erwarten. Und weißt du auch warum? Weil du am besten Weg bist, ein totaler Krüppel zu werden.“

Das saß goldrichtig. Sie hatte mit diesen Reizworten nunmehr meine Aufmerksamkeit für ein offenbar sehr bedeutsames Thema, das sie noch unbedingt heute Nacht mit mir besprechen wollte.

„Deine liebe Schwägerin und dein tüchtiger Schwager haben sich in Winden ein Grundstück gekauft!“

Winden? Das lag doch in der Nähe von Purbach am Neusiedlersee. Oh du meine Güte, dachte ich, das hat mir in meiner

Situation noch gefehlt! Auf meine äußerlich ganz ruhig gestellten Fragen erfuhr ich, daß das Grundstück vier Kilometer vom See entfernt sei und daß als Preis für das Grundstück ein Betrag von 40.000 Schilling gezahlt worden war.

Eine bisher noch nie in dieser Stärke gespürte Verzweiflung schüttelte mich plötzlich. Meine Angst, sie doch in naher Zukunft zu verlieren, wurde übergroß und erschien wie ein Gespenst an der Wand, wo sich in Wirklichkeit nur Ingrids Silhouette – von der Nachttischlampe angestrahlt – abzeichnete. Ich zwang mich in die Realität zurück.

„Aber versteh' doch, Ingrid; das gibt furchtbare Probleme für uns, wenn wir es Eveline und Herbert nachmachen!" Ich unterstrich meine Worte mit einer heftigen Handbewegung. „Bitte denk' doch an das Geschäft, an das Kind . . . und", fügte ich noch halblaut hinzu, „. . . auch an meine Krankheit"

Sie würdigte mich keiner Antwort und knöpfelte sich ihre Trachtenbluse auf.

„Also gut; ich glaube, wenn wir unser ganzes Geld zusammenkratzen, könnten wir ein ähnlich großes Grundstück erwerben", sagte ich entschlossen.

„Diese Freude würdest du mir wirklich machen?" Sie wandte erstaunt den Kopf in meine Richtung.

„Ja, nur für dich."

Sie robbte über die Bettdecke zu mir herüber und umarmte mich. „Weiß't Dolfi, ich möcht' ja nur ein kleines Plätzchen zum Hinfahren und Ausstrecken", flüsterte sie. Ganz langsam und behutsam rollte sie ihren Körper über den meinen. Obwohl in meiner Bewegungsfreiheit eingeschränkt, schaffte ich es noch, das Licht auszuknipsen.

Beflügelt durch mein leichtsinniges Versprechen, entwickelte Ingrid bei der fieberhaften Suche nach einem geeigneten Grundstück eine für sie völlig untypische Ausdauer. Sie fuhr an Wochenenden rund um den Neusiedlersee von Ortschaft zu Ortschaft, von Bürgermeister zu Bürgermeister. In Purbach, am Fuße des Leithagebirges, fand sie schließlich ein Gemeindegrundstück, das zum Verkauf ausgeschrieben war. Auf meine Frage nach dem Preis nannte sie einen Betrag, der mir vertretbar schien. Meine Neugier war geweckt, und ich schlug einen gemeinsamen Ausflug vor.

Ingrid lenkte den Wagen und schwärmte während der Fahrt ohne Unterlaß von der zauberhaften Lage.

Meine Phantasie war durch ihre schwärmerischen Schilderungen so angeheizt worden, daß ich mich mit der bescheidenen Realität in Purbach nicht ganz abfinden konnte. Die „traumhafte Lage" entpuppte sich als ein Wiesenflecken von 840 m^2 Grundfläche auf einer fast baum- und vegetationslosen Anhöhe. Nur am Horizont konnte man den Schilfgürtel des Neusiedlersees erkennen. Eine schmale Straße führte am Grundstück vorbei. In einiger Entfernung standen einzelne Bauernhäuschen verloren umher.

Die Würfel aber waren gefallen: Schon zu Wochenbeginn wurden alle Geldreserven mobilisiert und der Kaufvertrag abgeschlossen.

Zu diesem Zeitpunkt beging ich einen ganz entscheidenden Fehler. Nachdem auch Ingrid mit ihren Ersparnissen einen Bruchteil der finanziellen Mittel aufgebracht hatte, dachte ich mir, es wäre nur fair, würden beide Namen ins Grundbuch eingetragen. Diese selbstverständliche Fairneß wurde mir einige Jahre später zum Verhängnis.

Aber taktische Überlegungen zählten damals nicht. Alles was zählte, war Ingrid glücklich zu machen und sie gleichzeitig von meinen Behinderungen abzulenken. Sie wollte eigenen Grund und Boden – nun gut, jetzt hatte sie ihn. Wir hatten mit dem Besitzstand der Familie ihrer Schwester gleichgezogen. Das allein war für sie von Bedeutung.

Meine persönliche Katastrophe begann sich in jenem Augenblick über meinem Haupt zusammenzubrauen, als mein Schwager, ein beruflich erfolgreicher Elektroingenieur, sich im Frühjahr 1972 konkret mit Bauplänen zu befassen begann, die auch bald in die Realität umgesetzt wurden. Ingrid und ich kamen gerade zurecht, als auf seinem Grundstück der Keller fertiggestellt wurde. Mit steinerner Miene blickte Ingrid über die aufgeschlichteten Betonziegeln hinweg.

Auf der Heimfahrt ließ sie ihren aufgestauten Aggressionen freien Lauf.

„Hörst du, wir müssen auch so etwas unternehmen", zischte sie.

Ich wagte den Einwand, daß wir doch Liegestühle hätten, die wir auf unserem Grundstück jederzeit aufstellen könnten. Diese Bemerkung steigerte jedoch nur ihren Zorn.

„Du und deine Liegestühle! Jedesmal müssen wir sie am Abend verladen und in der Dämmerung nach Hause fahren."

Ich schwieg, und auch sie schien bald keine Lust mehr zu haben, ihre Beschimpfungen fortzusetzen.

Erst zu Hause nach dem Nachtmahl brach sie das Schweigen und begann wieder mit demselben Thema:

„Wenn wir nur ein kleines Haus hätten, dann könnten wir über das Wochenende am See bleiben. Ich liege in der Sonne am Strand, und du kannst im Haus basteln."

Schöne, aber kostspielige Aussichten, dachte ich mir, war aber gleichzeitig gerührt, daß sie mich in ihre Pläne miteingeschlossen hatte. Auf meine Frage nach ihren Finanzierungsvorstellungen, meinte sie leichthin, daß sich schon ein Weg finden ließe. Ich ließ es bei ihrer realitätsfernen Behauptung bewenden.

Die nächste Woche stand ganz im Zeichen ihrer Hektik und Unruhe. Am Abend, wenn wir vom Geschäft nach Hause kamen, lief sie nochmals auf die Straße zum Telefonautomaten, um sich in Kreditangelegenheiten beraten zu lassen.

Ich zeigte mich diesem riskanten und unrealistischen Vorhaben gegenüber zurückhaltend und vermied jede Aktivität, in der stillen Hoffnung, daß sie doch aus Vernunftgründen von dieser fixen Idee lassen würde. Ingrid zeigte mir jedoch eine weitere Seite ihres Wesens: hatte sie sich einmal etwas in den Kopf gesetzt, war sie durch nichts mehr davon abzubringen.

In der Tat brachte Ingrid brauchbare Informationen. So machte sie mich etwa auf das Finanzierungssystem der Bausparkassen aufmerksam, von dem ich bis zu diesem Zeitpunkt keine Ahnung gehabt hatte. In meiner Branche waren der Geschäftsabschluß mit Handschlag und die Barzahlung noch immer allgemein üblich. Eine Bausparkasse sandte uns einen sachlich und sprachlich sehr gewandten Berater. Das Grundsystem dieser Finanzierungsform leuchtete mir ein: dreißig Prozent des Kapitals waren selbst aufzubringen, etwa siebzig Prozent würden nach Darlehenzuteilung ausbezahlt und wären in 21 langen Jahren zurückzuzahlen.

„Wir wollen aber gleich zu bauen beginnen", unterbrach Ingrid den Redefluß des Beraters.

Das sei auch kein Problem, meinte jener. In diesem Fall müsse man nur die Ansparsumme sogleich bar erlegen und einen Zwischenkredit aufnehmen.

Obwohl mir der Kopf von Fachausdrücken schwirrte, rechnete ich für mich rasch im Kopf nach. Dreißig Prozent von einer geschätzten Bausumme von einer halben Million Schilling ergäbe 150.000 Schilling. Das war für uns kleine Geschäftsleute wahrlich kein Pappenstiel. Und erst die Zwischenkreditzinsen! Als ob ich nicht selbst schon genug Probleme hätte! Zum ersten Mal in meinem Leben stieg heftiges Selbstmitleid in mir hoch.

Der Expertenreigen sollte in unserer kleinen Gemeindebauwohnung nicht abreißen. Diesmal waren die Vertreter von Fertigteilhäusern an der Reihe. Ich hatte mir eine große Auswahl an Prospekten verschafft und nach Ingrids „Leistungsauflagen" eine gewisse Vorauswahl getroffen. Nach eingehendem Studium stand für mich fest, daß Fertigteilhäuser im Anschaffungspreis das Günstigste waren. Mit diesen Vorentscheidungen und Überlegungen war ich in dieses Wahnsinnsprojekt tiefer verstrickt worden, als ich es überhaupt jemals gewollt hatte. Aber was blieb mir letztlich übrig? Aufgrund meines gesundheitlichen Zustands fühlte ich mich nicht in der Lage, meiner Frau einen übergroßen Herzenswunsch abzuschlagen. Meine Angst, sie zu verlieren, war in den letzten Jahren und Monaten zu einer psychischen Belastung für mich geworden und steigerte sich sogar noch, als ich bei ihr Unrast und Ungeduld feststellen mußte.

Ich glaube es war Anfang Mai 1972, als ich einen Bittgang zu meinem Vater antrat, um ihn zu ersuchen, für einen Betrag von 150.000 Schilling bei seiner Hausbank gutzustehen. Vater weigerte sich jedoch mit Händen und Füßen, meiner Bitte nachzukommen:

„Adolf, so denk' doch eine Minute lang nach; du bist doch schwer krank!"

„Ich kann in meiner Situation die Ingrid nicht enttäuschen. Sie soll durch diesen Schritt meine Liebe spüren und meinen guten Willen erkennen“, gab ich heftiger als ich es beabsichtigt hatte zurück.

„Was machst du dann mit deinem guten Willen, wenn du einmal im Rollstuhl sitzen wirst und die Gläubiger treten dir die Türe ein?“, erwiderte mein Vater mit ungewohnt lauter Stimme.

„Das hättest du mir nicht sagen müssen. Gute Nacht.“

Ich nahm meine Krücken auf und verließ seine Wohnung. Ingrid wartete schon im Wagen.

„Wie war's? Erfolg gehabt?“

„Schau mich an. Sieht so einer aus, der Erfolg gehabt hat?“

In meiner Bedrängnis sprach ich mit meinem Bruder. Dieser sah eine Gelegenheit, seine überlegene – weil brutale – Verhandlungstaktik auszuspielen und sicherte mir zu, daß ich spätestens übermorgen mit Vaters Bürgschaft rechnen könnte.

Ich ließ ihn skeptisch gewähren. Schon am nächsten Tag aber rief er mich an und teilte mir mit, daß ich mein Geld bei der Bank abholen könne.

Der Bausparvertrag war somit unterschriftsreif geworden. Jetzt brauchten wir nur auf die Kreditzuteilung der Bausparkasse zu warten. Der Bau konnte beginnen und das Verhängnis seinen Lauf nehmen.

Nach vielen Fehlschlägen hatten wir auch eine geeignete Fertigteilbaufirma gefunden, die zu günstigen Bedingungen ein Fertighaus in Massivbauweise anbot. Wir kalkulierten die Gesamtbaukosten mit einem Berater nochmals genau durch. Für einen eigenen Keller würde es leider nicht reichen. Allein das Fundament hätte ein Vermögen gekostet. Als Trostpflaster blieb uns der Umstand, daß wir die jeweilige Raumgröße selbst bestimmen konnten. Ingrid disponierte die verfügbare Raumfläche sehr sinnvoll. In der Außengestaltung wollte sie mit wirkungsvollen kleinen Tricks dem Wellblechbudenimage entkommen: Giebelverschalung aus Holz, hübsche Fensterläden, ein Dach aus Rhombuseternit.

Vor unserem geistigen Auge stand das Wochenendhaus schon fix und fertig da. Über den Nervenkrieg, den ein Bauherr durchzustehen hat, konnten wir uns damals noch keine Vorstellungen machen.

Im Augenblick jedenfalls lief alles bestens. Die Bausparkasse schrieb uns, daß unser Kredit in etwa eineinhalb Jahren zuteilungsreif sein würde. Das bedeutete für uns, daß wir diese Frist mit einem Zwischenkredit überbrücken mußten.

Ingrid kümmerte sich in dieser Zeit sehr um mich. So bestand sie etwa darauf, für mich einen Sonnenschirm zu kaufen, damit ich die Wochenenden im Schatten genießen konnte. Ich war dankbar, wie sie mich in ihre Pläne einschloß, wie sie sich um mein Wohlbefinden Sorgen machte. Hatte ich mit dem Hausbauprojekt doch die richtige Entscheidung getroffen? Ingrid war motiviert und von meinem Zustand abgelenkt. Sie mußte für eine lange Zeitperiode zufriedengestellt werden; koste es mich was es wolle!

Trotz dieser liebevollen Betreuung, von der ich soeben erzählt habe, wurde Ingrid in vielen Situationen mit der Belastung, die Gattin eines Behinderten zu sein, einfach nicht fertig. So erregte mein Auftritt in der Öffentlichkeit immer wieder unliebsames Aufsehen, immer wieder zogen meine Krücken neugierige Blicke auf sich. Diese fragenden, erstaunten und oft auch herausfordernden Blicke der Passanten waren für Ingrid jedesmal ein peinliches Erlebnis, das sie einfach nicht verkraften konnte. Offenbar empfand sie meine Krücken als ein Eingeständnis vor der Nachbarschaft, daß sie nur mit einem „halben" Mann, eben einem Krüppel, verheiratet war. Ich war oftmals versucht, sie zu diesem Thema in ein Gespräch zu verwickeln. Jedesmal wischte sie mit einer Ausrede den unangenehmen Gesprächsstoff vom Tisch. Daher versuchte ich dieses Problem auf meine Art zu lösen: sooft sich die Gelegenheit bot, hängte ich mich in ihren Arm ein und verwendete nur eine Krücke.

Da dieses Thema durch Ingrids Weigerung, darüber zu sprechen, sozusagen zwischen uns im Raum stehen blieb, begann es auch mich mit der Zeit sehr stark zu belasten. Ich war schließlich völlig überzeugt, daß Passanten, die mich beim Vorbeigehen nur aus den Augenwinkeln gemustert hatten, sich hinter meinem Rücken umdrehten und über mich und meinen

Zustand tuschelten. Obgleich ich die Fußgänger hinter meinem Rücken selbstverständlich nicht sehen konnte, da ich sehr sorgsam vor mir auf den Weg achten mußte, vermeinte ich jedesmal fast körperlich zu spüren, wie sich ihre aufdringlichen Blicke in meinen Rücken bohrten. Ich begann nun meine Behinderung als einen Makel, einen Aussatz zu empfinden. Ingrids Empfindlichkeit verstärkte in mir nur noch diesen Eindruck. Ging Ingrid allein zum nahegelegenen Supermarkt einkaufen, wurde sie nicht selten von Mitbewohnern unserer Anlage angesprochen, die mit mehr oder weniger aufdringlichen Fragen Auskunft über meinen Krankheitszustand haben wollten. Ihre knappe Auskunft, ich hätte „Multiple Sklerose" löste oftmals nur noch weitere Fragen aus, da fast niemand mit diesem Fachausdruck etwas anfangen konnte. Nach solchen Erlebnissen kehrte Ingrid meist ganz niedergeschlagen und bedrückt in unsere Wohnung zurück. Daher waren unsere gemeinsamen Spaziergänge in Wien und im Burgenland wahrlich kein Anlaß, meine Frau heiter zu stimmen. Noch dazu konnte ich mit meinen Krücken nur ganz langsam vorwärts humpeln. Die langen Verschnaufpausen kosteten ihr letztes Quantum an Geduld. Als ich wieder einmal an einer Wegkreuzung von einer unkontrollierbaren Müdigkeit befallen wurde, faßte sie sich ein Herz und sprach mich an:

„Weiß't was, Adolf, wir werden uns nach einem Rollstuhl umsehen.

Ich wendete meinen Kopf abrupt in ihre Richtung. „Was möchtest du mir kaufen?"

Das Wort „Rollstuhl" war für mich seit dem Disput mit meinem Vater zu einem Tabuwort geworden.

„Da kannst du mich ja gleich lebend begraben!"

Ingrid begann nun mit eindringlichen Worten auf mich einzureden. Sie sprach von bequemen Spazierfahrten, von Ausflugsfahrten zum Bad am See. Sie würde den Rollstuhl schieben, und während ich mir in Ruhe die Gegend ansehe, könnte man sogar ein interessantes Gespräch führen. Das alles wollte mich nicht so recht überzeugen. Diese Begeisterung für eine Sache würde Ingrid nicht lange durchhalten; dann aber wäre ich durch die Bequemlichkeit des Rollstuhles schon von ihr abhängig. Die Folge wäre, daß ich das Gehen verlernen würde, während sie das Spazierengehen mit dem Rollstuhl schon längst vergessen hätte.

Ingrid merkte natürlich meine qualvollen Gedanken und Zukunftsvisionen nicht und sprach unverdrossen weiter:

„. . . und natürlich würde ich einen modernen zusammenlegbaren Rollstuhl kaufen, einen, den man im Auto immer mitnehmen kann.“ Erwartungsvoll blickte sie mich an und lächelte mir ermunternd zu. Wie immer in einer solchen Situation, erlag ich hilflos ihrem Charme.

„Also gut Ingrid, wenn du wirklich meinst . . .“

An einem der folgenden Tage suchte ich einen Praktischen Arzt auf, der mir nach einer kurzen Untersuchung und Einsichtnahme in meine Krankengeschichte tatsächlich einen Rollstuhl verschrieb. Die Krankenkasse ersetzte den Großteil der Kosten, und mein Vater übernahm den Rest. Ingrid hielt ihr Wort: hingebungsvoll schob sie mich in diesem rollenden Gefängnis durch die schönsten Parkanlagen Wiens. Auch in den Dörfern am Westufer des Neusiedlersees wurden wir für Bewohner und Ausflügler bald ein vertrauter Anblick.

Auch ich hielt mir selbst gegenüber Wort: eine Rollstuhlausfahrt erlaubte ich mir nur für längere Spaziergänge. Ansonsten zwang ich meine Beine durch die Krücken zu ein wenig Bewegung. Solange es nur irgendwie möglich war, wollte ich nicht gänzlich an einen Rollstuhl gefesselt sein.

Der Herr Minister läßt bitten

Knapp vor Weihnachten 1973 mußte ich von der Bausparkasse erfahren, daß unser Zwischenkredit nicht genehmigt werden konnte, da der Finanzminister eine strenge Kreditsperre erlassen hatte. Nicht nur Ingrid und ich waren geschockt, nunmehr wohl vergebens auf das zinsengünstige Darlehen zu warten, auch unser Baumeister fiel aus allen Wolken, da er innerhalb Wochenfrist mit den Fundamentarbeiten beginnen wollte. Unmittelbar nach dieser Hiobsbotschaft schlug bei Ingrid wieder ihre üble Laune durch, und sie begann in Nebensätzen ihre alten Vorwürfe gegen mich vorzubringen. Zu allem Überdruß hatte mein Schwager seinen Rohbau zur Gänze fertig. Er war an die Kreditsperre nicht gebunden, da diese Maßnahme einerseits natürlich nicht rückwirkend Gültigkeit besaß, und er andererseits sehr gut verdiente und fast ausschließlich mit Bargeld bezahlt hatte. Als er mich zu seiner Gleichenfeier einladen wollte, mußte ich für mich und Ingrid vorsorglich eine Ausrede erfinden. Nervlich hätte ich Ingrids Bombardement nach diesem Fest sicherlich nicht überstanden.

Die Bausparkasse hatte sich redlich bemüht, für mich eine Gesetzeslücke zu finden. Jedoch vergeblich.

Beim Kartenspiel mit Robert kam mir die Idee, mich direkt an den Finanzminister zu wenden, und so rief ich am nächsten Tag im Finanzministerium in der Himmelpfortgasse an. Am Apparat war ein Sekretär des Ministers. Ich erklärte ihm meine schwierige Situation als Behinderter. In grellen Farben schilderte ich, wie mein Hausfrieden wegen dieser Kreditsperre gestört sei und ich wegen meiner Gehunfähigkeit auch nicht an jeden beliebigen Ort auf Urlaub fahren könne. Der Beamte hörte meine Klagen sehr freundlich und geduldig an und riet mir, mein Problem in einem Brief an den Finanzminister darzustellen, was ich auch tat.

Nach etwa zwei Wochen, es war schon im Advent, bekam ich einen Anruf aus dem Finanzministerium: ich möge mich an einem bestimmten Tag zur festgesetzten Stunde in der Himmelpfortgasse einfinden, da der Finanzminister persönlich mein Ansuchen mit mir besprechen möchte. Ich war einigermaßen sprachlos. Als ich mich von einem Taxi in das Finanzministerium bringen ließ, war ich aufgeregt wie vor einer Prüfung. Ingrid arbeitete in unserem Geschäft. Sie hatte meine Absicht offenbar für so abenteuerlich absurd gehalten, daß sie mir nicht einmal zugehört hatte.

Der Sekretär erwartete mich schon im Vorzimmer des Ministerbüros. Eine Türe schwang auf, und ich sah den jungen

Finanzminister an einem großen, antiken Schreibtisch sitzen. Elastisch erhob er sich von seinem Sessel und ging mir auf halbem Wege entgegen. Sein Sekretär stellte mich vor. Dr. Androsch lächelte freundlich und sagte, daß er meine Probleme kenne und sie daher auch verstehe. Ich möge mich doch bitte in ein Nebenzimmer begeben, wo alles zu meiner vollsten Zufriedenheit geregelt werde.

Auf einem kleinen Tischchen lag ein Schreiben mit der Unterschrift des Finanzministers. Es war in der Textierung knapp und sachlich gehalten und genehmigte meiner Bausparkasse, die angeforderte Zwischenkreditsumme sofort an mich auszuzahlen. Überglücklich fuhr ich ins Geschäft, um Ingrid von dieser Neuigkeit zu berichten.

„Weißt du, wo ich heute war?“, strahlte ich Ingrid an.

„Nein. Ich glaube zwar, daß du es mir gesagt hast, aber ich hab' nicht zugehört.“

„Beim Finanzminister persönlich.“

„Jetzt beginnt auch schon dein Hirn etwas nachzulassen“, gab Ingrid zur Antwort.

Ich überhörte diese Spitze und übergab ihr das Schreiben. Sie las es und studierte mit Interesse die Unterschrift. Halb verwundert und halb belustigt blickte sie auf. Ein gerade eintretender Kunde ersparte ihr die Antwort, aber auch so wußte ich, daß sie sehr beeindruckt war.

Durchaus beeindruckt war auch mein Betreuer bei der Postsparkasse, der behauptete, noch nie ein derartiges Schreiben gesehen zu haben. Nach einer Viertelstunde hektischen Telefonierens erhob er sich von seinem Schreibtisch und gab mir anerkennend die Hand.

„In drei Tagen haben sie das Geld auf ihrem Konto. Viel Glück beim Bauen!“

Unser Baumeister war ebenfalls hocherfreut und gab sogleich den Auftrag, die bestellten Betonfertigteile gießen zu lassen.

Nun schritten die Bauarbeiten rasch voran. Schon Ende 1974 war unser Häuschen in Purbach im Rohbau fertig. Das Allerwichtigste für Ingrid war jedoch, daß wir ihre Schwester und ihren Schwager im Hausbau sogar überholt hatten. Ihr Triumph währte jedoch nur kurze Zeit. Im Laufe der weiteren Bautätigkeit mußten wir feststellen, daß unsere Verwandtschaft uneinholbar davongezogen war. Ich konnte nicht wie mein Schwager aktiv mithelfen und mitorganisieren. Das gab sicherlich den Ausschlag.

Der Engelmacher-Hansi

Wir steckten gerade hektisch in den Hausbauaktivitäten, als mir Ingrid im Februar lapidar mitteilte, daß sie von mir im dritten Monat schwanger sei. Ich war hocherfreut und wollte ihr mit einer spontanen Zärtlichkeitsgeste über die Wange streicheln. Sie wehrte jedoch mit einer matten Handbewegung ab.

„Nein, laß das. Wir gehen wieder zum Hansi!"

Flehentlich ergriff ich ihre Hände. „Bitte, bitte, tu's nicht. Ich freu mich so unendlich auf unser Kind!"

Jede Nervenfaser in mir verkrampfte sich. Ich spürte ganz instinktiv, daß es mir durch meinen fortschreitenden körperlichen Verfall wohl nie mehr in meinem Leben vergönnt sein würde, nach einem „Besuch" bei Hansi noch einmal ein eigenes Kind zu zeugen.

Ingrid musterte mich mit ungewöhnlich kaltem Blick und schüttelte mehrmals energisch und entschlossen den Kopf:

„Nein und abermals nein; denn das glaubt niemand, daß es von dir ist."

Ich prallte zurück. „Und warum bitte, sollte es niemand glauben?"

„Na, wegen deiner Behinderung. Wenn dich die Leute so im Rollstuhl daherkommen sehen, glaubt doch niemand mehr, daß es bei dir noch funktioniert."

„Und wenn schon, laß' doch die Leute glauben was sie wollen." Ich machte eine so heftige Handbewegung, daß ich ihr unbeabsichtigt beinahe in die Augen gefahren wäre.

„... und übrigens Adolf ... wir wollen doch unser Haus

fertigbauen. Allein schon finanziell geht es also nicht. Wir brauchen jeden Schilling. Dann noch deine Krankheit dazu . . ."

Sie wendete auf ihrem Absatz und ließ mich allein.

Ich wußte, daß ich über kurz oder lang doch zu ihrer Entscheidung meine Einwilligung geben würde, hatte ich mich doch nicht das erste Mal in einer solchen ekelerregenden Angelegenheit mitschuldig gemacht. Die erste Abtreibung hatten wir schon im Jahre 1962 durchführen lassen. Damals war der Grund die viel zu kleine Wohnung gewesen. Doch sollte dies nicht die letzte Abtreibung sein, nur die Ausreden, weshalb wir gerade *jetzt* kein Kind haben konnten oder wollten, wechselten stetig. Wir hätten diese Abtreibungen nicht mit so leichter Hand durchführen lassen, wenn ich nicht durch meine geschäftlichen Kontakte zu den burgenländischen Weinhändlern einen „seriösen" Engelmacher kennengelernt hätte. Dieser Hohepriester seines finsteren Gewerbes wurde schlicht „Engelmacher-Hansi" gerufen.

Man muß sich vor Augen halten, daß in den sechziger und teilweise auch siebziger Jahren, als die Abtreibung bis zum dritten Schwangerschaftsmonat noch nicht legalisiert war, von grauenhaften „Betriebsunfällen" bei Abtreibungen erzählt wurde. Meine Kundschaft war diesbezüglich eine nie versiegende Informationsquelle. Deshalb war es für uns eine wahre Sensationsmeldung, daß dieser burgenländische „Spezialist" mit einer risikoarmen Methode arbeitete, die er schon von seinem Vater erlernt hatte.

Bevor ich die Einwilligung gab, daß „so etwas" auch an meiner Ingrid praktiziert wird, hatte ich mich bei meinen Weinbauern herumgehört. Ich sprach auch mit zahlreichen biederen Hauersgattinnen, die mir gegenüber ganz ungeniert zugaben, mithilfe des Hansis „s'Kindl wegbrocht" zu haben. Ich traf auf Frauen, die schon sechs- oder siebenmal auf seine „todsichere" Art und Weise abgetrieben hatten. Die Fruchtbarkeit hatte also ganz offensichtlich nicht unter Hansis „Kunstgriffen" gelitten. Schon am Beginn der sechziger Jahre hatten wir uns mit dem Hansi und seiner hübschen Gattin beim Heurigen zusammengesetzt, um die geschäftlichen Konditionen zu besprechen. Das Ehepaar machte einen seriösen Eindruck, soweit dieses Wort für diese Profession überhaupt angebracht ist.

Eine gewisse Vertrauensbasis war somit gegeben, und Hansi schritt nach Abmachung des „Honorars" zur Tat.

Als der Engelmacher-Hansi 1962 die erste Abtreibung an meiner Gattin vorgenommen hatte, gab es nicht die geringste Komplikation. Auch als es nach ein paar Jahren wieder soweit war, löste Hansi unser Problem mit der schon gewohnten Virtuosität. Beim dritten Mal jedoch kam es fast zu einer Katastrophe.

Vorerst ging der Eingriff glatt über die illegale Bühne. Nach ein paar Rasttagen verließen wir das Burgenland. Etwa einen Monat nach diesem Eingriff klagte Ingrid öfters über Unterleibsschmerzen. An einem der nächsten Tage bekam sie extrem starke, nicht zu stillende Blutungen, so daß wir sofort in die Ambulanz des AKH fuhren. Beeinflußt durch die Atmosphäre des Spitals überfiel Ingrid im Wartezimmer eine Panik. Sie wollte fortwährend aufstehen und den Saal verlassen. Ich bemühte mich verzweifelt, beruhigend auf sie einzureden. Die Angst vor einer Entdeckung der Abtreibung machte jedoch alle meine Argumente zunichte. Einen Teilerfolg konnte ich allerdings für mich verbuchen: sie willigte ein, zu unserem Hausarzt zu gehen – vorher wollte sie jedoch unbedingt unser Geschäft aufsuchen. Ich ließ ihr ihren Willen, und wir fuhren in unsere Spirituosenhandlung, die sich zu dieser Zeit in der Schönbrunnerstraße befand. Kaum waren wir dort angekommen, als sie sich im Warenlager auf einen Eimer setzte. Sie bot einen erbarmungswürdigen Anblick. Tränen und Blut flossen reichlich.

Jetzt gab es für mich kein Zögern mehr, ich mußte handeln: ich wählte die Nummer unseres Praktischen Arztes. Der Arzt kam auf mein flehentliches Bitten tatsächlich sehr rasch.

Ich ließ die Rolläden herunter und verschloß die Türe. Der Arzt befahl Ingrid aufzustehen und sich auf das Geschäftspult zu legen und begann mit der Untersuchung.

Nach einer qualvoll langsam verstreichenden Minute wandte er seinen Kopf in meine Richtung:

„Ihre Gattin trägt ein totes Kind, sie muß so rasch wie möglich ins Spital."

Ich war für einen Augenblick zu keiner Bewegung fähig: wir hätten also Zwillinge bekommen! Das hatte unser Engelmacher-Hansi natürlich nicht wissen können. Dazu wäre nur ein Gynäkologe in der Lage gewesen. Ich zwang mich zu klarem Denken und wählte die Notrufnummer der städtischen Rettung. Drei Personen in einem kleinen verdunkelten Spirituosenladen warteten. Ich mußte an meine Mutter und an die Nachkriegszeit denken, als sie an einem Abortus gestorben war. Bitte lieber Herrgott, laß' dieses schreckliche Erlebnis nicht noch einmal Wirklichkeit werden! Doch in den sechziger Jahren dauerte das Warten auf die Rettung denn doch nicht mehr so lange wie im Jahre 1946. Schon nach einer Viertelstunde war der Rot-Kreuzwagen da.

Im Spital wartete ich bis die Entbindung und die Kürettage abgeschlossen waren. Es war mittlerweile 23 Uhr 30 geworden. Während der Stunden des bangen Wartens hatte ich den Schwur geleistet, nie mehr wieder in meinem Leben einer Abtreibung bei Ingrid zuzustimmen. Der Herrgott läßt nicht ungestraft in sein Schöpfungswerk eingreifen. Eine vorbeihastende Schwester, die gerade aus dem Operationsraum kam, hatte offenbar Mitleid mit mir, als sie mich zusammengekauert auf der Wartebank sitzen sah. Sie informierte mich über die Rettungsaktion: es wäre ein Mädchen geworden, sagte sie. Ingrid gehe es den Umständen entsprechend ganz gut, sie habe Bluttransfusionen bekommen und benötige Ruhe. Ich solle nach Hause gehen, meinte sie noch, bevor sie mit raschen Schritten den Korridor entlangeilte.

Und jetzt im Februar des Jahre 1973 standen wir wieder vor einer ähnlichen Situation. Ähnlich – aber doch unter ganz anderen Vorzeichen. Ich folgte Ingrid ins Schlafzimmer und erinnerte sie an unseren gemeinsamen Schwur nach der Fast-Katastrophe mit den Zwillingen.

„Begreif' doch Adolf, die Situation hat sich geändert . . ."

„Sie hat sich jedesmal zum Nachteil für unsere Kinder geändert; das zählt nicht mehr."

„Aber deine Krankheit zählt . . .“

Sie blieb beharrlich bei ihrem Entschluß, und wir fuhren wieder zum Engelmacher-Hansi. Ich habe ihn nach diesem „erfolgreichen“ Besuch – mangels Gelegenheit – nie mehr wiedergesehen.

Der Anfang vom Ende

Somit ist mein Stiefsohn Robert immer ein Einzelkind geblieben. Rückblickend bin ich nicht so sicher, ob das für ihn ein Vorteil gewesen ist oder nicht. Möglicherweise hätten eine Schwester oder ein Bruder in ihm jenen Ehrgeiz geweckt, den ich bei ihm leider nicht entdecken konnte. Die Schule existierte für ihn nur insoweit, als sie für ihn nicht vorhanden war. Wenn mir nach einem anstrengenden Arbeitstag noch ein wenig Nervenkraft geblieben war, ließ ich mir von ihm stichprobenartig ein paar Hausübungshefte zeigen. Hatte er beispielsweise in der Schule fünf Divisionen aufbekommen, so hatte er – wenn er gut aufgelegt war – höchstens zwei gemacht, von denen nur eine stimmte. Der Krach war somit vorprogrammiert und lief nach einem ewig gleichbleibenden Ritual ab: ich schimpfte, er redete dagegen oder gebrauchte unverschämte Ausreden, ich schimpfte sodann lauter, worauf Ingrid – selbst mit den Nerven am Ende – mich bat, den Jungen doch endlich in Ruhe zu lassen, was zur Folge hatte, daß sich der Bub regelmäßig zum Fußballspiel empfahl. „Anmäuerln“. Das funktionierte auch bei Straßenbeleuchtung. Da sich Ingrid immer auf seine Seite schlug, war ich entschlossen, mich aus meiner Nebenbeschäftigung als ungeliebter Hauslehrer zurückzuziehen. Doch eines Tages bekamen wir eine schriftliche Vorladung des Schuldirektors. Der Hofrat teilte mir mit, daß Robert schon seit einigen Wochen nur tageweise zum Unterricht erscheine und Entschuldigungen von fragwürdiger Echtheit – um es vornehm auszudrücken – vorweise. Nebstbei seien seine schulischen Leistungen katastrophal, und er werde wohl die vierte Hauptschule noch einmal machen müssen. Die Information bewog mich, den Abend- und Wochenendunterricht doch wieder aufzunehmen. Nachdem er die vierte Klasse mit dem Versprechen, den Polytechnischen Lehrgang um Gottes Willen nicht an dieser Anstalt zu absolvieren, geschafft hatte, wechselte er in eine Handelsschule. Nach Weihnachten erhielten wir von der Fachlehrerin, die gleichzeitig auch Roberts Klassenvorstand war, einen Anruf, in dem sie uns mitteilte, daß Robert schon seit über zwei Monaten dem Unterricht ferngeblieben sei. Robert bekam daraufhin von Ingrid eine schallende Ohrfeige – viel zu spät, wie ich mir im stillen dachte. Robert versuchte sich nun als Telegrafenmonteurlehrling. Diese Lehre scheint sehr fordernd und anstrengend gewesen zu sein, denn er gab sie schon bald wieder auf. Anschließend ging er zu einem Möbeltischler in die Lehre. Dort hielt er es längere Zeit aus. Ob er jemals ausgelernt hat, kann ich nicht mehr erzählen. Ich hatte zu dieser Zeit, als meine Krankheit weiter fortgeschritten war, schon jeden Kontakt zu ihm verloren.

Eines Tages erschien Karl Molnitzky wieder bei uns, und bald häuften sich seine Besuche in unserem Geschäft. Neben zahlreichen Belanglosigkeiten erkundigte er sich auffällig häufig nach unseren Baufortschritten, wobei er andeutete, daß er gerne mithelfen würde. Ingrid plauderte nicht ungern mit ihm und erwähnte eines Tages, daß wir eine Dachrinne benötigen würden, aber aus Kostengründen den Baumeister nicht mit dieser Arbeit beauftragen möchten. Er versprach sogleich diensteifrig nicht nur eine geeignete Dachrinne zu kaufen, sondern auch gleich die Montage vorzunehmen. Da wir seine Hilfe in der Tat gut brauchen konnten, wagte ich nichts dagegen einzuwenden, obgleich ich genau wußte, weshalb er diese Last auf sich genommen hatte.

An einem schönen und klaren Herbsttag des Jahres 1974 fuhren wir mit Karli und seiner Gattin Burgi zur Baustelle. Unsere beiden Damen setzten sich ins Grüne, ich übernahm die Bewirtung, und Karli stellte seinen gutgebauten, nackten Oberkörper auf der Baustelle zur Schau. Ingrid beobachtete ihn aus den Augenwinkeln, während sie mit Burgi Nichtigkeiten zerredete. Wenngleich er des öfteren versuchte, mit Scherzen und Komplimenten ihre Aufmerksamkeit zu erringen, quittierte Ingrid seine Bemerkungen kühl und abweisend. Sie erweckte den Eindruck, als ob ihr seine Sprüche und schmachtenden Blicke eher auf die Nerven gingen. Ich war bald sehr beruhigt und schenkte Karlis Balzereien keine weitere Beachtung.

Zu Jahresbeginn 1975, als der Dachstuhl schon komplett montiert war, konnte mit den Innenarbeiten begonnen werden. Ich machte Ingrid auf die Möglichkeit aufmerksam, daß man die Türe von der Küche ins Wohnzimmer einfach weglassen könnte und statt dessen durch einen breiten Torbogen den Eindruck eines größeren Raumes erwecken könnte. Sie nahm meinen Vorschlag mit Begeisterung auf. Allerdings, wer sollte für uns diese Arbeit erledigen? Schließlich konnte ich meinen Freund Schlosser-Rudi dafür gewinnen, die Grobarbeiten auszuführen, so daß der Torbogen nur mehr aus Gips modelliert werden mußte.

Ingrid hatte auch Molnitzky von unserem kleinen Problem erzählt, worauf dieser sich spontan anbot, die Arbeit zu übernehmen. Auf diesem Gebiet sei er Spezialist, unerreicht in Präzision und Ausführung. Ein charmant-devoter Blick flog in Richtung meines Eheweibes, das ein Schmunzeln nicht verkneifen konnte. Diese an sich unbedeutsame Episode beschäftigte mich in Gedanken noch lange und trug Schuld an meiner Unkonzentriertheit in den nächsten Tagen. Du wirst ganz schön eifersüchtig, vergiß das so rasch du kannst, versuchte ich eine Eigentherapie. Karl mauerte wieder einen ganzen Sonntag mit großer Ausdauer. Seine Bewegungen verrieten Sachkenntnis und Kompetenz. Schon am darauffolgenden Wochenende war der Torbogen fertig. Ingrid war begeistert. Ich hingegen fühlte mich zurückgesetzt und hilflos.

Auch das nächste Wochenende kam wie im Flug heran, und Ingrid drängte sofort nach Geschäftsschluß zum Aufbruch nach Purbach. Ich hatte jedoch meine unerledigte Buchhaltungsarbeit vor Augen und wollte daher nicht mitfahren. Da wurde Ingrid ganz ungehalten. Ich solle sie doch nicht im Stich lassen, meinte sie. Dieses Wochenende hätten wir keine Handwerker zu erwarten. Es sei in Purbach ohne Begleitung schrecklich langweilig. Ich antwortete kurz angebunden, daß sie schon allein zurecht kommen würde. Ingrid fuhr also allein.

Anfang Februar spielte sich die gleiche Szene, nur mit umgekehrten Vorzeichen, ab. Ich sammelte gerade meine Waschsachen zusammen, als sie mir die Hand auf die Schulter legte. Erstaunt sah ich sie an. Ingrid hatte ihren liebevoll-gütigen Blick aufgesetzt, dem ich nie widerstehen konnte.

„Bitte fühle dich durch die Buchhaltung nicht unter Zeitdruck gesetzt. Ich komme heute und morgen in Purbach auch ohne dich ganz gut zurecht, obwohl ich dich natürlich vermissen werde."

Das klang ehrlich und vernünftig, ich war einverstanden. Die Angelegenheit war hiermit besprochen und erledigt. Sie packte also Robert und unser neues Familienmitglied, die Collie-Hündin Isar, zusammen, lud Proviant und sonstige Kleinigkeiten in unseren Wagen und fuhr ohne mich in das Wochenende.

Wie jedesmal, wenn Ingrid allein nach Purbach fuhr, benötigte ich einige Stunden, um mit der plötzlichen Einsamkeit fertig zu werden. Es war das erste Wochenende, an dem nach einer nicht enden wollenden Schlechtwetterperiode der Frühling zu spüren war. Die Nachbarn ober und unter uns waren offenbar ebenfalls aus der Großstadt geflüchtet, denn die übliche Geräuschkulisse fehlte. Doch auch diese Situation läßt sich meistern, wenn man neben seiner Arbeit ein wenig die Vorfreude auf die Heimkehr der Seinen auskostet. Ich setzte mich zu meiner Schreibmaschine, machte mit den steifen Fingern einige Lockerungsübungen und begann meine Geschäftspost zu erledigen.

Den ganzen Monat März und auch jedes Wochenende im April fuhr Ingrid nun mit Robert allein zu unserem Häuschen. Jedesmal gab es andere schwerwiegende Gründe, weshalb ich nicht mitfahren sollte. Sie machte sich über meine Müdigkeit und Muskelschmerzen größte Sorgen und wollte mich keiner zusätzlichen Belastung aussetzen. Ich fand ihre Rücksichtnahme zwar etwas übertrieben, war aber dennoch ganz bewegt, wie sie sich meiner annahm. An einem schönen Samstag Anfang Mai packte sie schon zeitig das nötige Gepäck zusammen. Daß ich auch diesmal nicht mitkommen sollte, war nicht Gegenstand irgendwelcher Erörterungen, sondern vielmehr ganz selbstverständlich geworden. Ich war einfach in Ingrids Freizeitpläne nicht mehr eingebaut. Das frühlingshafte Wetter hatte jedoch meine Sehnsucht nach frischer Luft und Natur ungewöhnlich gesteigert:

„Dieses Wochenende möchte ich aber unbedingt mitkommen.“

„Sooo . . .“ Sie dehnte dieses Wort mit spitzer Mundstellung.

„Das Wetter ist traumhaft schön. Ich möchte auch ins Grüne.“

„Ich nehm’ dich aber nicht mit.“

Irritiert blickte ich sie an. „Ich fahre aber“, schleuderte ich ihr entgegen und hieb unbeherrscht mit meiner Hand auf die Tischplatte, „. . . denn ich habe die Finanzierung des Hauses auf die Beine gestellt und die Professionisten organisiert. Ich habe ein Recht mitzufahren!“ Ich begann rascher in der Kommode zu kramen. Wortlos stellte sie inzwischen ihre Taschen auf den Gang und schob Robert und den Hund vor sich her. Ich bemerkte im letzten Augenblick ihre heimliche Flucht, ergriff meine Krücken und wollte ihr nacheilen. Sie war um Längen rascher. Vom Gang schob sie ihren Arm bei der halbgeöffneten Wohnungstüre herein und klingelte mit dem Schlüsselbund.

„So lauf’ mir doch nach – wenn du kannst!“

Ich prallte bei diesen ungewohnten zynischen Worten zurück. Im gleichen Augenblick fiel die Türe ins Schloß. Ich faßte mich jedoch rasch und eilte mit den Krücken zur Türe, riß sie auf und blickte den Gang entlang. Ingrid schob gerade ihr Gepäck in den Lift. Als sie meinen Kopf in unserer Wohnungstüre sah, hob sie nochmals die Schlüssel.

„So lauf doch, fang’ mich doch, ha, ha, ha . . .“

Ihr heiseres Lachen dröhnte in meinen Ohren.

Sie verschwand im Fahrstuhl. Die Lichterskala über dem Rufknopf rutschte ins Parterre.

Völlig verstört stand ich atemringend auf dem düsteren Korridor. Wachte oder träumte ich? Was war geschehen? Was war in den letzten Wochen mit Ingrid passiert? Woher kam der haßerfüllte Unterton in ihrer Stimme? Fragen, auf die ich keine Antwort wußte.

Ich fühlte, wie mir schwindlig wurde und wie mich meine Kräfte verließen. Ich wankte in die Wohnung zurück. Rastlos eilte ich von Zimmer zu Zimmer, indem ich mit den Krücken die Türen aufstieß. Ich mußte meinen Zorn und meine Rachegefühle irgendwie loswerden. Die Lösung: ich mußte etwas zerschlagen. In unserem Schlafzimmer entdeckte ich die Gipsstatue einer nackten Meerjungfrau, die wir einmal als Urlaubserinnerung gekauft hatten. Ich packte sie, hielt inne: schade um sie. Ich stellte sie wieder an ihren angestammten Platz. Dann eilte ich durch das Vorzimmer in die Küche. Da, der Rumtopf. Der kracht schön, wenn er zersplittert!

Ach was, schade drum. Aber da – im Vorzimmer: eine Blechtasse. Das gibt einen Heidenkrach, den man bis auf die Straße wird hören können. Mit einem infernalischen Geschepper schlug die Blechtasse auf dem Parkettboden auf. Plötzlich ging die Wohnungstüre einen winzigen Spalt auf, und Ingrids Blondschopf wurde sichtbar. Als sie mit einem raschen Blick festgestellt hatte, daß nichts zerbrochen war, warf sie auch schon die Türe wieder zu. Das Summen des Liftes war leise durch die Wand hörbar. Schließlich setzte ich mich erschöpft auf die Bettkante und vergrub den Kopf in beide Hände. Wie lange ich in dieser Stellung verharrt bin, kann ich heute nicht mehr sagen. Ich hatte jeden Bezugspunkt für die Zeit verloren.

Ein schrecklicher Gedanke riß mich aus meiner Lethargie: ich muß Burgi anrufen und sie warnen! Mit zitternden Fingern wählte ich ihre Nummer.

„Grüß' dich Burgi. Sag', ist dein Mann zu Hause?"

„Wieso . . . nein . . ., der ist dieses Wochenende auf einer Gewerkschaftstagung. Die sind jetzt sehr aktiv . . ."

„Ach so, ich kann's nur nicht ganz glauben. Die Ingrid ist soeben wieder einmal allein zu unserem Haus gefahren . . ."

„Glaub'st gar am End', daß die beiden . . ."

„Ich glaub's nicht nur, ich bin sicher."

An die Buchhaltung und die Korrespondenz war dieses

Wochenende nicht zu denken. Mit selbstquälerischer Präzision ging ich im Geiste die letzten Monate durch. Was hatte ich falsch gemacht? War ich ihr mit meiner extremen Sparsamkeit wieder auf die Nerven gegangen? War es meine Rechthaberei? Einige kleine Begebenheiten fielen mir ein, bei denen ich ihren Unwillen erweckt hatte. Aber hatten wir uns nicht einem großen gemeinsamen Projekt untergeordnet, das uns verpflichtete, die kleinen Alltagsfehler nicht auf die Briefwaage zu legen? War nicht unsere ganze Disziplin gefordert? Oder ging es bei ihr nur um meinen hoffnungslosen Krankheitszustand und die verlockende Aussicht, mit einem gesunden, gutaussehenden Menschen eine neue Zukunft zu beginnen? Den ganzen Tag und die ganze Nacht dachte ich über unsere verfahrene Beziehung nach, ohne zu einer brauchbaren Lösung zu gelangen, denn ich hatte dem schönen Karli nichts entgegenzusetzen als meine kindliche Liebe zu dieser Frau. Aber seine Gesundheit und seine Vitalität stempelten mich im Kampf um Ingrid im vorhinein chancenlos zum Verlierer. Im Morgengrauen, als sich meine Gedanken hoffnungslos im Kreise zu drehen begannen, fiel ich endlich in einen traumlosen Schlaf.

Sonntag abend versperrte ich die Wohnungstüre und ließ meinen Schlüssel im Schloß stecken. Gegen 22 Uhr hörte ich ein Geräusch an der Eingangstüre. Ingrid versuchte aufzusperren, doch erfolglos. Ich solle sie augenblicklich hereinlassen, forderte sie ungehalten von draußen. Sie möge bleiben, wo sie gerade sei, zahlte ich mit gleicher Münze zurück. Wir schrien uns einige Male an, dann gab ich jedoch auf, als ich Robert und den Hund jammern hörte. Ich sperrte auf. Wortlos, ohne mich anzusehen, schob sie die beiden zur Türe herein.

Sie bereitete dem übermüdeten Buben ein kaltes Nachtmahl. Ebenso wortlos verschwand sie im Schlafzimmer und drehte das Licht aus, während ich noch im Badezimmer mit Verrenkungen die Abendkatzenwäsche erledigte.

Kaum hatte ich am nächsten Morgen den Dämmerzustand zwischen Schlaf und Wachsein überwunden, als ich mir erneut meiner Eheprobleme bewußt wurde. Mich rettete an diesem Morgen nur meine Alltagsroutine. Morgengymnastik; Muskeln und Gelenke halbwegs gebrauchsfähig machen; bei offenem Fenster tief Luft holen, um Sauerstoff in Lunge und Gehirn zu pumpen. Anschließend mechanisch das Frühstück hinunterschlucken – „Körndln fressen“, wie Robert es spöttisch ausdrückte. Ein Morgen wie jeder andere. Nicht ganz. Für mich war eine scheinbar heile Welt wie ein Kartenhaus in sich zusammengestürzt.

Auf der Fahrt zum Schuhmeierplatz ließ ich den hektischen Frühverkehr, den ich vom Beifahrersitz aus sonst immer mit größtem Interesse verfolgt hatte, gleichgültig an meinem Auge vorüberziehen. Meine Gedanken begannen wieder schmerzhaft im Kreis zu gehen, ohne daß ich in der Lage gewesen wäre, einen Ausweg aus diesem Gedankenlabyrinth zu finden: Wenn sie nicht mehr bei mir sein wird, wer wird auf mich schauen? Wer wird mich in das Geschäft bringen? Wie wird überhaupt alles weitergehen? Für Notfälle hatte ich jedoch schon vorgesorgt und Kalt- und Warmfließwasser im Geschäft einleiten lassen, sogar ein Matratzenlager gab es.

Etwa zwei Wochen nach diesem Wochenende berichtete mir eine Kundschaft ganz aufgeregt, daß sie meine Gattin in Begleitung eines dunkelhaarigen Herrn bei einem Tanzwettbewerb in der Stadthalle unter den Zuschauern gesehen hatte. Sie glaube, fuhr sie eifrig fort, diesen Herrn schon einmal bei uns im Geschäft gesehen zu haben. Ich hatte mich fast erfolgreich bemüht, die Beobachtung der alten Dame ganz einfach zu vergessen, als ich am nächsten Abend auf der Psyche meiner Gattin, eingeklemmt zwischen Lederhandschuhen, zwei Eintrittskarten für die Stadthalle entdeckte. Ich überlegte kurz, ob ich Ingrid die auseinandergefalteten Karten nicht fein säuberlich auf den Nachttisch legen sollte, verwarf jedoch den Gedanken rasch wieder. Ich wollte mir weder Lügen anhören, noch die ganze Wahrheit wissen; ich wollte vergessen und mit einer Illusion weiterleben – solange es noch ging.

Es gehört wohl nicht viel Einfühlungsvermögen dazu, sich vorzustellen, daß Ingrid auch der ehelichen Begegnung auswich. Mürrisch und abweisend reagierte sie auf meine zaghaften Versuche, ihr meine ungebrochene Liebe und Hingebung zu zeigen.

„Bitte laß' mich; mit so etwas wie dir schlaf' ich nicht mehr."

Ihre verächtlichen Worte brachen den Damm meiner Beherrschung: „Du kannst mir nichts vormachen; ich weiß es ganz genau", ich mußte vor Erregung eine Sprechpause machen und tief Luft holen, „daß du mit Karli eine intime Beziehung hast. Du betrügst mich! Du bist beschmutzt!"

Sie schenkte mir ein müdes Lächeln, erhob sich und ging ins Badezimmer. Nachdem die vertrauten Geräusche ihrer Abendtoilette verklungen waren, trat sie entkleidet in das Schlafzimmer zurück. Ich wandte mich rasch ab. So wollte ich sie nicht mehr sehen. So durfte ich sie nicht mehr sehen. Sie hatte sich mit einem anderen Mann eingelassen. Eine Trennlinie verlief jetzt quer über unser Bett. Eine Demarkationslinie, deren Grenzposten die Verachtung sein sollte. Ich kauerte mich zusammen, als ob ich mich in mich selbst zurückziehen wollte.

„Was glaubst' du denn eigentlich", brach sie plötzlich das Schweigen, „ich werde doch nicht mein ganzes Leben Krankenschwester spielen. Bei dir ist ja alles hoffnungslos! Deine Krankheit wird immer schlechter, statt umgekehrt. Ich will nicht an deiner Seite versumpern. Ich will leben!!"

Sie rüttelte heftig an meiner Schulter. „Hörst du ich will leben, leben, leben! Verkriech dich nur ruhig, du mußt es hören: ich will *leben!* Du hast den ganzen Tag nichts anderes im Kopf als dein lausiges Kleinkrämergeschäft mit deiner Schnapskundschaft!"

„Wir sitzen beide vor einem gewaltigen Schuldenberg, Ingrid. Vergiß' das nicht", warf ich ein.

„Ach laß' mich doch! Ich kann noch ein eigenes, neues Leben beginnen. Ich kann . . . schau mich nur an!" Sie riß mich an der Schulter herum, und ich starrte auf ihre gespreizten Finger. „. . . ich kann an jedem Finger zehn Männer haben. Richtige Männer!"

Ich schwieg und vergrub mein Gesicht in meiner Polster. Sie ließ von mir ab und löschte die Nachttischlampe.

Die unmittelbare Folge unserer nächtlichen Auseinandersetzung war der Umstand, daß sie die nächsten fünf Tage einfach fortblieb und auch am Abend nicht nach Hause zurückkehrte. Jeden Abend fuhr ich mit dem Taxi nach Geschäftsschluß nach Hause und wartete auf sie, jedoch vergeblich. Nur der Hund empfing mich winselnd. Er wollte Fressen, Wasser und hinunter gehen. Besonders letzteres vergaß Robert sehr gerne.

Der Trinker-Karl

Der Trinker-Karl stand ungefähr in meinem Alter. Eine hagere Gestalt mit vorgebeugten Schultern. Er war schon bald nach meiner Geschäftseröffnung am Schuhmeierplatz aufgetaucht und ein treuer Kunde geworden. Er hatte einen unaussprechlichen polnischen Namen, so daß ich seinem Vornamen einen passenderen vorangestellt hatte. Bis zu jenem Tag, an dem Ingrid für längere Zeit verschollen war, erblickte ich in ihm nur einen der vielen hoffnungslosen Fälle, die meine Klientel ausmachten. Durch die letzte Entwicklung meines Familienlebens sollte er mir jedoch bald selbst Hoffnung geben.

Sein schäbiges Äußeres, sein Stoppelkinn und seine fahrigen Bewegungen waren nicht dazu angetan, bei einem biederen Normalbürger Vertrauen zu wecken. Doch ich erkannte bald, daß dieser Eindruck täuschte: Trinker-Karl konnte zwar seinem Laster nicht entsagen, aber er hatte ein gutes, mitfühlendes Herz, und – was für mich in meiner unerquicklichen Situation das Wichtigste war: er war ehrlich und, wenn er nüchtern war, auch arbeitsam. Es war ihm offenbar schon seit langem aufgefallen, daß ich mich nur unter größter Kraftanstrengung von meinem Sessel erheben konnte und daß ich nur auf die Regale gestützt ein paar Schritte machen konnte. Als ich eines Morgens allein das Geschäft betrat, stand er schon nach wenigen Minuten in der Eingangstüre.

Nachdem er eine Weile beobachtet hatte, wie ich mühsam und hilflos einige Kunden bedient hatte, kam plötzlich Leben in seinen hageren Körper. Behend huschte er zu den Regalen, gab der Kundschaft die gewünschte Ware und stellte das Leergut in die entsprechenden Kisten zurück.

Am Ende des ersten Geschäftstages, den ich ohne Ingrid durchstehen mußte, kehrte er zusammen, ergänzte die Flaschen in den Regalen und ging zu guter Letzt sogar für mich noch einkaufen. Dieser Trinker-Karl war tatsächlich eine große Hilfe. Eine strahlende Reklame für mein Geschäft war er zwar nicht, aber konnte ich mir in meiner Situation meine Mitarbeiter aussuchen?

„Nehmen Sie sich zwei Flaschen Bier, Karl, und machen Sie sich einen schönen Abend, Sie haben sich's wirklich verdient.“ Ich griff noch in die Handkasse und legte was drauf. Karl grinste dankbar und verschwand.

Die Hälfte dieser ersten Woche ohne Ingrid verbrachte ich dank der Hilfe eines halbwegs nüchternen Trinker-Karls ohne größere Probleme. Karl hoffte wohl, daß sein Alkoholika-Deputat mit seinem Arbeitseinsatz steigen würde, denn er schleppte ohne Unterlaß Bierkisten und Flaschenware herbei, während ich auf einem Bürosessel mit Metallrädern vor der Registrierkasse saß und kassierte. Mit Hilfe dieses Metallsessels war ich in meinem Geschäft tatsächlich recht mobil. Ich konnte mich mit den Armen vom Pult wegstoßen und gelangte durch den Gang zum gewünschten Regal. Wollte ein Lieferant mit seinen sperrigen Weinkisten an dem Kassapult vorbei, so gab er meinem fahrbaren Stuhl einfach einen Stoß. Ich ruderte sodann selbstständig wieder zur Kassa zurück. Das fast problemlose Arbeiten mit dem Trinker-Karl ließ mir andererseits Zeit, meine Gedanken und Sorgen auf Ingrid zu lenken. Wo mochte sie jetzt wohl stekken? Wir hatten eine tiefgreifende Auseinandersetzung gehabt, und sie mußte sich jetzt ganz offensichtlich bei einem gewissen Herrn trösten. Gut, damit würde ich lernen zu leben, aber das gab ihr doch nicht das Recht, mich tagelang ohne Nachricht hier im Geschäft sitzen zu lassen. Ich verzeihe ihr alles, wenn sie nur kommt!

Plötzlich, am Freitag vormittag, so gegen zehn Uhr, stand sie mitten unter uns. Trinker-Karl und ich starrten sie an wie einen Geist. Ohne für ihr mehrtägiges Verschwinden eine Erklärung abzugeben oder auch nur eine Entschuldigung zu finden, heftete sie ihren Blick auf die zerlumpte Erscheinung des Trinker-Karls, der in diesem Augenblick gerade eifrig eine Sektkiste ins Lager tragen wollte.

„Sag' Adolf, von wo um Himmels Willen hast du denn diesen Gauner her?" Ohne meine Antwort abzuwarten, fuhr sie erregt fort: „Diesen Galgenvogel schmeiß' ich sofort hinaus!"

Ich hielt die Zeit für gekommen, ihr meine Meinung zu sagen: „Du hast kein Recht, so mit dem Karl zu sprechen. Ohne ihn wäre es mir während deiner Abwesenheit nicht möglich gewesen, das Geschäft weiterzuführen."

Irritiert sah sie mich von den Stufen herab an.

Ich nützte diesen Augenblick und sprach aus, was mir die letzten Tage auf der Seele gelegen war: „Du hast genug vor deiner eigenen Tür zu kehren; einfach für eine Woche zu verschwinden und mich ohne Nachricht zu lassen. Ich habe für Kind, Hund und Wohnung sorgen müssen!"

„Das steht jetzt nicht zur Debatte", wehrte sie mit einer knappen Handbewegung meine Vorwürfe ab und stieg die letzten Stufen ins Verkaufslokal herab. Sie verschwand im Nebenraum und kam nach einigen Minuten mit ihrem weißen Arbeitsmantel wieder hervor. Sie stellte sich hinter das Pult und hantierte mit dem Knabbergebäck, als ob nichts geschehen wäre. Wozu die Situation noch weiter vergiften? Ich laß' sie erst einmal in Ruhe zu sich finden. Im gleichen Atemzug spürte ich, wie in meinem Innersten Wiedersehensfreude aufstieg. Adolf, sie ist zu dir zurückgekehrt! Sie wird wieder vernünftig werden! Dieser Kerl bietet ihr vielleicht Kunststücke im Bett, ich biete ihr hingegen eine Existenz!

Ingrid hatte offenbar beschlossen ihre Niederlage auf ihre Art zu überspielen: sie würdigte Trinker-Karl keines Blickes. Mir war das egal, solange er nur bleiben durfte.

Das Wochenende und die darauffolgende Woche verliefen ohne weitere Aufregungen. Ingrid ging mir geflissentlich aus dem Weg und vermied es, sich mit mir in längere Gespräche – und schon gar nicht in grundsätzliche – einzulassen.

Da keine Aussprache möglich war, wollte ich diese spannungsgeladene Atmosphäre wieder mit sinnvoller Arbeit im Haus in Purbach überbrücken. Wie immer, benötigte ich für fast jeden kleinen Handgriff in unserem Häuserl fremde Hilfe. Für das herannahende Wochenende hatte ich mein Opfer in einem Tischler gefunden, der mehrmals in der Woche in unser Geschäft kam. Auf meinen Vorschlag angesprochen, willigte er gerne ein, mir zu einem günstigen Preis einen Holzplafond und eine Dachbodentreppe zu machen.

Ich erzählte Ingrid nicht ohne Stolz von meinem Vorhaben. Hatte sie sich früher immer gefreut, wenn es mir gelungen war, mit einer gezielten Aktivität unseren Hausbau voranzutreiben, so reagierte sie diesmal sichtbar gleichgültig und kurz angebunden.

„Gut, ich fahre dich nach Purbach, bilde dir jedoch nicht ein, daß ich für dich und diesen Pfuscher das ganze Wochenende Zeit haben werde. Ich fahre zu meiner Schwester."

Noch am gleichen Tag rief ich die Schwägerin an und erkundigte mich ganz beiläufig, ob sie denn Ingrid zu einem Besuch erwarte. Sie verneinte erstaunt, fügte jedoch gleich hinzu, daß sie sich sehr freuen würde, ihre schon lange vermißte Schwester wiederzusehen. Ich hatte genug erfahren. Mit dieser Gewißheit hatte ich zwar nicht meinen Seelenfrieden herbeigeführt, aber ich wußte wenigstens wieder einmal, woran ich war: Herr Molnitzky hatte die Bettdecke einladend zurückgeschlagen, und die Schwester diente gleichsam als Paravent.

Mit einem Male ergriffen mich Selbstzweifel. Ich ließ meine Hände mutlos in den Schoß sinken. Hätte ich diesmal nicht meiner Eifersucht nachgegeben, hätte ich das ganze Wochenende in der Illusion verlebt, daß Ingrid wirklich zu ihrer Schwester gefahren war. Noch bei schwindendem Tageslicht fürchtete ich mich vor der Nacht, in der ich mir mit selbstquälerischem Realismus immer wieder das Bild von Ingrid in den Armen ihres Liebhabers vorstellen würde, denn immer häufiger tauchte in meinem Unterbewußtsein diese Vorstellung auf. Besonders unkontrolliert gebärdete sich meine Phantasie, wenn Ingrid die Nacht wieder einmal nicht an meiner Seite verbrachte. Teils wollte ich diese Gedanken verdrängen, teils wünschte ich sie mir herbei.

Während des Tages ging es mir besser. Ich konnte mich in meine Tätigkeit flüchten. Nur die Ruhe um mich konnte ich nicht mehr ertragen.

Das Haus diente somit als Ablenkungsmanöver von mir selbst. Rasch und problemlos war der Tischler für den nächsten Morgen zu einer Pfuscher-Fahrt nach Purbach verpflichtet, und auch der Trinker-Karl versprach mitzukommen und an einer bestimmten Kreuzung in Ottakring zur Mitnahme zu warten. Zu meiner größten Erleichterung waren beide pünktlich an den jeweiligen Treffpunkten. In Purbach angekommen, richtete Ingrid einige Brote für meine Helfer. Trinker-Karl hatte sich vorsorglich gleich einige Bierflaschen selbst mitgebracht. Kaum hatte Ingrid diese paar Handgriffe erledigt, als sie sich sogleich davon machen wollte.

Ich hielt sie jedoch zurück und bat sie eindringlich, uns am nächsten Tag pünktlich abzuholen, da meine Leute spätestens um 18 Uhr nach Wien aufbrechen wollten. Sie nickte zerstreut und verließ mit Robert und Isar die Baustelle.

An diesem Wochenende leisteten der Tischler und der Trinker-Karl wirklich Großartiges: Nicht nur die geplanten Holzarbeiten konnten abgeschlossen werden, sondern auch die Fensterläden waren fix und fertig montiert. Pünktlich kurz vor 18 Uhr wurden am Sonntag die Werkzeuge und die Verschnittreste zum Abtransport zurechtgelegt, sogar zum Aufkehren konnte ich die beiden noch motivieren. Von Ingrid war noch keine Spur zu sehen. Unsere Aufbruchstimmung wich einer gereizten Nervosität, als die Minuten zähflüssig dahinstrichen und sich zu Stunden summierten. Trinker-Karl zündete sich eine Zigarette an der anderen an, um seinen gewaltigen Durst beherrschen zu können. Er hatte schon seit Stunden keine Flasche Bier mehr getrunken. Der Vorrat war zur Neige gegangen. Mir war Ingrids Verspätung schrecklich peinlich. Aber erst gegen 21 Uhr war es soweit: wir hörten Ingrids Schritte im Garten. Gleichmäßig und ohne Eile klang der Rhythmus ihrer Schritte bis zu uns ins Wohnzimmer. Der Tischler, Trinker-Karl und ich sahen uns an und dachten ganz offensichtlich das gleiche: nicht einmal dort, wo wir etwas Neues geschaffen hatten, hält sie kurz an, um es sich anzusehen! Es war ihr demnach gleichgültig.

Die Reaktionen, die ihr verspätetes Erscheinen auslöste, will ich nicht im Detail schildern. Vielleicht nur soviel, daß sie mich mit einem schwungvollen Stoß in meinen Rollstuhl zurückbefördert hatte, nachdem ich mich in meiner Erregung zu weit nach vorn gebeugt hatte. Meinen beiden Helfern hängte sie – wie man bei uns in Wien zu sagen pflegt – eine ordentliche „Goschen" an. Nach einem kurzen Schreiduell waren uns allen nicht nur der Atem sondern auch die Argumente ausgegangen, und wir brachen auf. Der Tischler nahm die Werkzeuge, der Trinker-Karl die leeren Bierflaschen auf, und Ingrid schob meinen Rollstuhl zur Türe hinaus. Auf der Fahrt nach Wien begann Trinker-Karl nach seinem lange vermißten Bier zu betteln.

„Sie werden noch früh genug in Wien eins saufen können", wehrte Ingrid sein Gejammer mitleidslos ab.

Der Tischler verbündete sich ausnahmsweise mit ihr, denn er wollte so rasch wie möglich zu seiner Familie nach Hause. In Laxenburg gab sie jedoch auf einmal ihren Widerstand auf, und wir hielten vor einem Gasthof, der zu dieser vorgerückten Stunde noch nicht geschlossen hatte. Zufrieden ließ sich Karl den Gerstensaft in die Kehle rinnen und war noch vor Erreichen der Stadtgrenze friedlich eingeschlafen.

Ein Brief in der Montag-Morgen-Post ließ mich den Vorfall am Wochenende rasch vergessen. Es war der Brief eines Rechtsanwaltes, der uns in knappen, sachlichen Worten informierte, daß unser Baumeister den Konkurs angemeldet hatte, und er als Anwalt vom Gericht zum Masseverwalter bestellt worden sei. Der Brief schloß mit der Frage, ob wir noch Forderungen an den Baumeister zu stellen hätten, da dies aus den ihm vorliegenden Unterlagen nicht klar ersichtlich sei.

Wir hatten allerdings noch erwähnenswerte Forderungen, die sich jedoch im Laufe des rasch voranschreitenden Konkursverfahrens mangels verwertbarer Sachgüter als teilweise uneinbringlich herausstellen sollten. Obwohl der fast gänzliche Verlust meiner Vorauszahlungen für mich sehr schmerzlich war, konnte ich mich rasch trösten. Ich hatte die Liebe meiner Ehegefährtin verloren, was konnte es mir daher noch ausmachen, schnödes Geld zu verlieren?

Mein Besitzstand konnte sich wahrlich sehen lassen: ich besaß ein halbfertiges Haus im Burgenland ohne Baumeister, eine Ehefrau ohne Pflichtgefühl, ein Konto ohne Geld und einen eigenen Körper ohne gebrauchsfähige Gliedmaßen. Trotzdem mußte das Leben irgendwie weitergehen, und ich war entschlossen, nicht durch weinerliches Selbstmitleid vor die Hunde zu gehen.

So wandte ich mich wieder an meinen Freund Schlosser-Rudi, der mir schon so oft geholfen hatte. Nach einigem Zögern erklärte er sich bereit, den Verputz an unserem Haus anzubringen. Dazu würde er allerdings einen Assistenten benötigen, der ihm zur gleichen Zeit die Mischmaschine betätigen könnte. Meine Wahl fiel auf den Trinker-Karl, der oftmals ohnehin nicht wußte, wie er das nächste Wochenende verbringen sollte.

Um nun rechtzeitig und ohne Verzug am Samstag aufbrechen zu können, schlug ich Ingrid vor, Karl bei uns in der Wohnung schlafen zu lassen. Dadurch, so argumentierte ich, hätten wir auch seinen Alkoholkonsum während der Abend- und Nachtstunden wenigstens teilweise unter Kontrolle. Ingrid wollte jedoch von meinem Ansinnen nichts wissen. Die Folge war, daß Karl am Samstag nicht am vereinbarten Treffpunkt erschien.

Jetzt hieß es rasch umdisponieren, da wir den Schlosser-Rudi schon aufgeladen hatten. Ich dirigierte Ingrid mit dem Wagen zu einem hilfsbereiten, alleinstehenden Kunden, der mir schon oftmals seine Mitarbeit beim Häuselbau angeboten hatte. Ingrid stieg in das dritte Stockwerk eines Gemeindebaus und kam mit dem Hilfswilligen zurück. Als sie sich unserem Wagen näherte, war sie in ein sichtlich angeregtes Gespräch mit ihm vertieft. Freundlich lächelte sie ihn an und nickte unentwegt. Nachdem ich genau wußte, daß Ingrid diesen Kundentyp mit dem Amtsrat-Image nicht um alles in der Welt ausstehen konnte, gelang es mir gerade noch, ein Auflachen zu unterdrükken.

Die Mischmaschine war somit besetzt. Der Verputz wurde an diesem Wochenende von meinem alten Schulfreund mit großer Sachkenntnis zu einem wahrhaft günstigen Preis an der Außenwand angebracht.

Trotz Hausbaus waren auch in unserem Geschäft einige bauliche Veränderungen notwendig geworden. Ein heikles Gespräch über unser Klosett brachte mich mit der Hausbesitzerin zusammen. Der Weg zu den menschlichen Notwendigkeiten gestaltete sich für mich schwer Gehbehinderten zu einem wahren Hindernislauf. Ich mußte jedesmal die neun Stufen meines Geschäftslokales zum Straßenniveau emporsteigen, um dann nach Durchschreiten des Hauseinganges noch drei weitere Stufen zum Gangklosett der Parterrewohnungen zu bewältigen. Die Hausbesitzerin, eine kleine, rundliche Dame um die fünfzig, hatte für meine Situation größtes Verständnis. Ich erhielt ihre Zustimmung, auf eigene Kosten in meinen Geschäftsräumen ein Klosett zu errichten. Wieder griff ich auf meine zwei bewährten Helfer zurück, den Schlosser-Rudi und den Trinker-Karl. Die Umbauten konnten beginnen.

Daneben ging allerdings das normale Geschäft weiter. Ich mußte jedoch meine Kundschaft ersuchen, selbst auf die Regale zu steigen, da sich Ingrid geweigert hatte, in diesem „chaotischen Dreckshaufen" ihren Dienst zu versehen. Obwohl ich wütend auf sie war, konnte ich sie insgeheim gut verstehen.

Nach etwa zehn Tagen war jedoch alle Plackerei vorbei und das WC installiert. In meinem Nebenraum, großspurig „Lager" genannt, stand nunmehr ein imposanter „Thron", bestehend aus einer Muschel und einem Holzdeckel. Das ganze Gebilde war deshalb einem Thron nicht unähnlich, da das Klosett auf einem kleinen Podest errichtet werden mußte, um, unterhalb des Straßenniveaus, den Abfluß zum Kanalnetz zu gewährleisten.

Meine Bauwut war danach jedoch noch nicht gestillt: meine Geschäftsfläche bestand nur aus mageren 27 m². Nicht nur die Kunden standen sich gegenseitig im Weg und konnten am Kostprobenpult kaum das Glas zum Mund führen, kam noch gleichzeitig ein Lieferant mit ein paar Kisten hinzu, war eine kabarettreife Szene vorprogrammiert.

Abhilfe tat not. Die Rettung aus meinem Platzproblem

tauchte in der Person meines Geschäftsnachbarn, eines Schlossermeisters, auf, der mir eines Tages mitteilte, daß er in Kürze aus Altersgründen sein Geschäft zusperren würde. Kurz entschlossen verhandelte ich wieder mit der Hausfrau. Für geringes Aufgeld konnte ich die freigewordene Geschäftsfläche dazumieten. Ein Handschlag besiegelte meine allerletzte Bautätigkeit. Neben meinen traditionellen Helfern konnte ich aus dem anscheinend unerschöpflichen Kräftereservoir meiner Kundschaft schöpfen, die sich für einige Wein- oder Bierflaschen gerne nützlich machen wollte.

Die Wand zwischen beiden Geschäftslokalen wurde niedergerissen und der Boden auf ein gleiches Niveau gebracht. Alle Wände mußten mit Holz verschalt sowie neue Stellagen aufgestellt werden. Ingrid hatte mich auch bei diesem Bauvorhaben über ihre Meinung nicht im unklaren gelassen:

„Das ist wieder eine von deinen Schnapsideen. Ich helfe dir nicht."

Schließlich hat sie mir dennoch einige Behördenwege erledigt, wofür ich ihr noch heute dankbar bin. Diese Umbauarbeiten zogen sich über fast ein halbes Jahr hin. Während dieser Zeit habe ich oftmals auf einer Matratze im „Lager" übernachtet, um zeitig am Morgen für Materiallieferanten anwesend sein zu können. Als schließlich auch die Verkabelung abgeschlossen war, konnte ich Anfang Dezember 1975 meine Geschäftsausweitung „im Dienste der sehr geehrten Kundschaft" ankündigen. Ich hatte es somit unter Aufbietung meiner ganzen Willensstärke wieder einmal geschafft. Die Aufregungen und Organisationsprobleme hatten mich sowohl von meiner Behinderung als auch von meinen privaten Problemen bestens abgelenkt. Endlich hatte ich nunmehr ausreichend Platz, mein Warensortiment wirklich übersichtlich präsentieren zu können. Meine Kundschaft konnte jetzt auch im Sitzen an einem kleinen Tisch die Getränke verkosten. Ich ließ in einer ruhigen Minute meinen Blick über die Einrichtung meines Geschäftes schweifen, und ein schon lange nicht mehr verspürtes Glücksgefühl durchrieselte mich.

In der letzten Phase der Geschäftsvergrößerung hatte ich immer häufiger im Lagerraum übernachtet. Der Grund dafür ergab sich unter anderem durch einen unangenehmen Vorfall.

Eines Tages war bei unserer abendlichen Heimkehr der Lift ausgefallen – unsere Wohnung in Wien-Atzgersdorf befand sich jedoch im fünften Stockwerk. Unter Aufwendung meiner ganzen Kraft schaffte ich gerade noch das erste Stockwerk. Dort angekommen mußte ich mich auf die Stiegen setzen. Schon den ganzen Tag über hatte ich im Bauschutt herumstehen müssen. Meine Beine waren durch das oftmalige Aufstehen ganz steif geworden. Ingrid schimpfte unausgesetzt auf mich ein. Hatte sie noch in der ersten Hälfte der siebziger Jahre bewundernswerte Geduld bewiesen, so war dieses Verständnis jetzt nicht mehr vorhanden. Sie trat mich unbeherrscht in die Seite und haderte lautstark mit ihrem Schicksal. Plötzlich öffnete sich im zweiten Stockwerk eine Wohnungstüre, und ein mir bisher nur vom Sehen bekannter Hausbewohner streckte seinen Kopf heraus. Blitzschnell hatte er die für mich so peinliche Situation erfaßt, krempelte seine Ärmel hoch und trug mich ohne viel Aufhebens die restlichen vier Stockwerke hinauf.

Nicht nur das Nachhausekommen konnte sich schwierig und umständlich gestalten, auch der morgendliche Weg ins Geschäft wurde mir durch widrige Umstände verleidet. Trotz großer Müdigkeit stand ich regelmäßig um fünf Uhr früh auf, um meine zeitraubende Bewegungsgymnastik zu machen. Hatte ich diese abgeschlossen und mich – so gut ich es zusammenbrachte – gewaschen, bereitete ich meine Rohkostdiät vor. Gleichzeitig richtete ich für Ingrid und Robert das Frühstück. Vor allem Robert hätte mir dabei natürlich helfen können, aber er sollte wenigstens rechtzeitig in die Schule kommen, um seinem Lehrer zumindest in diesem Punkt keinen Grund zur Klage zu geben. Etwa eine Viertelstunde nach sieben Uhr versuchte ich Ingrid zu wecken. Da sie am Vorabend meistens mit unbekanntem Ziel unterwegs gewesen war, fiel ihr das Aufstehen naturgemäß sehr schwer. Gegen halb neun Uhr schafften wir es, den Wohnbau zu verlassen. Nach neun Uhr trafen wir mit unserem Wagen vor dem Geschäft ein. Dort warteten zumeist schon mehrere Kunden geduldig auf unser Erscheinen. Hinzu kamen noch ein oder zwei Lieferanten, die ihre Getränkekisten schon auf dem Gehsteig gestapelt hatten. Ingrid war niemals bereit vorauszueilen und das Geschäft für die Wartenden aufzusperren. Vor allem bei Regen hätte das unseren guten Willen und – unausgesprochen – unsere Entschuldigung dokumentiert. Sie wartete jedoch regelmäßig, bis ich mit eckigen Bewegungen und zahllosen Verrenkungen dem Auto entstiegen war. Sie wollte sich ganz offensichtlich nicht den möglichen Bemerkungen der Wartenden aussetzen. Daher stützte sie mich mit umständlicher Hilfsbereitschaft, bis ich bei dem Geschäft angekommen war und aufsperren konnte. Ich entschuldigte mich bei den Wartenden gewöhnlich mit der Feststellung, daß ich durch meine Behinderung ganz allein Schuld an dieser Verzögerung sei und wurde regelmäßig mit gutmütigem Nicken oder einem Lächeln der Umstehenden belohnt. Der Tag war gerettet.

Leben und Überleben

Durch das verständisvolle Zuhören einer Kundin ließ ich mich ausnahmsweise zu einem längeren Gespräch über meine Krankheit hinreißen. Ich beschrieb ihr meine ständige Müdigkeit, die häufigen Gleichgewichtsstörungen sowie die Steifheit und Gefühllosigkeit der Beine.

„Wie wär's Herr Adolf, so fahrn's doch einmal nach Lourdes. Das hat schon manchem geholfen", sagte sie und hob den Zeigefinger, um die Bedeutung ihrer Worte zu unterstreichen.

Lourdes. Das war ein reizvolles Stichwort. Ich hatte zwar schon oft über diesen weltberühmten Marienwallfahrtsort in den diversen Illustrierten gelesen, hatte jedoch immer gezögert, mich mit dem Gedanken, doch selbst einmal dorthin zu fahren, auch nur zu beschäftigen. Lourdes. Das war für mich immer der Begriff für menschliche Endstation gewesen. Letztes Atemholen vor dem Ende. Doch jetzt erschien mir dieses Wort in einem anderen Licht. Könnte Lourdes nicht auch für mich neue Hoffnung bedeuten? Schlagartig wurde mir klar, daß ich mit anderen Leidensgenossen fast überhaupt keinen Kontakt hatte, sah man von einigen Spitals- und Kuraufenthalten ab. Wie meistern andere Kranke ihr Leben?

Ich blickte zu meinem Kellerfenster empor. Lourdes und Hoffnung . . .

„An was denken's jetzt so intensiv, Herr Adolf?“

„Oh, entschuldigen Sie, ich dachte, das mit Lourdes wäre eigentlich gar keine so schlechte Idee.“

„Na sehn's; i weiß' doch wos ihna gut tut. Denken's nur drüber nach, was i ihna g'sagt hab'. Für heute geben's mir noch einen Doppler ‚Neuburger‘.“

Ich drehte mich mit meinem Bürosessel zu den Regalen hinter dem Kassapult und ergriff die Doppelliterflasche.

„Hier ist ihr Doppler. Der kost' Sie heut nix. Ein Dankeschön für ihren gutgemeinten Rat.“

Für einige Tage beschäftigte mich die Frage, wie ich denn nach Lourdes kommen könnte. Auf Ingrids Mithilfe war nicht mehr zu hoffen. Bei einer kleinen Spazierfahrt hatte der Trinker-Karl meinen Rollstuhl vor einem Kiosk zum Stehen gebracht. Ich brütete gerade vor einer Vielzahl Illustrierten, als ich zufällig unseren Pfarrer sah. Ich sprach ihn kurzerhand auf meine Lourdes-Sehnsucht an. Nach kurzem Nachdenken meinte der alte Hochwürden, daß ich mich wohl am besten an den Malteser Hospitaldienst wenden sollte. Dieser organisiere schon seit Jahren jeweils im Frühjahr Lourdesfahrten mit Behinderten, erzählte er und gab mir die Telefonnummer der Leiterin Waldstein.

Als sich am nächsten Tag gegen Mittag kein Kunde im Geschäft blicken ließ, und auch Ingrid irgendwo unterwegs war, faßte ich mir ein Herz und wählte die angegebene Telefonnummer.

„Wir nehmen jedoch nur schwerstbehinderte Menschen auf unsere Pilgerreise mit“, wurde mir mit höflicher Bestimmtheit mitgeteilt.

Nun, damit konnte ich dienen und erzählte in kurzen Sätzen mein MS-Schicksal. Schon am übernächsten Tag erhielt ich von den Maltesern einen Fragebogen mit dem Ersuchen, die von mir gemachten Angaben durch einen Arzt bestätigen zu lassen. Alles klappte. Anfang Mai 1975 sollte die Pilgerfahrt losgehen.

Ich bat Ingrid, mich auf den Westbahnhof zu bringen. Sie lehnte jedoch ab, da ein mir nicht näher bekanntes Abendprogramm auf sie wartete und ihre Zeit gänzlich in Anspruch nahm. Meine frommen Samariter würden doch sicherlich auch dafür Zeit haben, meinte sie beim Verlassen unserer Wohnung. Ich rief meinen Pfarrer an und bat ihn verzweifelt, mich zum Westbahnhof zu bringen. Der Lazarettzug gehe in wenigen Stunden. Er willigte sogleich ein. Zwei Stunden vor der Abfahrt stand er mit seinem klapprigen Kombi vor der Einfahrt des Gemeindebaues, um mich abzuholen. Mein Rollstuhl war wie ein galizischer Bandelkrämerladen bepackt, auch auf meine Evers-Diät hatte ich nicht vergessen. Kleine Säcke mit diversen Weizenkleien, Vollkornbrot und Landbutter hatte ich an die Tragschlaufen meiner Koffer gehängt.

Diese Körner wurden während der 36-stündigen Fahrt von der Malteser-Küchenchefin zum Keimen gebracht. Die Hilfsbereitschaft des jungen Sanitätspersonals wäre ein Thema für sich. Ich hatte bisher in meinem Behindertendasein noch nie eine so herzliche Aufnahme erlebt. Ich schwebte auf Wolken, wenngleich meine irdische Liegestatt in dem alten Lazarettwaggon aus dem Zweiten Weltkrieg für einen Menschen meiner Körpergröße um einiges zu kurz war. Es dauerte jedoch nur wenige Augenblicke, bis die Malteser mit einem Sessel und einer zusätzlichen Matratze diesem Mangel Abhilfe geschaffen hatten. Sobald ich Gewißheit hatte, daß es mir auf dieser Reise auch an nichts mangeln würde, hatte ich meinen Blick frei für die zahlreichen Leidensgenossen um mich herum. Mir gegenüber saß ein Mann Anfang dreißig, der nicht nur mit Multipler Sklerose geschlagen war, sondern auch mit Parkinson'scher Schüttellähmung. Er zitterte mit den Armen und mußte wie ein Säugling gefüttert werden.

Vor der Marien-Grotte in Lourdes lag dieser beklagenswerte Mensch vor mir auf einer fahrbaren Bahre. Mutter Gottes, hilf doch in erster Linie diesem armen Teufel, der ist doch noch viel schlechter dran als ich. Mein Blick heftete sich auf die kleine Marienstatue am Eingang der Felsengrotte. Tausende Kerzen verstärkten die Rußschichte an der Höhlenwand. „Ave Maria, gratia plena . . .“. Die lateinische Sprache einte die leidenden und vergessenen Menschen aus ganz Europa. Fürbitten und Gebete wurden in Sprachen vorgebracht, deren Laute ich noch nie in meinem Leben gehört hatte. Ich mußte an meinen Freund Fritz aus dem AKH denken, der nicht nur MS hatte, sondern auch noch blind war. Mögen ihm seine Familie, seine Frau und seine Tochter erhalten bleiben. Sie waren sein ganzer Lebensinhalt, wie er immer wieder erzählt hatte. Und meine Familie? Die befand sich in Auflösung. War sie auch mein Lebensinhalt? Ja, dreimal ja!

In Lourdes badete ich nicht nur im heilenden Wasser der Quelle, sondern auch in meinen Gefühlen. Ich schämte mich nicht meiner Tränen, die langsam aber stetig auf mein Roßhaarkissen kollerten. Weinen hat doch immer eine gewaltige befreiende Wirkung. Sein ganzes Elend einmal herausschwemmen können, ohne Rücksicht auf Konventionen oder Peinlichkeiten. Diejenigen, die mich hörten, verstanden ohnehin wie mir zumute war.

Ein weiteres tiefes und prägendes Erlebnis war für mich die Beobachtung, daß fast alle Patienten, die schon mehrmals nach Lourdes gekommen waren, zwar nicht in Form eines spektakulären Wunders geheilt worden waren, aber zumindest ihre Krankheit als Bewährungsprobe für die Gesunden angenommen und als besondere Prüfung Gottes an ihre Standhaftigkeit im Glauben verarbeitet hatten. Die Behinderung, Zurücksetzung, die Schmerzen – sie waren zwar ein wesentlicher, aber auch ganz natürlicher Bestandteil ihres Lebens geworden.

Hier bekam der Kranke auch seine Ausgeglichenheit zurück. Das war sehr bedeutsam, denn niemand wird so gründlich gemieden wie ein griesgrämiger Behinderter.

Das war für mich das tiefere Geheimnis von Lourdes – soweit ich es überhaupt erfassen konnte: nicht der Körper wird geheilt, sondern die Seele. Ausnahmen gibt es freilich, doch ich gehörte nicht zu der kleinen Schar der Auserwählten.

Als manche Kunden sich noch lange nach meiner Rückkehr mit einer gewissen Sensationslust nach spektakulären Dingen erkundigten, konnte ich nur mit einem vielsagenden Lächeln antworten. Wie hätte ich ihnen meinen inneren Frieden, mein Glücksgefühl, daß es mir noch vergleichsweise gut ging, anders schildern können?

Mein innerer Frieden wurde jedoch schon am Tage meiner Rückkehr auf eine harte Probe gestellt. Bereits als der Lift in das fünfte Stockwerk hinauffuhr, spürte ich ganz instinktiv, daß ich wohl eine leere Wohnung betreten würde. Ich sollte recht behalten. Auf der Küchenkredenz lag ein Zettel. Er enthielt zwei kurze Sätze: „Ich bin weggefahren. Komme morgen oder übermorgen." Darunter standen Ingrids Unterschrift und das gestrige Datum. Ich war zu Hause, aber nach dem eigentlichen Sinn dieses Begriffes war ich es nicht.

Nachdem ich mich wieder ein wenig gefaßt hatte, wagte ich einen Blick in den Eiskasten: gähnende Leere. Einzig zwei grüne Äpfel lachten mir aus einem geflochtenen Strohkorb entgegen. Unangenehmerweise war mein Ankunftstag ein Sonntag. Ich konnte nicht einmal eine hilfsbereite Nachbarin bitten, mir etwas einzukaufen. In unserem Stockwerk brannte nirgendwo Licht. Ich setzte mich auf die Küchenbank. Obwohl ich mich unbeschreibbar müde und abgespannt fühlte, spürte ich, daß ich zu erregt war, um tatsächlich schlafen zu können. Ich wollte unbedingt mit einem menschlichen Wesen sprechen und humpelte mit meinen Krücken zum Telefon im Vorzimmer. Die Telefonleitung war jedoch unterbrochen. Tot. Deprimiert warf ich den Hörer auf die Gabel und versuchte mich durch das Auspakken der Schmutzwäsche etwas abzulenken.

In der Zwischenzeit hatte ich in unserer kleinen Hausbar ein Säckchen gesalzene Nüsse gefunden, mit denen ich meinen aufkommenden Hunger zu stillen versuchte. Schon nach einer halben Stunde verspürte ich einen quälenden Durst und trank einen halben Liter Wasser, ohne die Karaffe auch nur von den Lippen abzusetzen.

Am folgenden Tag konnte ich mich nicht entschließen, mit einem Taxi ins Geschäft zu fahren. Eine alle Regungen niederwalzende Müdigkeit lähmte meine Glieder. Letztlich wollte ich auch zu Hause sein, falls Ingrid tatsächlich kommen sollte. Eine wohldosierte Anklagerede hatte ich mir schon zurechtgelegt. Genug Zeit dazu hatte ich ja gehabt. Am gleichen Morgen konnte ich endlich eine Nachbarin ersuchen, mir die wichtigsten Grundnahrungsmittel einzukaufen. Auch die Telefonstörungsmeldestelle wurde verständigt. Noch am gleichen Tag war mein Telefon repariert. Meine Nabelschnur zur Außenwelt funktionierte also wieder. Fast eine Wiedergeburt. Ich rief niemanden an. Allein das Gefühl, daß ich jetzt jemanden hätte anrufen können, genügte mir vollauf.

Am frühen Mittwochnachmittag tauchte Ingrid mit Robert auf. Ich war den Wochenbeginn nicht ins Geschäft gefahren, um diesen Augenblick nicht zu verpassen. Meine anklagenden Worte sollten sie noch an der Schwelle der Eingangstüre treffen.

In der Realität spielte sich jedoch alles viel rascher ab, als ich es vorausgeplant hatte.

Nach einem kurzen Gerassel des Schlüsselbundes flog die Türe auf, Ingrid stürmte mit forschem Schritt in die Wohnung, stellte zwei kleine Koffer im Vorzimmer ab und eilte mit den Worten „Na, wie war's denn in Fátima?" an mir vorbei ins Badezimmer. Ohne meine Antwort abzuwarten, schloß sie die Türe. Als ich in der Küche in der Zwischenzeit das Nachtmahl vorbereitete, steckte sie ihren Kopf bei der Türe herein.

„Für mich brauchst heut' nix herrichten, ich hab' noch ein Treffen mit ehemaligen Mitschülerinnen."

Der Gipfelpunkt meiner Sprachlosigkeit aber war erreicht, als ich mich am nächsten Morgen an der geduldig wartenden Kundenschar zum Geschäftseingang nach vor drängte. Fast jeder der Wartenden erkundigte sich voll Mitgefühl nach meiner Gesundheit. Eine junge Hausfrau versprach, am nächsten Tag ein herzstärkendes Hausmittel mitzubringen. Ich verstand nicht so recht, was vorgefallen war. Ich hatte drei Tage nicht offen gehabt, da war doch nichts Besonderes dran. Als ich vor meinem Portal stand, wußte ich weshalb die Anteilnahme meiner Kundschaft so überaus herzlich war:

„Wegen schwerer Erkrankung der Geschäftsinhabung geschlossen".

Die Zeitdauer erstreckte sich genau über die Woche, in der ich mich in Lourdes aufgehalten hatte. Ingrid hatte mir vor meiner Abfahrt alle Eide geschworen, daß sie während meiner Abwesenheit offenhalten würde.

„Mein Gott, diese Pflege muß für ihre Frau Gattin auch anstrengend gewesen sein", bemerkte ein Pensionist mitfühlend. Ich nickte geistesabwesend.

Als sich der erste Kundenansturm verlaufen hatte, stellte ich Ingrid zur Rede. Ich warf ihr Pflichtvergessenheit und Vergnügungssucht vor.

„Wir haben bei der Bausparkasse und bei den Banken hohe Schulden. Wir brauchen jeden Groschen. Und du schließt einfach das Geschäft, obwohl du mir hoch und heilig versprochen hast, jeden Tag offenzuhalten!"

„Du mit deinem Geschäft in diesem feuchten Kellerloch! Wenn du eine fromme Pilgerreise machst, dann steht mir auch ein Urlaub zu", bemerkte sie mit spöttischem Gesichtsausdruck.

Gegenüber Ironie und Spott war ich schon immer wehrlos.

„Geh, bitte geh, und nimm' dir auch heute Urlaub", sagte ich erschöpft und deutete mit dem ausgestreckten Finger zur Türe. Wortlos drehte sie sich um, ging ins Lager, zog sich hastig um und lief an mir vorbei die Treppen empor. Geräuschvoll fiel die Türe ins Schloß. Nachdem ich mich einigermaßen wieder gefaßt hatte, rief ich Burgi Molnitzky an und erkundigte mich nach ihrem Befinden.

„Also ich versteh' die Welt nicht mehr. Seitdem mir der Karli freudestrahlend erzählt hat, daß er eine Beförderung in eine wichtige Position bekommen hat, ist er kaum noch zu Hause. Fortwährend muß er Tagungen und Sitzungen in den Bundesländern besuchen. Z'erst hab' ich mich ja g'freut über seine Karriere aber wann dann unser Leben so ausschaut . . ."

Der Sommer des Jahres 1975 kam heran. Im August begab ich mich in das Institut Dr. Zeiles nach Gallspach bei Grieskirchen zur Hochfrequenzbehandlung. Für drei Wochen war ich bestens bei den Schulschwestern versorgt und untergebracht.

Aus Gallspach habe ich Ingrid einen langen Brief nach Purbach geschrieben. Die Aussage mündete in eine Bitte, es doch noch einmal gemeinsam zu versuchen. Das gutgehende Geschäft könne doch uns beide ernähren, und mit ein wenig Rücksichtnahme und Verständnis könnten wir ein ganz zufriedenes Leben führen. Weiters schrieb ich ihr, daß ich in Zukunft versuchen wolle, für ihre Zerstreuungen und Vergnügungen ein größeres Verständnis aufzubringen. Ich anerkannte, daß ein gesunder Mensch in den sogenannten besten Jahren einfach ein anderes Erlebnisbedürfnis habe, als ein an Krücken und den Rollstuhl gefesselter Behinderter. Ich flehte in meinem Schreiben abschließend noch um ein wenig Zuneigung und Aufmerksamkeit und fügte hinzu, daß ich auch für ihre Garderobe in Zukunft mehr finanzielle Aufwendungen machen wolle. Wie sehr, wie leidenschaftlich ich mich allerdings wirklich nach ihr sehnte und sie begehrte, daß wagte ich ihr nicht zu schreiben. Allzutief wollte ich mir nicht in meine Seele blicken lassen. Meine Schwächen und Abhängigkeiten wollte ich nicht zur Gänze vor ihr bloßlegen. Ich fürchtete mich insgeheim, daß sie dieses Wissen um mich gröblichst ausnützen könnte. Die jüngste Vergangenheit hatte mir die Abgründe ihres Wesens zur Genüge offenbart. Im Rückblick muß ich aber bekennen, daß meine Unfähigkeit zur unverkrampften Offenheit ein schwerwiegender Mangel gewesen ist. Wie auch immer, aus Purbach kam keine Antwort.

Ihrer Mutter schrieb ich mit mehr Erfolg. Ich hatte sie ersucht, bei meiner Rückkehr in unserer Wohnung anwesend zu sein. Tatsächlich erwartete sie mich mit einem freundlichen Lächeln. Die alte Dame hatte auch den Eiskasten gefüllt. Das deprimierende Erlebnis nach meiner Pilgerreise war mir diesmal erspart geblieben.

„Die Ingrid kommt vielleicht heute oder morgen", wählte sie gleich zur Begrüßung eine sehr vorsichtige Ausdrucksweise. Obwohl ich mit meiner Schwiegermutter niemals über unsere Eheprobleme gesprochen hatte, schien sie doch einiges zu ahnen.

Es waren kaum zwei Stunden nach meiner Ankunft vergangen, wir löffelten gerade eine Erdäpfelsuppe, als in mir ein ganz schrecklicher Schub explodierte. Mir wurde schlecht, der Löffel fiel in die Suppe, und ich brach am Tisch zusammen. Mit fast übermenschlichem Kräfteeinsatz schleppte ich mich mit Unterstützung meiner verschreckten Schwiegermutter auf das Klosett und anschließend ins Bett. Wie schon so oft konnte ich meine Gliedmaßen nicht mehr bewegen. Sie wischte mir den Schweiß von der Stirne und putzte mir die Nase. In der Stille, die meinem Niederbruch gefolgt war, hatte ich ausreichend Zeit, über die Ursachen dieses neuerlichen Schubes nachzudenken. Ich kam zu dem Schluß, daß die Hochfrequenzbehandlung ganz offensichtlich ein wenig zu viel des Guten gewesen sein mochte. Körperliche Überbeanspruchung durch Kur- und Geschäftsbetrieb. Meine Schwiegermutter wollte sofort einen Arzt rufen, ich wehrte jedoch heftig ab. Was hätte er mir denn in dieser Situation helfen können? Das Abklingen des Schubes dauerte rund zehn Tage. Mit ärztlicher Behandlung die gleiche Zeit.

Als Ingrid am nächsten Tag aus dem Burgenland eintraf, hatte sie nur wenige Worte des Trostes für mich: „Wie siehst denn du aus! Wie ein Gespenst! Da wär'st doch gleich draußen bei den Schwestern geblieben.“ Ich gab keine Antwort, sondern schloß die Augen zum Zeichen, daß ich auf dieser aggressiven Tonlage kein Gespräch führen wollte. Geduldig wartete ich, bis sie mit ihrer Mutter das Schlafzimmer verlassen hatte.

Nach der üblichen Zeitspanne konnte ich meine Hände wieder halbwegs gebrauchen. Mein rechter Arm war jedoch merklich steifer geworden. Mit klammen Fingern konnte ich nur unter Aufbietung meiner ganzen Konzentration einen Gegenstand vom Tisch aufheben. Zehn Tage nach diesem Vorfall war ich nicht mehr zu Hause zu halten. Ich wollte unbedingt in mein Geschäft zurück, das mir menschliche Kontakte, Ablenkung und die Befriedigung meines Händlertriebes brachte. Auch wollte ich endlich die sanitäre Situation verbessern und die Geschäftsausweitung in Angriff nehmen, die ich im vorangegangenen Kapitel schon beschrieben habe.

An meinem ersten Arbeitstag nach mehreren Wochen ließ ich mich von einem Taxi abholen, um von Ingrid unabhängig zu sein. So kam es, daß das Geschäft nach einer längeren Periode der Unpünktlichkeit wieder um exakt acht Uhr aufgesperrt wurde. Natürlich wartete niemand vor der Türe, da sich auch unsere Kundschaft darauf eingestellt hatte, daß erst nach neun Uhr geöffnet wurde.

Das vorzeitige Aufstehen von meinem Krankenlager forderte allerdings seinen Tribut. Ich fühlte mich an diesem Tag hundeelend, die Arbeit lenkte mich jedoch ab, und ich vergaß mein Unwohlsein. Nachdem ich im Laufe des Vormittags die ersten durstigen Frühaufsteher bedient hatte und wieder allein im Geschäft auf meinem Bürosessel saß, überkam mich ein zutiefst menschliches Bedürfnis.

Damals – Ende August – hatte ich im Geschäft das WC noch nicht installieren lassen und war daher gezwungen, die neun Stufen zum Geschäftseingang hinaufzusteigen. Wie schon gesagt, ich dürfte die durch den Schub hervorgerufene organische Schwächung unterschätzt haben, denn ich brach auf der vorletzten Stufe zusammen und rutschte durch mein Körpergewicht auf den Fußboden zurück. Dieser Schwächeanfall erfaßte auch meine inneren Organe, so daß ich mir den Weg auf die Toilette getrost ersparen konnte. Ich verfiel in Panik, daß mich die Kundschaft in diesem beschmutzten Zustand erblicken könnte, und zog mich die Stufen bis zur Eingangstüre nochmals hinauf. Zentimeter für Zentimeter gelang es mir, mich an der Türschnalle aufzurichten, und ich sperrte die Türe ab. Ingrid – so glaubte ich optimistisch – müßte ohnehin bald kommen und mich aus meiner peinlichen Lage befreien. Ich verbrachte jedoch mehr als zwei Stunden liegend auf der Stiege, bis Ingrid das Geschäft zu betreten geneigt war.

Sie blieb äußerlich ruhig und blickte voll Verachtung auf mich herunter.

„Angemacht wie ein kleines Kind. Kannst du nicht rechtzeitig gehen?"

Ich bemühte mich, diese Bemerkung zu überhören und bat sie, mir aufzuhelfen. Während sie in einem Textilgeschäft in der Nachbarschaft neue Unterwäsche und eine Jean für mich erstand, reinigte ich mich in meinem Warenlager.

Ein Stein kommt ins Rollen

Im Spätherbst 1975, also noch während der Geschäftserweiterung, wurde das Geschäft mein Zweitwohnsitz, obgleich ich diese Tatsache noch nicht amtlich gemeldet hatte. Zwischen 18 Uhr und 18 Uhr 30 fuhr Ingrid in unsere Wohnung und überließ mir und dem Trinker-Karl das Aufräumen.

In der Früh kam sie so gegen zehn Uhr. Fast jedes Wochenende saß ich zu Hause, während sie mit Kind und Hund nach Purbach fuhr. Ich begann nun ab und zu meine Kunden zu bitten, mich eventuell auf einen Ausflug mitzunehmen. Es gelang mir tatsächlich, auf meine Isolation aufmerksam zu machen. Einige Familien planten mich in ihre Überlandpartien ein. Dies war für mich ein einprägsames Zeichen der Menschlichkeit, das mir das Leben wieder lebenswert machte. Beim Picknick fühlte ich mich natürlich für die Mitnahme von Getränken verantwortlich. Man ließ mich hochleben und prostete mir zu. Ich war wieder unter fröhlichen Menschen und kurzfristig glücklich.

Eines verregneten Herbsttages, ich war zufällig zu Hause und Ingrid arbeitete im Geschäft, kam mit der Post ein eingeschriebener Brief eines mir unbekannten Rechtsanwaltes. Hastig schlitzte ich den Brief auf. Ein Advokat teilte mir lakonisch mit, daß Frau Ingrid Beinstingl durch ihn die Scheidung einzureichen beabsichtige und er sie in diesem Gerichtsverfahren „rechtsfreundlich" vertreten werde.

Seine Mandantin stelle an mich folgende Forderungen:

1) Das alleinige Wohnungsrecht in unserer Wohnung in Wien-Atzgersdorf.
2) Das gesamte Inventar
3) Den Opel-Record
4) Das Wochenendhaus in Purbach

Ich, Adolf Beinstingl, könnte das Geschäft in Ottakring zum Lebensunterhalt und als Wohnsitz behalten.

Ich las den Brief mehrmals durch, da ich mich dabei ertappt hatte, den Sinngehalt einiger auf juristenchinesisch abgefaßter

Passagen nicht erfaßt zu haben. Langsam dämmerte mir die ganze furchtbare Tragweite dieses Briefes. Ich konnte nicht mehr weiterlesen. Tränen ließen die nüchterne Maschinschrift vor meinen Pupillen zerrinnen. Obwohl ich seit dem letzten Jahr auf einen solchen Schritt von Ingrid gefaßt sein mußte, hatte ich mich doch der Illusion hingegeben, daß ich alles durch ein tolerantes, großzügiges Verhalten gegenüber ihren Eskapaden würde kitten können. Was mich zusätzlich aus dem seelischen Gleichgewicht warf, war die Art und Weise, wie diese Scheidung von Ingrid vorangetrieben wurde. Man sah sich täglich, arbeitete und sprach miteinander – wenngleich auch nur das Notwendigste, und doch hatte sie es nicht für notwendig gehalten, mir gegenüber von ihrer Absicht auch nur eine Andeutung zu machen.

Nach einigen Minuten hatte ich die erste Gefühlsaufwallung in den Griff bekommen, wenngleich ein stechender Schmerz in meiner Brust bestehen blieb. Als ich mich weitestgehend beruhigt hatte, griff ich zum Telefonhörer und rief Ingrid im Geschäft an, um zu fragen, was dieser Brief bedeutete.

„Adolf, es muß einmal Schluß sein. Ich habe dir schon oftmals gesagt, daß ich leben will – nur geht das nicht in deinen kleinlichen Sturschädel hinein!“ Ihre Stimme bekam einen schrillen Unterton. „. . . denn . . . ich bin weder Krankenschwester – noch will ich eine werden!“

Entschlossen, mich nicht niederschreien zu lassen, hängte ich ein. Ich hatte in der Vergangenheit fast immer, aus Angst sie zu verlieren, nachgegeben. Jetzt war diese Angst einer grausamen Gewißheit gewichen. Psychologisch und taktisch hatte sich jedoch meine Situation verbessert. Freiwillig würde ich auf ihre Forderungen nicht eingehen. Ich würde diese Scheidungsverhandlungen einfach durch Nichtbeachtung sabotieren. Im November erhielt ich die Gerichtsvorladung. Die erste Scheidungsverhandlung war für den 5. Dezember festgesetzt worden.

Seit Erhalt des Briefes hatte ich mir im Warenlager am Schuhmeierplatz Regale für meine Unterwäsche und Anzüge freigemacht und auf mehreren Nägeln im Türstock meine Waschlappen aufgehängt. Eine grelle Neonlampe hing von der

Decke herab, ein elektrischer Ofen verbreitete trockene Wärme. Es war somit natürlich nicht sehr gemütlich und anheimelnd, aber man konnte mit einiger Überwindungskraft hier durchaus überleben.

Die bevorstehende Scheidungsverhandlung ließ sich selbstredend nicht verheimlichen und brachte meine Familie in beachtenswerte Bewegung. Den Startschuß für die folgenden Turbulenzen gab mein Bruder Helmut, der eher zufällig bei mir vorbeischaute, um in aller Ruhe ein Vierterl Veltliner zu verkosten. Als sein belangloses Geplauder Ingrid miteinbezog, mußte ich ihm meine Ehetragödie eingestehen. Er erweckte nicht den Eindruck, von dieser Neuigkeit allzusehr erschüttert zu sein. Wie dem auch sei, er erzählte jedenfalls meinem Vater davon. Ich erfuhr von seinen etwas dramatisierten Schilderungen wiederum von meiner Schwester Berta, die in bewegten Worten von der Verzweiflung unseres Vaters zu berichten wußte, denn er konnte Ingrid gut leiden. Ich hegte jedoch den Verdacht, daß ihm unsere Schulden die größten Sorgen bereiteten. Bevor Berta ihren Besuch – der Seltenheitswert hatte – abschloß, bestürmte sie mich noch, unbedingt zur Verhandlung zu gehen.

Die nächste Anregung erhielt ich durch meine selbstlos-hilfsbereite Bekannte, die Baronin. Während sie bei einer kleinen Rundfahrt durch den Schönbrunner Schloßpark meinen Rollstuhl schob, erzählte ich ihr die dramatischen Ereignisse der letzten Tage und Wochen.

„Hat ihre Frau eigentlich einen Anwalt?“, fragte sie ganz beiläufig.

„Ich brauch' um Gottes Willen keinen!“, erwiderte ich sogleich heftig.

„Ich fragte, ob *sie* einen hat“, wiederholte die Baronin sanft.

„Ja, sie hat einen“, antwortete ich mürrisch, da ich mich von ihr in ein Thema hineingezwängt fühlte, das mir gar nicht behagte. „Ja, sogar einen ziemlich prominenten Scheidungsanwalt“. Ich nannte ihr den Namen des Advokaten.

„In diesem Falle sollte ihnen, Herr Adolf, unbedingt ein Fachmann zur Seite stehen“, sagte sie mit resoluter Bestimmtheit, die keinen Widerspruch mehr zuließ.

Anfang Dezember überstürzten sich – aus meiner Sicht – die Ereignisse, denn am 2. Dezember, also drei Tage vor der Scheidungsverhandlung rief ein mir bisher unbekannter Dr. Goriany an und stellte sich als Anwalt des Malteser-Ritter-Ordens vor. Ich schilderte ihm die Situation, wie ich sie sah. Er versprach mir zu helfen und sich mit dem Gegenanwalt ins Einvernehmen zu setzen.

„Übrigens“, sagte er zum Abschluß, „damit Sie nicht beunruhigt sind, für Schwerstbehinderte arbeite ich natürlich ohne Honorarnote. Sie hören bald von mir.“

Am nächsten Morgen kam Ingrid zu ungewöhnlich zeitiger Stunde über die neun Stufen zu meinem Verkaufspult gestürzt:

„Du hast es gewagt“, fauchte sie keuchend „einen Einspruch zu machen!!“

„Ganz recht. Ich laß' mich nämlich nicht scheiden!‘

„Du bist ja übergeschnappt, du bist ja geisteskrank! Du hast MS, das ist ein ausreichender Scheidungsgrund!“

Durch einige heftige Kopfbewegungen war ihre sorgfältig hochgesteckte Frisur ein wenig aus der Fasson geraten. Mich wunderte im nachhinein, daß ich dieses Detail trotz meines Schocks sorgfältig registriert hatte.

Weitere Beobachtungen waren schon weniger harmlos.

Sie riß mir meinen Joghurtbecher – ich frühstückte gerade – aus der Hand und schleuderte ihn gegen die Holzvertäfelung, von wo aus sich der Inhalt über Wand und Boden ergoß. Gläser und Flaschen folgten. Der auslaufende Likör verursachte in dem Kellergewölbe einen widerlich-süßen Geruch.

„Dir werd' ich's zeigen!“, sie hielt in ihrer Raserei kurz inne, „meine Pläne zu durchkreuzen . . . ich lasse dich verhaften!“

„Bei meiner Latte an Vorstrafen wird mich die Polizei sicherlich gleich vom Fleck weg schnappen. Du brauchst ja nur zu behaupten, ich hätte dich hier vom Rollstuhl aus überfallen“, flüchtete ich mich in einen mir ansonsten wesensfremden Zynismus. Mit beiden Händen hob sie mich halb aus dem Bürosessel und ließ mich zurückfallen. Durch den Aufprall meines Körpers wurde der Sessel auf seinen Rädern in Bewegung gesetzt und prallte an ein Stahlrohrregal. Mein Hinterkopf schlug hart gegen eine Kante. Der Schmerz mußte meine Gesichtszüge verzerrt haben, denn plötzlich ließ Ingrid von mir ab und wandte sich zum Gehen.

„Das war meine letzte Warnung. Ab Morgen sind wir geschiedene Leute.“ Das Eingangstor fiel ins Schloß.

Verwirrt und geschockt besah ich mir die Unordnung, die Ingrid angerichtet hatte. Wer sollte jetzt das alles aufräumen? Unglücklicherweise hatte ich erst am Vortag dem Trinker-Karl zwei Flaschen Wein geschenkt, mit seinem Erscheinen vor dem Mittagessen war daher nicht zu rechnen.

5. Dezember 1975. Zehn Uhr. Scheidungsverhandlung Beinstingl gegen Beinstingl. Ein Tribunal über eine Lebensgemeinschaft in Trümmern. Mein Anwalt hatte mich noch am Vortag bei einer persönlichen Begegnung sehr eindringlich gebeten, bei dieser Verhandlung anwesend zu sein. Ich gab seinen Argumenten nach und entschloß mich schweren Herzens, doch hinzugehen. Ein ebenfalls behinderter Bekannter hatte meine Vertretung im Geschäft übernommen, während mich meine Schwester in die Stadt zum Gerichtsgebäude chauffierte. Ich wurde im Rollstuhl in den Verhandlungssaal hineingeschoben. Ich hatte in meinem bisherigen Leben noch nie persönlich mit der österreichischen Justiz zu tun gehabt und fühlte mich dementsprechend verunsichert und elend. Als Ingrid mich erblickte, wandte sie sich sogleich ab. Die Verhandlung nahm ihren Verlauf. Ich muß gestehen, daß ich große Mühe hatte, den Sinn so vieler Fremdworte zu erfassen. Auch hatten die Rechtsgelehrten die offenbar in Fleisch und Blut übergegangene Eigenschaft, sich möglichst kompliziert und geschraubt auszudrücken.

Plötzlich kam jedoch Bewegung in die Versammlung, der Richter hatte beide Anwälte hinausgeschickt. Es hieß, ein „Sühneversuch“ sollte unternommen werden. Da war man bei mir an der richtigen Adresse. Ich wollte mich ja überhaupt nicht scheiden lassen! Das sagte ich auch laut heraus, als mich der Richter zum Sprechen aufforderte. Als Ingrid das Wort erteilt wurde, lehnte sie jeden Sühneversuch rundweg ab. Gleichfalls verwarf sie jeden Gedanken an ein weiteres Zusammenleben. Der Richter schien uns nur mit einem Ohr zuzuhören, denn er diktierte der Protokollführerin unentwegt vielfach ineinander verschachtelte Sätze.

Daraufhin hatten die Anwälte wieder das Wort. Meiner führte an, daß bei mir von einer Geisteskrankheit nicht gesprochen werden könne. Bei Aufrechterhaltung dieser Behauptung seitens der Gegenseite, müssen ein Neurologe sowie ein Psychiater der Verhandlung beigezogen werden.

Weiters käme weder der Antrag der klagenden Partei auf alleinigen Eigentumsanspruch auf das Haus in Purbach in Betracht, noch der großzügige Verzicht auf das Geschäft am Schuhmeierplatz, da ich allein das Geschäft zum Lebensunterhalt nicht werde führen können. Das Gericht beschloß zur weiteren Beweisaufnahme die Verhandlung bis zum Frühjahr 1976 zu vertagen. Mir sollte es nur recht sein. Die Streitparteien und ihr Anhang strömten dem Saalausgang zu. Ich stand mit meinem Wägelchen am Gang und wartete auf meinen Abtransport, als sich Ingrid an mir vorbeidrängte und zischte:

„So, ab heute kannst' dein verdammtes Geschäft täglich allein führen. Ich gehe dort nicht mehr hinein." Blitzschnell blickte sie aus den Augenwinkeln um sich und beugte sich zu mir herunter. „Wanns't willst kannst dort verrecken!"

Die sich vor mir auftürmenden Alltagsprobleme ließen mir jedoch keine Zeit, mein Schicksal und mich selbst zu bejammern. Es gelang mir innerhalb kürzester Frist, nicht mehr an die Scheidungsverhandlung zu denken. Während der Woche half mir der Trinker-Karl aus. Offenbar unter dem Eindruck, daß er jetzt wirklich gebraucht wurde, war er tageweise fast immer nüchtern. Als er mir eines Tages verlegen gestand, daß er kein Quartier zum Schlafen hätte, bot ich ihm spontan mein kleines Magazin an. Obwohl das Leben zu zweit sich dort sehr eng gestaltete, war dennoch meine Entscheidung richtig gewesen, denn aufgrund der Aufregungen der letzten Wochen hatte ich knapp vor dem Weihnachtsfest wieder einen furchtbaren Schub. Ab diesem Zeitpunkt konnte ich als Spätfolge nicht mehr ohne fremde Hilfe aus dem Bett. Mein rechter Arm war zur Gänze gebrauchsunfähig geworden. Ich nahm diese neue Entwicklung mit stoischer Ruhe zur Kenntnis – ich hatte ja meinen Trinker-Karl, der mich in einem rauhen, aber nützlichen „Ho-ruck-Verfahren“ aus meinem Bett zog.

Nachdem mich Ingrid im bittersten Sinne des Wortes verlassen hatte, mußte ich meinen Tages- und Wochenablauf genau planen. Wie schon erwähnt, hatte ich während der Woche den Trinker-Karl zu meiner Betreuung, während sich meine Schwester Berta Freitag bis Samstag 12 Uhr mittags um mich kümmerte. Somit hatte ich während der ganzen Arbeitswoche für die körperliche Arbeit ein eingespieltes Team zur Verfügung. Ich selbst saß an der Kassa und führte auch die Einkaufsdispositionen durch. Die steuerliche Abrechnung hatte ich ja – wie bereits erwähnt – einem Steuerberatungsunternehmen übertragen. Das Wochenende war ich jedoch mir selbst überlassen. Ich glaube, wenn nicht gelegentlich einmal ein Kunde privat bei mir hereingeschaut hätte – ich wäre wohl ganz langsam – und für mich vielleicht unmerkbar – verrückt geworden.

Zwei Tage vor Weihnachten war ich schon wieder so weit transportfähig, daß mich Berta in meine noch-eheliche Wohnung fahren konnte. Ich beabsichtigte, Ingrid in unserem Heim zu überraschen, um doch noch eine Aussprache herbeiführen zu können. Den ganzen Samstag nachmittag wartete ich allerdings vergebens. Im Gemeindebau war es diesmal erschreckend ruhig. Nur die alte Nachbarin führte ihre Schäferhündin alle zwei Stunden in den Hof. Lautes Bellen am Gang kündigte dieses Ereignis an. Für mich war's eine Abwechslung. Wie sehr ich tatsächlich von der Hilfe anderer Menschen abhängig geworden war, bemerkte ich Sonntag morgen, als ich vergeblich versuchte, doch allein aufzustehen. Die Muskeln meiner Arme und Beine fühlten sich kalt und steif an. Nach einigen Umbettungen gelang es mir, das Telefon zu erreichen, um die freundliche Nachbarin anzurufen, die mir dann tatsächlich aus dem Bett half. Ich wartete sodann weiter auf Ingrid, die nicht und nicht kommen wollte. Ich hatte Zeit. Immer wieder hatte ich mir Appelle, Bitten, Erklärungen, Entschuldigungen und gemeinsame Zukunftspläne zurechtgelegt, neu formuliert, wieder verworfen und schließlich Endfassungen auswendig gelernt. Es kam jedoch wieder einmal ganz anders, als ich geplant hatte. Ingrid betrat gegen 20 Uhr unsere Wohnung. Als sie mich in der Küche sitzen sah, eilte sie mit gesenktem Blick grußlos ins Schlafzimmer.

Bepackt mit Leintuch, Daunendecke und Polster kam sie nach einigen Augenblicken wieder. Als mein fragender Blick sie traf, bemerkte sie knapp:

„Mein Anwalt hat mir geraten, nicht mehr mit dir in einem Zimmer zu schlafen." Sie wandte sich hastig um und trug die Bettwäsche in Roberts Zimmer.

„Wo ist denn der Robert?", fragte ich sie, um ein Gespräch zu beginnen.

„Bei der Omi."

„Gut . . . Ingrid, ich bitte dich, dir jetzt ein wenig Zeit zu nehmen. Ich möchte mit dir sprechen."

„Das hat alles keinen Sinn mehr. Laß' mich in Ruhe." Sie schüttelte heftig den Kopf und zog sich rasch ins Kinderzimmer zurück.

Wie besprochen holte mich Berta am Montag um halb acht morgens ab, um mich ins Geschäft zu bringen. Ingrid hatte sich schon am Vortag mit unbekanntem Ziel empfohlen. Wenigstens hatte sie sich von mir verabschiedet. Als ich im Vorzimmer bei der Hutablage vorbeiging, griff ich, einer spontanen Eingebung folgend, in meine Brieftasche und zog einige Geldscheine hervor, die ich – mit einem Kugelschreiber beschwert – für Ingrid zurückließ. Vielleicht sieht sie doch auf diese Weise mein Verantwortungsgefühl und meinen guten Willen, dachte ich mir und war mir doch im nächsten Augenblick meiner verbohrten Uneinsichtigkeit bewußt. Dann nahm ich die Krücken auf und folgte meiner Schwester.

In meinem Laden lief das Weihnachtsgeschäft hervorragend. Ich konnte mich jedoch nicht so recht freuen. Mit einem flauen Gefühl im Magen dachte ich an jenes Familienfest, für das die Leute die Wein- und Sektflaschen nach Hause trugen. Was sollte morgen Abend aus mir werden? Wer würde sich meiner annehmen? Selbst meine Schwester, die mich noch auf meinem Krankenlager zum Weihnachtsfest zu ihrer Familie eingeladen hatte, sagte mir heute ab. Es sei „Besuch“ gekommen. Ich kann's jedoch nicht glauben. Ihr Mann will mich Krüppel nicht als nutzlose Staffage um seinen Christbaum herum plaziert wissen. Das war für mich die ganze Wahrheit. Gegen Abend vertraute ich meine trübe Stimmung der Frau Baronin an. Während ich noch am Telefon sprach, war Bertas Mann mit Schneeklumpen und Matsch an den Schuhen ins Geschäft getrampelt. Ungeduldig wartete er, von einem Bein auf das andere tretend, daß ich endlich das Gespräch beenden würde. Berta war nahe an ihn herangetreten, versuchte ihn zu fixieren und stubste ihn in die Seite. Dieses eigenartige Verhalten brachte mir die Gewißheit meiner Vermutung: Berta hatte eine Notlüge erfinden müssen. Gesegnete Weihnachten. Doch die Baronin wußte Rat. Sie versprach, für Familienanschluß zu sorgen. Schon nach etwa fünfzig Minuten läutete das Telefon, und ein junger Malteser meldete sich bei mir. Er habe von meiner unglücklichen Lage zum Heiligen Abend gehört und mit seiner Mutter gesprochen. Ich sei herzlich willkommen. Voller Dankbarkeit und Erleichterung sagte ich zu.

Die Familie Varga – ungarische Flüchtlinge aus den Tagen der Revolution 1956 – lebte mit der Großmutter im 5. Bezirk. Nach Geschäftsschluß, der am 24. Dezember schon um 15 Uhr erfolgte, hatte ich meinen Rohkost-Ranzen bald geschnürt und wurde vom Sohn der Familie abgeholt. Alle gaben sich die größte Mühe, mich wie ein Familienmitglied aufzunehmen, um schmerzliche Gedanken bei mir erst gar nicht aufkommen zu lassen. Um jedoch der Familie nicht übergebührlich zur Last zu fallen, entschloß ich mich am Christtag nach Hause zu fahren. Als ich jedoch die Wohnungstüre aufsperren wollte, mußte ich zu meinem Erstaunen feststellen, daß Ingrid das Türschloß ausgetauscht hatte. Mein Schlüssel drehte leer durch. Die Nachbarin trat in diesem Augenblick gerade aus ihrer Wohnung, um wieder einmal mit ihrer Hündin hinunter zu gehen.

„Na, wie geht's so immer, Herr Beinstingl?“

„Danke, ganz gut. Solange man noch ein Zuhause hat.“

„Sie haben so recht; aber dann sollten's weniger oft verreisen . . .“ Sie schenkte mir ein breites Lächeln und ging zum Lift.

Ich ließ sie in ihrem Glauben, daß ich ständig auf Dienstreisen unterwegs wäre. Ich wollte alles vermeiden, was Ingrid bei den Nachbarn in Mißkredit bringen könnte. Vielleicht war einmal auch sie auf deren Mithilfe angewiesen.

Ich fuhr also unverrichteter Dinge wieder mit dem Taxi in mein Geschäft.

Am Christtag konnte man allerdings niemand mit Telefonaten stören. Nachdem ich den Rest des Tages allein zugebracht hatte, wollte ich mich zeitig zu Bett begeben. Während des Schlafes vergeht die Zeit bekanntlich am raschesten.

Bei der Abendtoilette stieß mir jedoch ein Mißgeschick zu. Ich wusch mir gerade das Gesicht, als mein rechter Fuß plötzlich kraftlos nachgab. Ich stürzte und kippte im Fallen den Abwascheimer um, der griffbereit neben der Waschmuschel gestanden hatte. Für diese Waschgelegenheit hatte ich leider keinen Abfluß. Das kalte, seifige Wasser sog sich sogleich in mein Hemd und in die Unterwäsche. Ich war unfähig, mich aus der Wasserlache zu erheben. Immer wieder rutschte mein Handballen auf den schleimig-feuchten Holzdielen des Lagerraumes aus. Nachdem ich eine Stunde lang Kräfte gesammelt hatte, versuchte ich mich an einer umgestürzten Bierkiste hochzuziehen. Als ich auch hier abglitt, schlug ich mir den Ellbogen auf. Blut tröpfelte ins Seifenwasser. Ich robbte zum Kassapult, auf dem sich das Telefon befand. Vorsichtig zog ich es zu mir auf den Boden. Ich wählte die Nummer eines mir bekannten Hausbewohners und bat ihn um Hilfe. Nur mit Nachthemd und Schlafrock bekleidet, kam dieser zu mir in mein Kellergewölbe und befreite mich aus meiner mißlichen Lage. Gott sei Dank hatte ich vergessen die Geschäftstüre abzusperren. Ich wurde von ihm wie ein Baby trockengelegt und zu Bett gebracht. Es wurde eine kurze Nacht, in der mich schreckliche Alpträume quälten: Ich fiel in einen Abgrund und konnte der Verwesung meiner Leiche von einem wolkenhaften Beobachtungsposten zusehen.

Der 31. Dezember ist – wie man sich unschwer vorstellen kann – der traditionelle Geschäftshöhepunkt in meiner Branche. Am frühen Nachmittag hatte ich meinen Laden jedoch schon zugesperrt, damit auch meine Schwester rechtzeitig zu ihrem Mann nach Hause fahren konnte. Berta wusch gerade die Stiegen auf, als Helmut lautstark und schon merklich alkoholisiert bei der Geschäftstüre hereingestürmt kam. Es war leider nicht das erste Mal, daß ich meinen Bruder in angetrunkenem Zustand sehen mußte. Zu Silvester mußte allerdings auch ich Verständnis für ihn haben. Mit ihm drängten seine ebenfalls angeheiterte Frau und – zu meinem Erstaunen – noch zwei zerlumpte, dunkelhaarige Typen herein. Diese schienen ganz offensichtlich zu der Sauf-Partie meines Bruders zu gehören. Es waren türkische Gastarbeiter, wie mir Helmut später gestand.

„Bruderherz, i brauch was z'trinken"!

„Dir und der Christl will ich gerne was geben. Die beiden G'stalten aber bekommen nichts!"

Helmut ließ den Sektkorken an die Kellerdecke knallen und trank gierig den überfließenden Schaum. „Heut is Silvester, da haun' wir auf ǒllas den Huat d'rauf!", rief er aufgekratzt und suchte nach Gläsern.

Noch während er sich kindisch bemühte, in alle Sektflöten die gleiche Menge einzufüllen, zog einer der beiden Türken die Christl mit einem festen Griff um die Hüften zu sich und begann sie leidenschaftlich zu küssen.

Mit meiner noch funktionsfähigen linken Hand stubste ich Helmut auf die Schulter. Er hob den Kopf unwillig von den Gläsern und sah mich erstaunt an. Wortlos deutete ich mit dem Daumen in die Richtung des Liebespaares. Inzwischen hatte sich auch der zweite Saufkumpan an Christl herangemacht.

„Ja, sapperlott, was g'schicht' denn da?!", brachte Helmut nicht sehr geistreich hervor und ging breitbeinig auf die beiden zu. Ich hatte Ingrids Glasscherben-Orgie noch in bester Erinnerung und war entschlossen, eine handfeste Schlägerei zu verhindern:

„He, sofort aufhören! Ich rufe sonst die Polizei!" Die beiden Gastarbeiter blickten ungehalten in meine Richtung. „Ja, ganz richtig, *Polizei.* Polizia, Polizia!", wiederholte ich und hob den Telefonhörer.

Das schien zu wirken. Noch bevor Helmut in ihre Nähe gekommen war, ließen beide von Christl ab. Sie zog einen Schmollmund in meine Richtung, als ob ich ihr ein Spielzeug weggenommen hätte. Christl fühlte sich offenbar in ihrer Freiheit eingeengt, denn sie machte am Absatz kehrt und wandte sich zum Gehen. Achtlos ließ sie die von Helmut so sorgsam gefüllten Sektgläser stehen und stieg die Treppe hinauf. Ihre beiden Verehrer folgten ihr. Helmut zog sich rasch seinen Anorak an, warf sich seinen langen Wollschal um den Hals und hetzte hinterdrein, um den Anschluß nicht zu verlieren.

Ich war wieder einmal allein, denn Berta war bald nach Helmuts Eintritt gegangen. Den Trinker-Karl hatte ich gleich nach dem offiziellen Geschäftsschluß mit zwei Sektflaschen unter dem Arm zu einer Privatfeier entlassen.

Ich kramte gerade in meiner Kassalade, in der ich doch irgendwo meinen Krimi gelassen haben mußte, als sich langsam die Geschäftstüre öffnete. Helmut stand leichenblaß im Türrahmen.

„Du bist schon wieder da? – Noch dazu ganz allein?"

„I glaub' i werd narrisch!"

Ich verstand nun überhaupt nichts mehr.

Mit raschen Schritten lief er die Treppe hinunter, riß sich dabei den Schal herunter und warf ihn auf ein Regal. Er faßte mit beiden Händen meine Sakkoaufschläge.

„Stell dir vor Dolfi", keuchte er aufgeregt, und eine Weinfahne schlug in mein Gesicht, „. . . die Christl winkt vor deiner Tür a Taxi her, reißt den hinteren Schlag auf und wirft sich als erste hinein. Die beiden Türkengfraßter gleich hinterdrein. Gerade als auch ich zusteigen will, zieht der eine a langes Messer und zischt, daß i mi schleichen soll." Helmut holte tief Luft und ließ sich den Inhalt eines Sektglases in die Kehle rinnen.

Jetzt waren wir Leidensgenossen auf einer gleichwertigen Ebene. Jeder von uns beiden war auf eine andere Art betrogen worden. Mir war auf einmal, als könnte ich ausnahmsweise auch einen Schluck vertragen und ergriff ein Glas.

„Prosit Neujahr, Helmut. Auf unsere Frauen!"

Er nickte traurig.

Da ich mit meinem Bruder schon seit einigen Jahren nicht mehr in Ruhe gesprochen hatte, nahm ich die sich nunmehr bietende Gelegenheit wahr und schilderte ihm einige Begebenheiten aus meinem Eheleben, um ihn zu trösten. Er wiederum erzählte mir von seinen Problemen mit Christl, seiner zweiten Frau. Die erste war ihm schon vor ein paar Jahren wegen seiner Trinkexzesse davongelaufen. Christl störten seine Saufereien weniger, ja sie trank sogar tüchtig mit und übertraf ihn oft an gewaltigen Räuschen. Auch nahm sie es mit der Ehe nicht so genau – wie ich mich selbst überzeugen konnte. Mehrmals sprang er während dieses Abends auf und rief bei sich zu Hause an. Jedoch niemand hob ab.

Obwohl ich fast niemals Alkohol trank – und auch wegen meiner Krankheit nicht trinken sollte –, habe ich an diesem denkwürdigen Silvesterabend mehrere Gläser Sekt getrunken. Wir beide hatten uns im halbdunklen Geschäft reichlich zugeprostet und begannen weit nach Mitternacht gemeinsam über unser Schicksal in Tränen auszubrechen. Wie ich auf meine Matratze zu liegen gekommen war, konnte ich mir am nächsten Morgen nicht mehr erklären. Es war auch nicht so wichtig.

Jedes menschliche Unglück hat natürlich auch seine tragisch-komischen Seiten. So hat mich das Leben gelehrt, daß nicht nur Männer mit ihren Frauen Unglück haben können, das Drama wird auch oft mit vertauschten Rollen gespielt.

So hatte sich bei meiner ewig durstigen Kundschaft relativ rasch herumgesprochen, daß mich meine Frau verlassen hatte und ich nunmehr meine Nächte allein im Geschäft zubrachte.

Eines Tages hatte eine Kundin bei mir nach Geschäftsschluß noch rasch „. . . nur auf a Achterl, Herr Adolf!" hereingeschaut, deren Eheprobleme ich mir schon den Tag zuvor mit größerem Geduldaufwand angehört hatte.

„Ihre Frau ist eh nimmer bei ihnen. Wissen's was, ich schlaf' heute bei ihnen hier."

Sprach's und schlüpfte in mein kleines privates Refugium, um gleich darauf nur mit Slip bekleidet durch den Spalt der Verbindungstüre hervorzulugen.

„Aber Frau Gerti", brachte ich verdattert heraus, „was machen sie denn! Wenn uns beide jemand durch die Kellerfenster beobachtet?"

Kaum hatte ich meine Befürchtung ausgesprochen, als

schon ihr Sohn Fredi (nebstbei ein ganz schrecklicher Lausbub) durch die unversperrte Türe ins Geschäft heruntergestürzt kam und seine verschollene Mutter sprechen wollte.

„Red' net lang Bua, flitz hinauf und sperr' einmal die Türe ab", schnitt ich ihm das Wort ab, da ich instinktiv ein Unheil witterte.

Sogleich lief der Bengel die Stufen hinauf und sperrte die Geschäftstüre ab. Keine Sekunde zu früh, denn schon hämmerte sein Vater in rasender Wut an der Türe.

„Adolf, um Gottes Willen, verraten's uns nicht. Er will mich sicher umbringen", zischte meine Besucherin aus dem Dunkel: „Der Ernsti ist stockbesoffen und bewaffnet!"
„Ruhe da oben, hier ist *niemand* außer mir!" rief ich hinauf.

Das Hämmern ließ nach. Der erboste Ehemann wurde nach einigen Minuten von den Nachbarn vertrieben. Es war an der Zeit, ein Nachtlager aufzuschlagen. Dem Fredi wurde eine Matratze auf vier Bierkisten gelegt. Ich selbst habe die Nacht im Rollstuhl zugebracht, während die ängstliche Gerti in meinem Bett schlief.

Fredi mußte am nächsten Morgen ohne Schulsachen in die Schule, und meine Bettgeherin wagte sich wieder vorsichtig nach Hause.

Bis daß der Tod Euch scheidet . . .

Ende Jänner 1976 flatterten mir zwei Briefe in mein Gewölbe, von denen es mir schwer fällt, zu sagen, welcher mich eigentlich mehr aufgeregt hat. Der erste Brief stammte von meiner Frau. Ich erkannte auf dem großen, gelben Kuvert gleich ihre Handschrift. Er enthielt sämtliche Erlagscheine, die um die Jahreswende an unsere gemeinsame Adresse abgesandt worden waren: Wohnungsmiete, Bausparkasse, Länderbank, Gas und Licht, Telefon, TV und Radio, diverse Versicherungen, schließlich die Grundsteuer für Purbach sowie weitere kleinere Rechnungen. Zusammen eine runde Summe von etwa 8.000 Schilling.

Ich kramte sicherheitshalber im Kuvert, hielt es gegen das Licht, sortierte die Erlagscheine, ein kleines Begleitschreiben von Ingrid ließ sich jedoch nicht finden. Sie hatte wohl gemeint, daß die Erlagscheine für sich selbst sprechen werden. Das war eben ihre Art, die Folgen der Scheidung in die Praxis umzusetzen. Sie wollte ihre Freiheit, und ich als Behinderter sollte sie finanzieren. Der zweite Brief kam vom Gericht. Der Scheidungsrichter teilte mir hieramts mit, daß die nächste Verhandlung Mitte Februar stattfinden sollte. Uhrzeit. Verhandlungssaal. Sie werden ersucht, persönlich zu erscheinen oder einen mit der Sachlage vertrauten, vor Gericht zugelassenen Handlungsbevollmächtigten zu entsenden. Ich wollte in der Tat „entsenden" und teilte meinen Entschluß Dr. Goriany mit, der mein Vertrauen hatte. Er war einverstanden.

Am Tag der zweiten Scheidungsverhandlung kam meine Gattin mit ihrer Schwester zu erstaunlich früher Morgenstunde zu mir, um mich zur Verhandlung abzuholen. Als ich mich weigerte mitzukommen, verließen die beiden grußlos das Geschäft.

Mein Rechtsanwalt berichtete mir noch am gleichen Tag persönlich, daß sich am Stand der Dinge nichts Wesentliches geändert hatte. Ich sollte jedoch bei der nächsten Verhandlung unbedingt anwesend sein, um nicht – wie er sich drastisch ausdrückte – „Hemd und Hose" zu verlieren.

Es galt jedoch nicht nur Hemd und Hose zu behalten, sondern auch einen für das Führen eines Kleinhandels unschätzbar wichtigen fahrbaren Untersatz, den alten Opel Karavan. Ich hatte ihn vor Jahren schon aus zweiter Hand gekauft. Seitdem ich nicht mehr fahren konnte, lenkte ihn Ingrid für mich. Man kann sich unschwer vorstellen, daß es für mich als Getränkegreißler natürlich sehr wichtig war, bei Sonderangeboten des Großhandels sofort zuschlagen zu können. Früher, also in besseren Zeiten, hatten wir nach Erhalt eines Informationsrundschreibens diese Fahrten gemeinsam absolviert und das Auto vollgeladen. Als ich daher in den ersten Märztagen ein besonders günstiges Warenangebot in einer Großhandelsbroschüre fand, rief ich kurzerhand Ingrid an und ersuchte sie, doch für mich zum Markt zu fahren. Sie lehnte jedoch schroff ab. Keine

Scheidung – kein Entgegenkommen, keine Hilfe. Ihre brüske Ablehnung erweckte meinen Kampfgeist. Ich war nun entschlossen, mir das zu organisieren, was ich dringend zur Aufrechterhaltung meines Geschäftes benötigte. Ich besaß noch den Typenschein und das zweite Paar Autoschlüssel für den Opel. Mein motorisierter Schwager und meine Schwester konnten für diese Aktion gewonnen werden. Unweit von dem Gemeindebau in Atzgersdorf fanden wir das alte Auto in einer Nebengasse geparkt. Berta schwang sich nach einem sichernden Rundumblick hinter das Lenkrad und fuhr rasch davon.

Ingrid hatte den Täterkreis offensichtlich schon von vornherein sehr eingeengt, denn zeitig am nächsten Morgen rief sie mich an. Ihre wüsten Beschimpfungen ertrug ich mit einer Gelassenheit, die mich selbst in Staunen versetzte. Hatte ich schon einen so großen seelischen Abstand zu ihr gewonnen? – Nein, das sicher nicht. Ich hatte mir jedoch in meinen einsamen Stunden wie eine Seidenraupe einen Schutzpanzer der Gefühle gesponnen. Doch Ingrids Gegenschlag ließ nicht lange auf sich warten. Sie hatte richtig kombiniert, daß der PKW wohl in der Nähe der Wohnung meiner Schwester abgestellt sein müsse. Schon nach einer halben Woche teilte sie mir ihren Triumph am Telefon mit:

„Adolf, du hast dich vergeblich bemüht. Ich hab' ihn mir wieder geholt und diesmal besser versteckt. Den findest du niemals wieder!“ Sie ließ ein etwas schrilles Gelächter hören und hängte ein.

Durch diesen Hohn wurden wir natürlich zu noch intensiverem Suchen angespornt. Gesucht wurde mit Hilfe des Stadtplanes nach Planquadrat. Mein Schwager, sonst nicht immer mit Leidenschaft auf meiner Seite, sah in diesem Suchen offenbar einen lustigen Volkssport und machte bewundernswert emsig mit. Nach etwa zwei Wochen hatten wir den Opel in einer Seitengasse der Breitenfurterstraße gefunden. Das Lenkrad war zwar mit dem Schalthebel durch eine Stahlkette verbunden, für den eilig herbeigerufenen Schlosser-Rudi war dies jedoch kein wirkliches Problem. Rudi machte sich auch erbötig, den Wagen auf sein Wochenendgrundstück zu stellen, von dessen Existenz

Ingrid nichts wußte. Von meinem Geschäft mußten Berta und ich zwar eine gute Viertelstunde hinfahren, aber diesen Umweg mußte ich aus Sicherheitsgründen einfach auf mich nehmen. Die Nummerntafeln behielt ich – für den Fall der Fälle – bei mir im Gewölbe versteckt.

Alsbald meldete sich Ingrid telefonisch mit Resignation in der Stimme:

„Siehst du, jetzt haben wir beide nichts mehr von dem Auto; er ist gestern nacht gestohlen worden. Ich habe bei der Polizei schon Anzeige erstattet." Der Triumph war diesmal ganz auf meiner Seite. Ich erlag der Versuchung, ihn ein ganz klein wenig auszukosten:

„Also Anzeige gegen Unbekannt?"

„Ja, so heißt das wohl . . ."

„Du glaubst, das wird Erfolg haben . . .?"

„Na hoffen wir's."

„Ich hoffe es nicht."

„Ja . . . aber . . ."

„Ich empfehle dir die Anzeige zurückzuziehen. Zumindest einen unschuldigen Unbekannten solltest du nicht verfolgen lassen . . ."

„Du hast am Ende . . ."

„Ganz recht. Ich hab' den Wagen." Am anderen Ende hörte ich schweres Atmen. Die Bombe war mit wohldosiertem Zeitzünder geplatzt.

Nun hatte ich für preisgünstige Einkäufe zwar ein geräumiges Fahrzeug, aber meine Sorgen wurden durch diesen kleinen Teilerfolg kaum geringer, denn der bisher recht tüchtige Trinker-Karl begann mich im Stich zu lassen. Im gleichen Maße wie sein Trinkkonsum zunahm, nahm seine Brauchbarkeit ab. Er lag in der Früh oft betrunken herum und konnte mir daher nicht aus dem Bett helfen. Als er eines Nachts neben seinem Erbrochenen geschlafen hatte und ich wegen des faulig-süßen Geruchs kein Auge zudrücken konnte, hatte ich restlos genug von ihm. Ich gab ihm noch sein Taschengeld für den nächsten Monat und bat ihn, unter diesen Umständen nicht mehr länger bei mir zu bleiben. Ohne mich eines Blickes zu würdigen, packte er seine

Habseligkeiten zusammen und verschwand. War sein Verhalten durch Scham oder durch Haß diktiert? Ich vermochte in diesen wortkargen, aber letztlich doch gutherzigen Kerl, der seine handwerkliche Geschicklichkeit so leichtfertig verkommen ließ, nicht hineinzublicken. Mir hat er sich jedenfalls niemals anvertraut. Andererseits habe ich ihn auch nie nach seinem Lebensschicksal befragt und muß gestehen, daß ich mit meinen eigenen Problemen auch viel zu sehr beschäftigt war.

Somit begann für mich nach dem Fortgang des Trinker-Karls eine Zeit des elenden und teils auch erniedrigenden Fortwurstelns. Da konnte der zaghaft einsetzende Sommer mit seinem strahlend blauen Himmel gegen meine Traurigkeit auch nicht mehr aufkommen. Berta hatte einen Mann und eine Tochter zu versorgen. Außerdem hatte sie noch einen Halbtagsjob in einem Büro. Aus diesen Gründen konnte sie mir nur an den Wochenenden im Geschäft aushelfen. Immer und immer wieder mußte ich meine Stammkundschaft um Mithilfe bei den zahllosen kleinen Problemchen des Alltags bitten, die für einen kräftigen, gesunden Menschen lediglich eine Zeitfrage darstellen, für mich jedoch ein unüberwindbares Hindernis. Tag für Tag begrub ich jedoch mit großer Selbstüberwindung den inneren Schweinehund der Verzweiflung und war entschlossen, mit meiner linken Hand (der einzigen Extremität, die noch gebrauchsfähig war) gegen mein Schicksal anzukämpfen. Man schob mich daher mehr oder minder bereitwillig mit dem Bürosessel durch das Geschäft. Eine möglichst nahtlose Lebensmittelversorgung mußte erbettelt werden. Bei den zahlreichen Pannen fiel eben ganz einfach das Mittag- oder Abendessen ersatzlos aus. Lieferanten mußten mir nicht nur aus dem Bett helfen, sondern sich auch ihre Flaschen und Kisten selbst zusammensuchen. Sie taten es schweigend, doch konnte ich es ihren Minen ablesen, daß sie mich von Herzen zum Teufel wünschten.

Eine junge Frau bot mir in dieser tristen Situation ihren arbeitslosen Bruder als Aushilfskraft an. Freudig ging ich auf dieses Angebot ein und ließ dem Burschen ausrichten, daß er schon am nächsten Tag ab acht Uhr früh beginnen könnte. Tatsächlich war er am nächsten Morgen zur Stelle, wenn man gnädig von dem Umstand absieht, daß er sich schon am ersten Tag um eine halbe Stunde verspätet hatte: ein hochgeschossener, schlacksiger Disco-Jüngling mit äußerst eigenwillig geschnittenem Haar. Doch wie immer sein Äußeres auch gewesen sein mag, er packte den ganzen Tag über ordentlich zu. Und es gab auch in jeder Hinsicht genug Arbeit. Wochenlang hatten sich schon der Mist und eine himmelschreiende Unordnung breitgemacht. Ich bat daher meinen neuen Angestellten, auch nach offiziellem Geschäftsschluß noch eine Stunde länger bei mir zu bleiben. Er willigte nicht übermäßig begeistert ein. Ich erledigte im Lager gerade einen Geschäftsbrief, als ich plötzlich ein leises, aber doch deutlich hörbares Klingelgeräusch vernahm. Dieses mir vertraute Geräusch stammte von meiner Kassa, die durch eine einfache, aber doch wirkungsvolle Warnanlage gesichert war. Der Junge hatte somit versucht, meine Kassalade zu öffnen! So rasch ich nur konnte, griff ich in meinen Arbeitsmantel, holte rasch meine Geldbörse hervor, in der ich meine großen Geldscheine aufbewahrte und versteckte sie zwischen den Flaschen. Rasch stieß ich meinen Bürosessel von diesem Regal ab und rollte in den Verkaufsraum. In diesem Augenblick splitterte Glas. Der junge Mann stand vor der Kassa mit einem abgeschlagenen Flaschenhals in der Hand, dessen scharfe und spitze Kanten unmißverständlich in meine Richtung zeigten.

Er forderte mich auf, die Kassa zu öffnen; sollte ich mich weigern, würde er mich niederschlagen. Das war ein deutlich ausgesprochener Befehl. Widerstand wäre auch für einen nicht behinderten Menschen eher chancenlos gewesen.

„Ich komme allein nicht zur Kassa", versuchte ich verzweifelt Zeit zu gewinnen.

Er schlüpfte hinter mich und gab meinem Sessel einen kräftigen Fußtritt. Mit großer Wucht krachte ich mit beiden Kniescheiben auf das Verkaufspult. Endlich einmal ein Vorteil, daß ich in beiden Beinen schmerzunempfindlich bin, schoß es mir durch den Kopf.

„Auf mit der Kassa, aber dalli!"

Mein Rücken verstellte ihm die Sicht, so daß er nicht sehen konnte, mit welchem Trick ich die Kassa öffnete. Mit einem metallischen Schnappgeräusch sprang die Geldlade auf. Noch nie in meinem Leben hatte ich so raffgierige Blicke gesehen. Seine Finger verkrallten sich in den (kleinen) Geldnoten und stopften sie in die Jeanstaschen. Die Münzen flogen hinterdrein.

„Du hast doch heute noch mehr Geld eingenommen? Wo sind die blauen Lappen?“, fragte er drohend, und der Flaschenhalstorso wippte unter meiner Nase.

„Franz der Geldbriefträger hat heut' nachmittag einen Schippl Geld für mich auf die Postsparkasse mitgenommen, als sie im Lager gearbeitet haben ...“, versuchte ich glaubhaft zu lügen.

„Scheiße, Pech gehabt. Wenn du mich verpfeifst, bist a toter Mann“, zischte der vielversprechende junge Mann zum Abschied und verschwand.

Am nächsten Morgen rief ich seine Schwester an und erzählte ihr von dem abendlichen Zwischenfall. Sie klang glaubhaft bestürzt und versprach, den Schaden von rund 2.000 Schilling baldigst zu ersetzen. Weder sie noch das Geld habe ich jemals wiedergesehen. Ich verzichtete auch darauf, die Polizei wegen dieses relativ geringfügigen Schadens einzuschalten.

In diesen Monaten des absoluten Chaos' hätte ich noch öfters die Polizei rufen können, wenn mir danach zumute gewesen wäre, denn auch viele Kinder waren unehrlich und nützten meine Behinderung schamlos aus. Diese Tatsache empfand ich um so schmerzhafter, als ihnen meine ganz besondere Zuneigung gehörte. Fast regelmäßig bekamen Kinder aus Familien, von denen ich wußte, daß die Butter nicht so dick auf das Brot gestrichen wurde, Knabbergebäck oder Schokolade zugesteckt. Aber auch sie konnten offenbar nicht genug bekommen. Immer wieder mußte ich erleben, daß eine Gruppe von Lausbuben kichernd die Treppe hinaufhuschte, noch ehe ich aus dem Lager im Verkaufsraum wieder auftauchen konnte. Einmal – es war eher ein Zufall – konnte ich drei Wichte noch rechtzeitig mit der raschen Hilfe eines erwachsenen Kunden stellen und verlangte, daß sie mir den Inhalt ihrer Hosentaschen zeigten. Ein vollständiger Querschnitt meiner Salz- und Süßwarenpalette kam zögernd zum Vorschein. Aber wie konnte man von Kindern Ehrlichkeit verlangen, wenn selbst Erwachsene, von denen bekannt war, daß sie einem geregelten Beruf nachgingen, nicht ihre materielle Gier beherrschen konnten? Oftmals hörte ich im Lager, während ich mich bemühte, einen Spezialwunsch zu erfüllen, das Klingelgeräusch an meiner Kassa. Die Kunden entschuldigten sich bei meinem Auftauchen eher fadenscheinig, daß sie sich soeben versehentlich an das Kassenpult gelehnt hätten, oder sie waren überhaupt verschwunden.

Die Unehrlichkeit hatte jedoch viele Gesichter. So hatte ich einmal eine alte Frau aus den Augenwinkeln beobachtet, wie sie sieben Bierflaschen unter ein Tuch in den Einkaufskorb gelegt hatte. Vier Flaschen gab sie mir an der Kassa an. Wortlos verrechnete ich ihr die sieben Flaschen. Beim Hinaufsteigen zum Ausgang blickte die Frau den Kassabeleg an und fragte:

„Sagen Sie mir, wieso hab' ich so viel bezahlt?"

„Ganz einfach, weil Sie sieben Bierflaschen genommen haben!", rief ich hinauf.

„Ah so, na dann . . ." Mit einem betretenen Lächeln verließ sie den Laden. Betrug als Volkssport.

Einem sichtbar begüterten Ehepaar hatte ich auf den Kopf zugesagt, daß sie zwei Tage zuvor vom Regal der harten, aber sehr teuren Getränke vier Flaschen genommen hätten, ohne sie zu bezahlen. Nur war ich erst nachdem sie bereits mein Geschäft verlassen hatten auf den Verlust gestoßen. Ich war meiner Sache so sicher, da ich die Angewohnheit hatte, nach Verkauf eines dieser sehr teuren Produkte das entsprechende Regal sofort wieder aufzufüllen. Das Ehepaar protestierte lautstark, kam jedoch am nächsten Tag zerknirscht mit einer großen Einkaufstasche wieder und packte vier Flaschen mit nobler Etikette aus: zwei Flaschen schottischen Whisky und zwei vom besten französischen Cognac. Ich lächelte nun ebenfalls eher verlegen und lud die beiden auf eine besonders schmackhafte Kostprobe ein. Whisky und Cognac.

Ganz besonders tief bedrückt hat mich jedoch die Beobachtung, daß sich auch meine Schwester und ihre Tochter nach Ertönen des verräterischen Klingelgeräusches in unmittelbarer Nähe meiner Kassa aufgehalten haben. Nachdem sich sonst niemand im Raum befunden hatte, mußte wohl ein kleines Erdbeben den elektrischen Kontakt ausgelöst haben... Nach diesem Sommer reifte in mir die Erkenntnis, daß ich – ob ich nun wollte oder nicht – mein Geschäft bald würde verkaufen müssen. So ging es einfach nicht mehr weiter. Doch auch dieser schwere Entschluß sollte für mich noch zu einem grotesken Hindernislauf werden.

Ich war an einer Talsohle meines Lebens angelangt. Es konnte mit mir nur mehr bergauf gehen. Der (kurzzeitige) Aufschwung kam unverhofft rascher als ich gedacht hatte. Einige Wochen nach dem stillen Abgang des Trinker-Karls kam ein Arbeitsloser in mein Geschäft und bat um eine Beschäftigung. Er zog ein Arbeitszeugnis einer angesehenen Lebensmittelkette aus der Tasche, das ihn als langjährigen Angestellten einer Filiale in Döbling auswies. Ich engagierte den Mann sofort. In kürzester Zeit hatte er sich eingearbeitet. Ich brauchte nur an der Kassa zu sitzen und das Wechselgeld herausgeben. Dieser junge Mann hatte nicht nur meinen Vornamen mit mir gemeinsam, sondern auch meine Arbeitsauffassung. Er erledigte fast alles selbständig im Alleingang. Leider wurde er mir nur allzu bald von einem besserzahlenden Supermarkt abgeworben. Stellvertreter des Leiters der Lebensmittelabteilung. Da konnte ich einfach nicht mithalten. Von Mai bis Juli konnte ich mich nicht nur an seinem Eifer, sondern auch an seiner fürsorglichen Pflege erfreuen. Nunmehr war alles vorbei.

Der Urlaubsmonat Juli war für mich aus naheliegenden Gründen doppelt unangenehm, da meine Schwester mit ihrer Familie auf Urlaub gefahren war. Sie hatte mir zwar im letzten Augenblick noch einen Studenten vermittelt, der jedoch in der Dunkelheit meines Lagers mehr mit seiner hübschen blonden Freundin beschäftigt war, als mit meinen Flaschen.

In langen, schlaflosen Nächten hatte ich Gelegenheit meine hoffnungslose Lage zu überdenken. Ich gebar zündende Einfälle, die jedoch in der nüchternen Realität der Morgendämmerung kraftlos verglommen. Es hatte letztlich alles Grübeln keinen Sinn mehr. Allein konnte ich das Geschäft einfach nicht mehr weiterführen. Brauchbare Hilfskräfte waren zu den Bedingungen, wie ich sie offerieren konnte, immer schwieriger zu bekommen. Was jedoch am schwersten wog: Ein Teil meiner Kundschaft betrog mich, und sogar meiner Familie konnte ich nicht mehr uneingeschränkt vertrauen. So verwarf ich auch nach langem Zögern und Überlegen die Möglichkeit, meiner Schwester den guteingeführten Laden anzubieten. Ich entschloß mich, an den Meistbietenden zu verkaufen. Denk'ste, hätte ich an diesen Gedanken noch anfügen sollen.

Schon bald nach meinem schweren Entschluß gab ich in zwei Wochenendausgaben einer angesehenen Zeitung eine entsprechende Annonce auf. Die potentiellen Käufer erwartete zwar ein gutausgebautes Geschäft, aber die Stufen in das Kellerlokal waren eben nicht sehr einladend. Viele Interessenten warfen nur einen Blick herein und verschwanden. Der Verkaufsleiter einer Nähmaschinenfirma, Herr Alfred Bondy, zeigte vorsichtiges Interesse.

Nach einigen Verhandlungen waren wir soweit einig, daß er mit mir einen Vorvertrag unterzeichnete. Nach Übergabe einer Anzahlung von 20.000 Schilling sollte ein Kaufvertrag in Kraft treten. Als Preis für das Geschäft hatten wir einen Betrag von 120.000 Schilling ausgehandelt. Plus Ablöse für die Einrichtung und das Warenlager. Soweit so gut. Ich bemühte mich durch liebenswürdige Helfershelfer um die Erledigung zahlloser Behördenwege. Bei diesen amtlichen Geschäften entzündete sich jedoch eine Zeitbombe, deren formaljuridischer Inhalt für mich in Vergessenheit geraten war. Meine Schwiegermutter war de jure Konzessionsinhaberin des Spirituosengeschäftes, und ich war rechtlich gesehen in diesem Geschäft ihr Angestellter! Diese Rechtskonstruktion hatte in den guten Tagen meiner Ehe durchaus ihren konstruktiven Sinn gehabt. Sollte es mir einmal mit meiner MS schlechter gehen, könnte ich in Pension gehen, und Ingrid hätte als meine Nachfolgerin das Geschäft geführt. Im Zuge der Scheidungsverhandlungen sollte jedoch diese einstmals umsichtige Konstruktion zu einem Bumerang gegen mich und zu einem Ansatzpunkt einer ganz üblen Erpressung werden.

Verkauft's mei G'wand

Schon im Frühjahr hatte Ingrid durch ihren Anwalt eine Klage bei Gericht auf „provisorischen Unterhalt" eingereicht, die nun Ende Juni Gegenstand der dritten Runde unseres Scheidungsprozesses wurde. Meine Verfehlung und Unterlassung war wirklich ungeheuerlich und hätte fast für eine journalistische Schlagzeile gereicht: ich hatte zwar alle fälligen Rechnungen und Erlagscheine bezahlt – nur hatte ich es stets abgelehnt, auch noch für ihren Lebensunterhalt aufzukommen! Meine aufrichtigen Sehnsuchtsgefühle nach ihrer Nähe begannen langsam in eine dumpfe Verbitterung umzuschlagen. Ungezählte Male hatte ich sie in den letzten Monaten zur Mitarbeit aufgefordert, doch alles bitten war vergeblich gewesen. Fazit war, daß nur ich als Schwerstbehinderter Geld verdiente, während sie mit ihrem Freund und ihrem Hund spazierenging. Ein Gerichtsakt jedoch kennt keine Gefühle. Der Richter las ausdruckslos das Klagebegehren vor: „. . . der Beklagte ist schuldig, der Klägerin monatlich 9.000 Schilling, beginnend ab . . ." Ich konnte dieser Gemeinheit nicht mehr weiter meine Aufmerksamkeit schenken und blickte hilfesuchend zu Dr. Goriany, der sofort nach Verlesung der Klageschrift sämtliche von mir bezahlten Erlagscheine vorwies. Mein Anwalt führte darüber hinaus noch das Argument an, daß ich für zahlreiche Hilfsdienste einen erhöhten Geldbedarf hätte.

Der Richter hörte auch die Argumente meines Gegenanwaltes an und sah mich dann unvermittelt an:

„Wie alt sind sie, Herr Beinstingl?"

„Zweiunddreißig, Herr Rat." Zu Ingrid gewandt bemerkte er frostig:

„Schauen Sie sich einmal ihren Mann genau an. Warum gehen Sie eigentlich nicht arbeiten? Sie sind jung und sichtlich nicht behindert. Zumindest haben Sie kein gesundheitliches Argument ins Treffen geführt . . . Wenn ihr Mann nur wollte, könnte er sich den ganzen Tag ins Bett legen und Sie müßten ihn erhalten! Was halten Sie von dieser neuen Betrachtungsweise?" Den gegnerischen Anwalt forderte er auf, doch dieses

„unverschämte Klagebegehren" zurückzuziehen. Ingrid erbat sich eine kurze Beratungszeit mit ihrem Anwalt, was ihr auch gewährt wurde.

Ingrids Anwalt erhob sich bald darauf und erklärte, daß seine Mandantin das Klagebegehren mit Vorbehalt zurückziehen werde. Dann ging alles Schlag auf Schlag. Der Richter erhob sich plötzlich und verkündete in die Stille des Saales: „Die hier vorliegende Krankheit ist meiner Auffassung nach kein Scheidungsgrund. Entweder es gibt hier eine beiderseitige Einigung, oder ich weise bei der nächsten Verhandlung endgültig das Scheidungsbegehren der Klägerin ab!" Ingrid kämpfte um ihre Fassung. Ich hatte auch diese Runde gut überstanden. Mein Anwalt schob meinen Rollstuhl durch die Saaltüre auf den Korridor.

In den darauffolgenden Wochen entwickelte sich zwischen mir und Ingrid eine Art „Telefondiplomatie". Ingrid bot mir für eine einvernehmliche Scheidung eine größere Geldsumme an. Ich konnte mir nicht vorstellen, wie sie diese Geldsumme aufbringen wollte, und von gewissen Sponsoren wollte ich kein Geld annehmen. Ich lehnte daher rundwegs ab. Nach dem Verstreichen von weiteren zwei Wochen, als der bereits erwähnte Interessent seine Kaufabsichten hinsichtlich meines Geschäftslokals konkret äußerte und mich zu einer Entscheidung drängte, bat ich Ingrid am Telefon um den Konzessionsrücktritt ihrer Mutter. Sie lehnte ebenfalls ab und beendete schroff das Gespräch. Es vergingen jedoch kaum 24 Stunden, bis ich ihre vertraute Stimme hörte. Ihre Mutter stimme dem von mir verlangten Rücktritt gerne zu – unter der Bedingung, daß ich Ingrid im Rahmen einer einvernehmlichen Scheidung meinen Anteil am Haus in Purbach, die Gemeindewohnung in Atzgersdorf mit dem gesamten Hausrat und – nicht zu vergessen – den Opel zu überlassen hätte. Jetzt war ich an der Reihe, dieses infame Angebot abzulehnen. Die Fronten waren abgesteckt. Es kam nur darauf an, wer auf dem längeren (und kräftigeren) Ast saß.

Nach einigem Grübeln kam ich zu der ernüchternden Erkenntnis, daß mein Ast jedenfalls sehr kurz und schwach war, denn mein Käufer drängte immer stürmischer auf einen endgültigen Vertragsabschluß, damit er um den Gewerbeschein einreichen konnte. Auch habe er, so behauptete er jedenfalls in seinen drängenden Briefen, schon Spesen gehabt, die zu Lasten des ausgehandelten Geldbetrages gehen mußten. Und außerdem – so lautete die stärkste Trumpfkarte – hatte er mir gleichzeitig mit obgenanntem Schreiben die Geldsumme des Vorvertrages überwiesen. Ich konnte nun nicht mehr zurück. Mein Geschäft! Welche körperlichen und seelischen Kraftanstrengungen hatte ich doch auf mich genommen, um diesen Laden einzurichten und geschäftlich in die Höhe zu bringen! Vielleicht war Ingrid mein totaler Einsatz für meine Suche nach dem Sinn meines Lebens, den ich in der persönlichen Führung eines Geschäfts zu sehen glaubte, gründlich auf die Nerven gegangen. Vielleicht war diese letzte, verzweifelte Kraftanstrengung, mein Schicksal zu meistern und in meinen eigenen Händen zu behalten, tatsächlich über meine Kräfte gegangen, so daß ich meine Aufmerksamkeit gegenüber ihren Bedürfnissen hatte verkümmern lassen. Oder wäre ohnehin durch meinen unaufhaltsamen körperlichen Verfall und meine vollständige Lähmung alles so gekommen, wie es langsam zu einer grausamen Gewißheit wurde?

Mein Einsatz und meine Hingabe sollten nun durch ein Päckchen Geldscheine abgelöst werden. Wie schon so oft drohte mich ein fast unkontrollierbares Gefühl des Selbstmitleids in den Strudel einer Niedergeschlagenheit und Melancholie zu reißen. Ich saß abends allein in meinem Geschäft, blickte über die kleine Sitzgruppe und die Regale hinweg und ließ meinen Tränen freien Lauf. Als ich mich wieder halbwegs beruhigt hatte, griff ich mit der Linken zum Telefonhörer und rief Ingrid an, daß ich in die Scheidung einwilligen würde. Ingrid ließ mich nicht ausreden.

„Überschreibst du mir auch deinen Anteil in Purbach?"

„Ja, und das Bausparkassendarlehen werde ich auch noch zur Gänze für dich abstottern."

„Das muß aber unverzüglich bei einem Notar schriftlich festgehalten werden – sonst lasse ich meine Mutter nicht unterschreiben."

An einem grauverhangenen und regnerischen Novembertag 1976 ließ ich mich von einem Taxi zu einem mir schon seit Jahren persönlich bekannten Notar in der Ottakringerstraße fahren. Zu diesem Zeitpunkt war allerdings die grundbücherliche Eintragung noch nicht rechtskräftig und als der Notar Ingrid in aller Ruhe den Sachverhalt darlegte, weigerte sie sich, ihre Mutter unterschreiben zu lassen. Sie hegte ein tief verwurzeltes Mißtrauen, daß ich mein Versprechen doch noch im letzten Augenblick rückgängig machen könnte. Mit eindringlichen Worten versuchte ich ihr vor dem Notar meine unangenehme Situation mit meinem ungeduldigen Käufer darzulegen – doch vergeblich. Meine Schwiegermutter, zu dieser Zeit schon eine betagte Frau, wagte Ingrid gegenüber keine Widerrede und schwieg.

„Aber Frau Beinstingl, die Unterschrift können Sie doch wirklich ohne Risiko gestatten. Es ist doch von ihrem Mann alles in die Wege geleitet worden", versuchte mich der Notar ein wenig zu unterstützen.

Ingrid stand jedoch wortlos auf, ergriff die Hand ihrer Mutter und strebte mit eiligen Schritten auf die Türe zu. Der Notar war ebenfalls aufgestanden, öffnete noch vor den beiden Damen die Türe und begleitete sie zum Ausgang. Vom Gang her konnte ich seine Stimme hören, allerdings nicht genau seine Worte ausmachen. Jedenfalls klang das, was er sagte, nicht gerade sehr freundlich.

Wie auch immer, mir blieb ein kleiner Trost, hatte Ingrid sich doch verpflichtet, 100.000 Schilling an mich zu bezahlen. Monatlich 1.500 Schilling. Geld statt Liebe und Geborgenheit.

Während dieser Zeit der Neuordnung meines Lebens begann ich mich nach einer kleinen Wohnung umzusehen. Sowohl von dem Käufer meines Geschäftes als auch von Ingrid durfte ich Geld erwarten. Man mußte auch aus dieser Sicht die Gelegenheit nutzen. Der Wiener Wohnungsmarkt war in der Mitte der siebziger Jahre angespannt – wie er es eigentlich schon seit Luegers Zeiten war. Die von Privatpersonen angebotenen Wohnungen, wie ich Zeitungsannoncen und Telefongesprächen entnehmen konnte, waren sehr teuer. Mit einem Wort, nichts für einen zukünftigen Mindestrentner, der von einer kleinen Behindertenpension wird leben müssen! Denn bei der Pensionsbewertung stellte es sich als Nachteil heraus, daß ich bis zur „Anstellung" durch meine Schwiegermutter so viele Jahre als Selbständiger gearbeitet hatte. In die Selbständigenpensionskasse hatte ich nur die Mindestbeiträge eingezahlt. Auf meinen alten Vater konnte ich auch nicht zählen. Er hatte seine Gastwirtschaft äußerst ungünstig verpachtet und lebte ebenfalls von der Hand in den Mund.

Ich schrieb also an das Wohnungsamt und an den zuständigen Stadtrat der Gemeinde Wien. Erstaunlich rasch erhielt ich vom damaligen Stadtrat Pfoch eine positive Antwort. Mir als gehunfähigem Schwerstbehinderten, so schrieb der Stadtrat, könne er eine etwa 25 m² große Gemeindebauwohnung im sechzehnten Bezirk anbieten. Sieben Stufen führen vom Hauseingang zu dieser Wohnung ins Hochparterre. Das sei das günstigste, was man im Augenblick für mich tun könne.

Ein Pensionist formulierte für mich mein Dankesschreiben mit furchtbaren Rechtschreibfehlern, aber ich dachte, der Stadtrat würde meine Annahme schon entziffern können. Eine unter normalen Umständen gar nicht komplizierte Organisationsfrage begann mich als nächstes zu beschäftigen. Wie sollte ich meine Habseligkeiten aus dem Warenlager in meine neue Wohnung transportieren?

In dieser verzweifelten Situation tauchte eines naßkalten Dezembertages der Trinker-Karl wieder auf und bot seine Dienste an. Meine Mißstimmung und meine Bedenken gegen ihn hatten sich seit dem Frühjahr verflüchtigt, und ich war erfreut, ihn zu sehen. Auf die Hilfe meines Bruders konnte ich allerdings nicht zählen. Zwar hatte er mich in den letzten Monaten öfters besucht, als ich ihn aber konkret bat, mir bei der Übersiedlung an die Hand zu gehen, erfand er eine fadenscheinige Ausrede. Von der jungen Pächterin meines Vaters wurden meine Befürchtungen bestätigt, daß Helmut fast täglich stockbetrunken war.

„Wissen's, Herr Adolf, seine Alte ist dauernd mit anderen Mannsbildern zusamm', des mocht ihn so fertig . . .", meinte sie nicht ohne Verständnis für seine Probleme.

Ich war über diese in Abgründe führende Entwicklung verzweifelt. Welches Problem hatte der Alkohol schon jemals im Leben gelöst?

Schließlich erhielt ich Hilfe aus einer Ecke, aus der ich sie niemals erwartet hätte. Da mich mein Geschäftsnachfolger schon aus dem Geschäft entfernt sehen wollte, sandte er mir knapp vor den Weihnachtsfeiertagen einen VW-Bus, den er sich, der Beschriftung nach, von seiner ehemaligen Nähmaschinenfabrik für einen Tag ausgeborgt haben dürfte. Mir sollte es nur recht sein. Eine rasch organisierte Partie wüster Kerle warf mein Feldbett und anderes Gerümpel auf die Ladefläche. So rasch kann man seine Spuren verwischen, in ein paar Jahren wird sich fast niemand mehr erinnern können, daß der Beinstingl hier sein letztes Geschäft hatte, dachte ich mir, während es mich in der Kehle würgte. Ich wurde samt meinem Rollstuhl ebenfalls aufgeladen, und ab ging es durch die verschneiten Straßen Wiens.

In den Wochen vor der Übersiedlung hatte ich mir meine neue Bleibe nur ganz notdürftig herrichten lassen können. Mein ganzer Stolz waren eine neue Tapete und ein neuer Bodenbelag. Einen gebrauchten Kasten hatte ich mir aus einer Verlassenschaft gekauft. So saß ich schon zu den Weihnachtsfeiertagen in meiner neuen Gemeindebauwohnung mit Ausblick auf einen grauen Lichthof. Aber ich hatte gelernt, im Leben alles relativ zu sehen. Auch ein Lichthof hatte seinen bescheidenen Reiz, wenn man durch fast ein Jahr hindurch nur das Neonlicht eines Kellergewölbes auf sich wirken lassen konnte. Meine Wohnung bot sich in einem Chaos dar. Ich hatte das kommen gesehen und unter diesen Umständen auch auf einen Christbaum verzichtet. Tausenderlei Kleinigkeiten waren in Schachteln verpackt. Der Trinker-Karl hatte das Fest der Geburt Christi auf seine Art gefeiert und war daher für häusliche Arbeiten nur begrenzt einsetzbar.

Aber auch in dieser tristen Situation gab es Lichtblicke. Schon im Oktober – ich arbeitete damals noch in meinem Geschäft – hatte ich von der sehr aktiven „Sozialhilfe der Adventmission“ eine nette und fleißige Heimhilfe, Frau Heindl, zugewiesen bekommen. Frau Heindl kümmerte sich um meine

Wäsche und bereitete mir die Mahlzeiten. An den Wochenenden wurde ich durch die Organisation „Wiener Volkshilfe" mit warmen Mahlzeiten versorgt.

Ich mußte daher nicht verhungern oder gar in meinem eigenen Schmutz ersticken – aber das war es auch schon. Mich bedrückten die Einsamkeit und das Fehlen eines geliebten Menschen an meiner Seite, dem ich meine Gefühle, Sorgen und Ängste hätte mitteilen können. Nicht einmal meine Schwester ließ sich blicken.

Als ich von Ingrids Mutter endlich die Verzichtserklärung in Händen hatte, konnte ich auch mit Herrn Bondy die endgültige Geschäftsübergabe fixieren. Er erklärte, daß er mir wegen hoher Investitionskosten die Warenablöse derzeit schuldig bleiben müsse. Also stimmte ich erschöpft und müde einer Stundung auf ein halbes Jahr zu. Nur jetzt endlich und endgültig das Geschäft loswerden, nur jetzt nicht zwischen zwei Stühlen sitzenbleiben! Mein geschäftlicher Spürsinn und meine kaufmännische Vorsicht wurden durch diesen plötzlichen, überstarken Wunsch vernebelt. In meiner neuen Wohnung unterschrieb ich den Kaufvertrag, indem ich mit der linken Hand einige wüste Buchstabengebilde auf das Papier hinkritzelte. Kaum war der neue Geschäftsinhaber bei der Türe draußen, beschlich mich ein unangenehmes Gefühl der Vorahnung. Am liebsten wäre ich hinter ihm hergelaufen und hätte alle Vereinbarungen rückgängig gemacht.

Eigenartig, kaum war die Entscheidung endgültig gefallen, verdichteten sich Beobachtungen und Eindrücke des letzten Monats zu einem klaren Bild: dieser Mensch macht eine furchtbare Pleite! Worauf sich meine Gewißheit stützte? Nun, ich hatte noch während des Advents, also innerhalb der Hauptgeschäftszeit, vor Weihnachten im Geschäft „mithelfen" dürfen. ‚Das ist eine gute Beschäftigungstherapie für Sie, Herr Adolf', hatte damals der Geschäftsmann Bondy gönnerhaft festgestellt. Selbstredend war diese „Therapie" unentgeltlich. Einerlei, ich war jedenfalls glücklich gewesen, noch einmal an der Kassa mit der Geheimklingel sitzen zu dürfen. Hatte er mir eine Therapie verordnet, so mußte ich in diesen Wochen die Diagnose stellen: dieser Alfred Bondy hatte nicht nur wenig Bargeld, sondern auch überhaupt kein G'spür für seine Kundschaft. Vertrauend auf ein üppiges Weihnachtsgeschäft, hatte er gegen meine zahlreichen Einwände als eine seiner ersten Maßnahmen die Verkaufspreise von einem Tag auf den anderen spürbar angehoben. Eine mir seit vielen Jahren bekannte Dame wollte ihre Lieblingssorte kaufen und legte, wie gewohnt, 15 Schilling auf den Ladentisch.

„Die Flasche kostet jetzt 20 Schilling", brummte er und hielt fordernd die Hand auf.

„Na ja, dann heute eben nicht . . .", meinte sie resignierend und wandte sich zum Gehen. Da kannte sie jedoch noch nicht die neuen Töne, die hier im Gewölbe angeschlagen wurden:

„Halt, die können's net mehr z'ruckgeben, die Flaschen hab' ich jetzt schon eingepackt und außerdem schon boniert!"

„Wenn das so ist, dann nehm' ich sie . . .", sagte sie zaghaft mit einem vielsagenden Blick in meine Richtung. Die alte Dame kam nie mehr wieder.

Eines anderen Tages kam eine Hausfrau knapp nach der Ladenschlußzeit keuchend zum Geschäftsportal und klopfte an die Türe. Bondy stieg die Treppen empor und fragte ungehalten, was sie denn so spät noch wolle.

„Bitte geben Sie mir noch rasch ein Viertelkilo Kaffee. Ich hab' überraschend Besuch bekommen."

„Naa, des geht jetzt nimmer; Sie sehn' doch daß ich schon Sperrstund hab'. Wissen's wos, kommen's morgen."

Auch sie ließ sich – wie viele meiner Stammkunden – nie mehr wieder blicken. Behutsam versuchte ich ihm zu erklären, daß man auf diese Art nicht mit seiner Kundschaft umspringen könne. Auch mir fuhr er über den Mund. Nach Weihnachten ließ ich mich von meinem Taxler nicht mehr ins Geschäft führen. Einem Menschen, der alles besser weiß, auch wenn er neu in einer Branche anfing, konnte man ohnehin nicht helfen. Ich beschloß nur mehr auf mein Geld zu warten, das mir vertraglich zustand und beschränkte mich also weiterhin aufs Beobachten der Lage. Diese wurde immer undurchsichtiger. Herr Bondy hatte sich – natürlich unter Verwendung des Geldes, das er mir noch immer schuldete – mit Jahresende 1979 schon zwei weitere Filialen zugelegt. Er beschäftigte in jeder Niederlassung zwei Angestellte. Aus meiner eigenen jahrzehntelangen Praxis konnte ich mir ausrechnen, daß eine solche Arbeitsplatzbeschaffung die Rentabilität so kleiner Einzelhandelsgeschäfte beträchtlich belasten mußte. Seit den Jahren, als Ingrid noch fleißig in unserem Laden mitgearbeitet hatte, habe ich auf den „Luxus" eines Angestellten aus Kostengründen immer verzichten müssen.

Herr Bondy hatte bald darauf schon so abgewirtschaftet, daß an eine Rückzahlung seiner Schulden bei mir nicht zu denken war. Als er keinen Ausweg mehr aus seiner verworrenen Situation sah, nahm er sich selbst das Leben. Der Notar, der die Verlassenschaft zu regeln hatte, machte mir keine Hoffnungen. Er werde mich zwar selbstverständlich in die lange Liste der Gläubiger aufnehmen, doch stünden die Chancen, Geld zu bekommen, äußerst schlecht. So war es denn auch. Fast den gesamten Verkaufspreis, von den Verzugszinsen erst gar nicht zu reden, mußte ich also abschreiben.

Ich hatte mit dem Geldbetrag, den mir Bondy noch schuldig war, natürlich fix gerechnet und mir aus zweiter Hand zahlreiche dringend benötigte Einrichtungsgegenstände gekauft. So blickte ich jetzt verzweifelt auf meinen Kontoauszug, der mit einem tiefroten Betrag saldiert war. In dieser Situation, in der ich mich so sehr nach einer Ansprache sehnte, kaufte ich mir einen Hund. Ich war somit in zweifacher Hinsicht auf den Hund gekommen. Diesem prachtvollen, semmelblonden Collie konnte ich jetzt alles erzählen, was mich bedrückte. Er war das erste Lebewesen, das mir aufmerksam zuhörte. Obwohl ein Rüde, gab ich ihm den gleichen Namen, den auch die Collie-Dame meiner Ingrid trug: „Isar". Die Gespräche mit Isar wurden mir zu einem liebenswerten Ritual. Der Trinker-Karl wohnte zwar wieder bei mir, aber er war durch den chronischen Alkoholmißbrauch mit den Jahren noch wortkarger geworden, als es seinem Naturell ohnehin schon entsprach. Ein Gespräch mit ihm war kaum möglich. Seine Sprache und seine Ausdrucksfähigkeit waren auf ein Mindestmaß reduziert. Da er mir im Geschäft nicht mehr behilflich sein konnte, hatte er einen Gelegenheitsjob auf einem Großparkplatz angenommen. Er mußte Autos einweisen, Parkzettel verteilen und Windschutzscheiben waschen.

Einmal, in einer launigen Minute der Mitteilsamkeit, hat er mir eine Szene aus seinem Arbeitsleben vorgespielt. Wagentüre aufreißen, das Kappl in einem Halbkreis vom Kopf ziehen, sich verneigen und „Guten Tag, Herr Doktor!" oder „Küß' d'Hand, gnädige Frau!" rufen. Das brachte gutes Trinkgeld. (Bei ihm war dieser Begriff wörtlich zu nehmen.) Bei seinen Worten mußte ich unwillkürlich an den klassischen Herrn „Karl" denken. Trinker-Karl bezog mein Lachen natürlich auf seine perfekte Darstellung. Wir lachten gemeinsam, ein Ereignis, das zwischen uns noch niemals stattgefunden hatte.

Es versteht sich von selbst, daß der Trinker-Karl mit Isar äußerln gehen mußte. Vergaß er, oder war er nach einem Trinkgelage dazu nicht fähig, so mußte ich per Telefon in der Nachbarschaft einen Hundeliebhaber organisieren. Bei ungünstiger Witterung war dies oft nicht möglich, dann machte Isar sein Lakkerl ganz einfach auf einen Kokosläufer. In solch verzweifelten Fällen legte Isar seinen Kopf in meinen Schoß und ließ sich von mir streicheln. Es war seine Art, sich zu entschuldigen.

Es kam die Zeit, in der ich nicht mehr fähig sein sollte, meinen Isar zu streicheln, denn schon einige Monate nach meinem Einzug in die neue Wohnung bekam ich neuerdings einen Schub, der mich auf das Krankenlager warf. Alle Schmerzen wären nicht der Rede wert gewesen, hätte sich nicht die Funktionsfähigkeit meiner bisher noch brauchbaren linken Hand ganz wesentlich verschlechtert. Auch nach einer Frist von vierzehn Tagen konnte ich mit meiner Linken keine Bewegungen ausführen. Ich konnte den Arm nicht einmal heben. In seltsam verkrampfter Stellung hing der Arm als nutzlose Masse von Knochen, Sehnen und Muskeln herab. Vor dem Schub hatte ich noch selbständig den Telefonhörer abheben oder den elektrischen Türöffner mit der linken Hand betätigen können – jetzt war mir die Ausführung dieser und ähnlicher Handgriffe des alltäglichen Lebens für lange Zeit nicht mehr möglich. Kein Rasieren, kein Zähneputzen. Ja, nicht einmal auf der Nase konnte ich mich kratzen, wenn es mich juckte. So mußte der Trinker-Karl der hilfsbereiten Frau Heindl immer die Wohnungstüre angelehnt lassen, wenn er schon zeitig in der Früh auf den Parkplatz mußte.

Als weitere Folge dieses Schubes stellte sich auch eine Harnblasenlähmung ein, die sehr schmerzhaft war. Ich will diese Empfindungen so nüchtern und trocken ausdrücken, da sich die Qualen nur erleiden, jedoch kaum beschreiben lassen. Die Rettung mußte gerufen werden und brachte mich mit Blaulicht ins Wilhelminenspital. Der diensthabende Ambulanzarzt wollte mich zu einem Neurologen schicken. Ich bettelte jedoch erfolgreich um einen Katheter, den er mir nach einigem Zögern auch tatsächlich setzte. Wenigstens in diesem Körperbereich gab es einen Lichtblick zu vermelden. Schon nach drei Tagen konnte der Katheter entfernt werden, die Harnblase hatte ihre Arbeit wieder aufgenommen.

Durch diesen kurzen Spitalsaufenthalt war mein Kontakt zur Wiener MS-Gesellschaft an der Neurologischen Universitätsklinik wieder enger geworden. Auf Anraten des Fachpersonals suchte ich die MS-Sonderambulanz im Allgemeinen Krankenhaus auf, die jeden Mittwoch nachmittag für MS-Patienten geöffnet ist. Der diensthabende Arzt war entsetzt, daß ich seit 1966 wegen meiner Krankheit kein Spital mehr aufgesucht hatte. Ich verstand jedoch seine Aufregung nicht ganz. Man nahm sich viel Zeit, mich darüber aufzuklären, daß sich seit jener Zeit sehr viel Positives in der Erforschung der MS getan habe. Wenngleich man die Ursachen dieser heimtückischen Krankheit derzeit auch nur vermuten könne, wurden zahlreiche neue Medikamente und neuartige therapeutische Maßnahmen entwickelt. Also gut; ich ließ mich nach einigem Zögern doch zu einer Therapie überreden. Selbst im MS-Mitteilungsblatt „Neue Horizonte" hatte ich schon einiges über neuartige Entwicklungen gelesen. Ein Spitalstermin wurde vereinbart: der 6. Mai 1977.

Meine ganze Sorge galt meinem Hund Isar. Eine hilfsbereite Angestellte der MS-Gesellschaft hatte sich bereit erklärt, meinen Collie für die Dauer meines Fernbleibens bei sich aufzunehmen. Als sie ihn abholen kam, fühlte ich mich hundeelend.

Als ich nach acht Wochen Krankenhausaufenthalt – davon

hatte ich bekanntlich über sechs Wochen im Wasserbett zugebracht – endlich auf meinen ausdrücklichen Wunsch nach Hause gekommen war, telefonierte ich so bald ich nur konnte mit der Dame und bat sie schweren Herzens, den Hund zu behalten. Ich sah mich zu diesem Schritt veranlaßt, da ich einsah, daß in meiner Situation ein Tier meine Pfleger nur noch zusätzlich belastet hätte. Sie besitzt meinen Isar noch heute.

Gleich nach meiner Heimkehr sah ich das Schlachtfeld in meiner Wohnung, das mir der Trinker-Karl hinterlassen hatte, der in der Zeit, die ich im Spital verbrachte, allein in meiner Wohnung gehaust hatte – und das im wahrsten Sinne des Wortes. Dabei konnte ich noch von Glück reden, daß ich von seinen Schnaps-Orgien in dubioser Gesellschaft noch rechtzeitig im Spital erfahren hatte und so den Großteil meiner Einrichtung retten konnte. Mein Bruder hatte mir die ersten Hinweise gegeben, die von Frau Heindl bestätigt wurden. In meiner Wohnung sehe es aus, als ob ein Wildschwein sein Lager aufgeschlagen hätte. Der Müll liege auf dem Boden verstreut und Speisereste klebten nicht nur auf Besteck und Tellern, sondern auch auf der Tapete. Der Boden sei mit Zigarettenbrandlöchern übersät, zwei Stühle hätten nur mehr drei Beine.

Endgültig voll wurde das Maß, als wenige Tage später ein amtlicher Delogierungsauftrag an mein Wasserbett flatterte. Durch den infernalischen Lärm der nächtlichen Karl-Orgien hatte es zahlreiche Anzeigen der Gemeindebaubewohner gehagelt, die wiederum die städtische Gebäudeverwaltung auf die peinliche Tatsache aufmerksam gemacht hatte, daß ich einen nicht gemeldeten Untermieter beherbergte. Ich habe, so das amtliche Schreiben, diesen ungesetzlichen Zustand binnen vierzehn Tagen abzustellen, da man anderenfalls sich trotz meiner Behinderung gezwungen sehe, eine fristlose Kündigung auszusprechen.

So bat ich Helmut das Türschloß auszuwechseln und in meiner Wohnung ein wenig Ordnung zu machen.

Als der Trinker-Karl die Wohnungstüre aufzusperren versuchte, sprang mein Bruder aus der Dunkelheit des Stiegenaufganges auf ihn zu und warf ihm die schmutzige Wäsche ins Gesicht. (Vielleicht sogar einiges mehr . . .)

„Der hot Augen g'mocht . . .", schilderte kichernd mein Bruder die Szene und rieb sich vergnügt die Hände, während mir der unglückselige Trinker-Karl auch schon wieder schrecklich leid tat. Dennoch mußte ich jetzt hart bleiben und dem Burschen eine handfeste Lektion erteilen. Für mein weiteres Fortkommen in meiner kleinen Wohnung stellte sein Abschied jedenfalls kein Problem dar, da mein Vater seinen Platz eingenommen hatte.

Nach endgültiger Ausheilung des äußerst schmerzhaften Dekubitus galt es wieder die vielen kleinen Probleme des Alltags zu meistern.

Das stundenlange Sitzen im Rollstuhl ohne aufzustehen und sich durchstrecken zu können, war allerdings nach dem Spitalsaufenthalt eine neuartige Situation für mich, mit der ich mich auch heute noch nicht abgefunden habe. Durch zahlreiche Kunstkniffe konnte ich mir jedoch das Leben etwas erleichtern. Für wohl kaum einen gesunden Menschen wird die Faltenbildung einer Flanellhose zum Problem. Er wird kurz aufstehen und sie glattstreifen. Ist man nun unfähig aufzustehen und kann man seine Hände nicht gebrauchen, so kann man auch solch eine störende Falte am Gesäß nicht verschieben. Eine Trainingshose verschaffte mir Erleichterung; sie war dehnbar, aus dünnem Stoff und ließ sich leicht durch Ziehen und Zupfen in eine andere Lage bringen. Auch bei den Unterhosen – ein heikles Thema, ich weiß – mußte ich von liebgewordenen Gewohnheiten Abschied nehmen. Die von mir so gerne getragenen Herrenslips konnte ich getrost vergessen, sie schnitten beim stundenlangen regungslosen Sitzen schmerzhaft ein. Hier wiederum half ein Zufall. Ich klagte Frau Heindl einmal mein Leid, und sie meinte ganz spontan, daß ich doch einmal ihre Unterhosen probieren solle. Damen trügen bekanntlich größere Modelle. Sie schmunzelte bei diesen Worten und klopfte mit beiden Händen auf ihre stattlichen Hüften. Am nächsten Tag brachte sie mir eine ihrer „Unaussprechlichen" mit. Seither trage ich Altdamenunterhosen mit Beinansatz. Auch meine modischen Halbschuhe haben diese radikale Umstellungsphase nicht überstanden. Ich habe sie alle verschenkt. Sie waren mir oftmals, wenn beide Oberschenkel durch eine unwillkürliche Muskelkontraktion in Richtung Brustbein gezogen wurden, vom Fuß gefallen.

Mein Vater kaufte mir halbhohe, weiche Schuhe, die, einmal festgeschnürt, auch durch die bizarrste Beinbewegung nicht mehr abgestreift werden konnten.

Apropos Beinbewegungen: Auch beim Liegen während der Nacht zogen sich die Beine in minutenlangen Hebe- und Senkbewegungen krampfartig zusammen. Um die beiden Kniegelenke vor Abrieb zu schützen, hatte mir mein Vater zwar einen kleinen Polster zwischen die Knie gesteckt, durch diese unkontrollierbaren Bewegungen rutschte dieser jedoch ständig aus dem Schenkelschluß heraus. Auch hier halfen die Damenunterhosen, denn sie gewährten dem eingelegten Polster auch noch Platz. Ein Wegrutschen war somit verhindert worden. Letztlich alles lächerliche Alltagsdinge, ich bitte jedoch um Nachsicht, denn für mich hatten diese Kleinigkeiten im Kampf gegen das Wundreiben große Bedeutung. Daseinskampf im Mikrokosmos.

Das Leben geht weiter

In der streng umfriedeten Einsamkeit der Spitalsmauern war mir Ingrid trotz allem als Symbol für Wärme und Zärtlichkeit erschienen. Gänzlich losgelöst von der tiefen Tragik unserer gescheiterten Beziehung. In meinen Gedanken war sie das Ziel meiner Sehnsüchte und Begierden. Jetzt, in meinem neuen Ottakringer Heim, hatte mich die Wirklichkeit wieder fest in ihrem Bann: unsere Scheidung stand vor dem Abschluß. Da nunmehr durch meinen Rückzug alle finanziellen Differenzen durch Notariatsakte, grundbücherliche Eintragungen und amtliche Feststellungen aus der Welt geschafft waren, war Ingrid ruhiger geworden und in ihrem Urteil über meine Person auch nicht mehr so ablehnend. Erstaunlicherweise war sie in diesem Stadium unserer Trennung an einer auch rechtlich vollzogenen

Scheidung nicht mehr so leidenschaftlich interessiert. In dieser herbstlichen Endrunde wurde paradoxerweise ich zum treibenden Teil, denn ich sah alle wesentlichen Inhalte einer christlichen Ehe durch die ständige räumliche Trennung ausgehöhlt und zerschlagen. Das dünne Band der Achtung, Zuneigung und Verantwortung war zerrissen. Weshalb jetzt noch vor der Welt den Schein wahren? Ich teilte Ingrid meinen schweren Entschluß zur endgültigen Trennung mit. Sie reagierte gelassen und versprach, mit ihrem Anwalt zu sprechen.

Der Richter im Justizpalast war irritiert, daß ich neben meinen finanziellen Lasten auch noch eine „Teilschuld" bei der Zerrüttung dieser Ehe auf mich genommen hatte. In logischer Konsequenz unterschrieb ich auch mit unlesbarem Gekritzel, daß beide Seiten im Krankheitsfalle und in der Not keine wie auch immer gearteten Ansprüche stellen werden.

Dr. Goriany war verstimmt, daß ich Ingrid in allen nur möglichen Punkten nachgegeben hatte. Er sah diese Causa selbstredend vom rechtlichen Standpunkt und wollte für mich persönlich das Beste. Was wußte er über mein übermächtiges Gefühl der Resignation und der Ruhebedürftigkeit?

Aber andererseits, wie hätte ich auch einem in nüchternen, juristischen Formeln denkenden Menschen erklären können, daß ich nach all diesen Widerwärtigkeiten noch immer in Ingrid verliebt war? Nach der letzten Scheidungsverhandlung brachte mich Ingrid mit dem wieder aufgetauchten Opel in mein Domizil zurück. Überflüssig zu erwähnen, daß dieser Wagen nunmehr auch offiziell in ihren Besitz übergegangen war . . .

Durch die vollzogene Scheidung hatte sich Ingrids Wesen tatsächlich zum Besseren gewandelt. Sie wirkte entspannt und ruhig. In den der Scheidung folgenden Wochen kam sie mich sogar öfters besuchen und besorgte für mich Installationsbestandteile, die ich dringend benötigte. Daher wagte ich einen Vorstoß. Ich erinnerte sie an die Tatsache, daß ich ihr unsere Wohnung in bestem Zustand und vollmöbliert überlassen hatte. Jetzt sei es an ihr gelegen, mir in meiner neuen Wohnung etwas an die Hand zu gehen. Was sie auch wirklich tat. Sie kaufte für die ganze Wohnung sehr geschmackvolle Tapeten und klebte sie ganz professionell auf.

Meine treue Schnaps-Kundschaft aus vergangenen Tagen hatte rasch eine Erklärung für ihr Verhalten: Karli hatte sich zwar von Burgi schon im vergangenen Jahr scheiden lassen, dann aber hatte er sich offensichtlich mit Ingrid auseinandergelebt. Der Knalleffekt stellte sich jedoch ein, als Karli wieder Hals-über-Kopf an den heimatlichen Herd eilte, um Burgi ein zweites Mal zu ehelichen! Ich ließ mir diese unglaubliche Neuigkeit von mehreren unabhängigen Seiten nochmals bestätigen, bevor ich die (nur mehr bedingt) frischgebackene Frau Molnitzky persönlich anrief und meine Glückwünsche zum Ausdruck brachte. Die Welt war und blieb ein Narrenturm!

Also litt Ingrid wohl ein wenig unter Langeweile, als sie mir eines Tages eröffnete, daß es ihr Herzenswunsch wäre, sich mit einem Spirituosengeschäft selbständig zu machen. Da ich zu diesem Zeitpunkt an Schlaf- und Appetitlosigkeit sowie ganz allgemein unter Traurigkeit litt, war ich dankbar für ihre Anfrage um Hilfe und gute Tips. Das Leben ging weiter, und so konnte ich ihr wenigstens helfen. Auch hier kam ich aus meiner Gefühlsverwirrung nicht mehr heraus. Wie hatte ich Ingrid doch händeringend gebeten, mit mir das Geschäft am Schuhmeierplatz weiterzuführen! Durch ihre Weigerung war ich letztlich gezwungen worden, alles aufzugeben. Jetzt, nach fast genau einem Jahr, erzählte sie mir ganz seelenruhig, daß sie selbst ein Spirituosengeschäft aufmachen wollte!

Nun sollte ich ihr einen konkreten Rat geben, wie sie so rasch wie möglich zu einem eigenen Geschäft kommen könnte.

Ich erinnerte mich an einen alten Branchenkollegen, der mir ein halbes Jahr zuvor sein Geschäft auf der Wiedner Hauptstraße zu einem günstigen Preis überlassen wollte. Ich riet Ingrid, mit ihm Kontakt aufzunehmen, ja ich führte für sie schließlich sogar die finanziellen Verhandlungen und bewirkte, daß sie das Geschäft zu jenem Preis erwerben konnte, zu dem es mir seinerzeit angeboten worden war.

Auf dem Weg zum Auto erntete ich einen flüchtigen Kuß auf meine rechte Wange. Ich war also durch meine Behinderung für sie zu einem sächlichen Wesen geworden, das man auf der Wange tätscheln konnte. Meine Empfindlichkeit verebbte jedoch rasch. Ich stellte Ingrid für die Gewerbebehörde ein Arbeitszeugnis aus, das allerdings nur entfernt der Wirklichkeit entsprach, ihr es jedoch ermöglichte, schon bald das eigene Geschäft zu eröffnen. Von der Kammer konnte sie einen „Existenzförderungskredit" zu sagenhaften vier Prozent bekommen.

Etwa drei Wochen nach der offiziellen Geschäftseröffnung ließ ich mich von einem Behindertenbus in die Wiedner Hauptstraße fahren und beobachtete das Geschäft von der gegenüberliegenden Straßenseite aus. Mit Befriedigung konnte ich feststellen, daß sie ihr Geschäft so führte, wie sie es von mir gelernt hatte. Zu beiden Seiten des Geschäftsportales prangten zwei große Schiefertafeln, auf denen Sonderaktionen groß und auffällig vermerkt waren. Ein Eisfähnchen flatterte lustig im Wind. Zu ihrer Geschäftsgebarung konnte ich in alter Leidenschaft nicht ohne Einwände meine Zustimmung geben. Sie kalkulierte viel zu knapp und hatte auch nicht alle günstigen Einkaufsquellen ausgenützt, die ich ihr in einigen Wochen erschlossen hatte. Ich riet ferner zum Ausbau einer Imbißstube im Geschäft, um die zahlreichen angrenzenden Geschäfts- und Firmenniederlassungen zu versorgen. Doch meine Ideen waren ihr zu kompliziert und bedeuteten letztlich zu viel Arbeit.

Im Juni 1980 verkaufte sie plötzlich ohne Angabe von Gründen das Geschäft mit gutem Gewinn. Den zuvor aufgenommenen Kredit konnte sie vorzeitig zurückzahlen, und sogar für mich blieb etwas übrig, denn sie hatte sich bekanntlich vor dem Scheidungsgericht verpflichtet, mir für die Wohnung und das Haus in Purbach eine Art Ablöse zu zahlen. Somit erhielt ich den ersten kleinen Teilbetrag. Obwohl noch nach diesem Zeitpunkt eher sporadisch kleinere Zahlungen bei mir einlangten, ist sie mit der Rückzahlung ihrer Schulden bei mir nie über zwanzig Prozent der Schuldsumme hinausgekommen. Auch wenn sie damals im Geschäft ganz gut verdiente, war sie schon bald in großem Zahlungsrückstand, der sich immer mehr vergrößerte, je weiter das Jahr voranschritt. Ich habe die noch ausstehenden Geldbeträge nie eingemahnt, ihr auch deswegen niemals Vorhaltungen gemacht, obwohl Urgenzen einen guten Vorwand für Telefongespräche mit ihr ergeben hätten. In den Jahren nach ihrem Geschäftsverkauf waren die Teilzahlungen gänzlich ausgeblieben. Erst als sie begann, von mir Einzahlungsbestätigungen zu verlangen, ohne daß ich Geld von ihr überwiesen bekam, merkte ich, daß sie wieder in Geldproblemen stecken mußte. Sie war jedoch zu keiner näheren Auskunft bereit. Kurzerhand beschloß ich, diese ohnehin nur lästige Angelegenheit in ihrem Sinne aus der Welt zu schaffen und machte ihr den Vorschlag, die Zahlungen zur Gänze zu vergessen.

Wahrscheinlich steckte hinter ihrem Finanzchaos ohnehin nur geschicktes Taktieren mit meiner Gutmütigkeit und meiner Angst, sie könnte in echte finanzielle Nöte geraten.

So war Ingrid (echt oder nur gespielt?) erstaunt, als ich ihr eines Tages erklärte, daß es jetzt nicht mehr meine Verpflichtung sei, die Bausparkassenrückzahlungen durchzuführen.

„Ingrid, das muß dir doch klar sein; in Purbach steht ein Haus, das laut Grundbuch dir gehört, weshalb sollte ich zahlen?"

„Ich habe doch Zahlungsrückstände von 17.000 Schilling."

Dies war zwar keine logische Antwort auf meine Frage, aber dennoch war ich über ihre Sorgen bewegt. Ich blickte zum Fenster hinaus und kämpfte mit mir einen kurzen, aber heftigen Kampf.

„Also gut; du hast morgen Geburtstag. Laß' mir den Erlagschein der Bausparkasse hier. Ich werde alles für dich erledigen."

Kaum war alles „erledigt", mußte ich mich mit der schmerzlichen Tatsache abfinden, daß sie mich nicht mehr besuchte. Auch in ihrer Wohnung war sie nicht mehr telefonisch zu erreichen, und ich sollte auch bald den Grund dafür erfahren. Er sollte mich härter treffen als alle Schicksalsschläge der vergangenen zwanzig Jahre zusammengenommen.

Eine weitere große Enttäuschung war mein Ziehsohn Robert, der mich offensichtlich seit meinem Auszug aus unserer gemeinsamen Wohnung aus seinem Bewußtsein gestrichen hatte. Ich sah und hörte einfach nichts mehr von ihm. Noch während meines letzten Spitalsaufenthaltes hatte ich ihm über Ingrid die Bitte ausrichten lassen, daß er mich kurz besuchen solle. Robert hat sich nicht blicken lassen. Durch meine ehemalige Gattin habe ich erfahren, daß er ausgelernt hatte und noch heute bei der Post arbeiten soll. Eine Familie war aus Lieblosigkeit und Gleichgültigkeit zerfallen.

Auch die Bande innerhalb meiner Verwandtschaft wurden einer Zerreißprobe ausgesetzt. Es ging – wie könnte es anders sein – um das liebe Geld. Ich hatte von meinem Vater erfahren, daß Helmut in größeren Geldnöten steckte und bot ihm den Betrag, den ich von Ingrid erhalten hatte, als zinsenloses Darlehen zur Überbrückung seiner Zahlungsunfähigkeit an. Begierig ergriff er das Geld und machte sich rasch aus dem Staub. Als ich nach einem halben Jahr selbst eine größere Handwerkerrechnung zu zahlen hatte und ihn um die Rückzahlung des geborgten Betrages ersuchte, begann er unter wüsten Beschimpfungen zu toben und gegen mich vorzugehen. Mein Vater mußte mich vor ihm beschützen. Es fielen bei dieser Gelegenheit harte Worte, die ich ihm an den Kopf schleuderte. Auch hielt ich ihm vor, daß er sich jahrelang nicht um unseren Vater gekümmert hatte. Ich hatte offenbar sein schlechtes Gewissen angesprochen, denn er stürzte zur Türe, die laut krachend hinter ihm ins Schloß fiel. Für lange Jahre beschränkten wir unsere Kontakte nur auf das Notwendigste. Nachdem ihn seine Frau endgültig verlassen hatte, verfiel er immer mehr dem Alkohol. Die Trinkerheilstätte Kalksburg beherbergte ihn ebenso wie die Ausnüchterungszellen der Polizei.

Neue Beziehungen – neue Enttäuschungen

Mein Vater war ein herzensguter, hilfsbereiter Mensch, jedoch schweigsam und verschlossen wie ein Kartäuser. Auch der Trinker-Karl ließ sich nicht mehr blicken, und mein Einsamkeitsgefühl steigerte sich immer mehr. In dieser psychisch sehr belastenden Situation raffte ich mich endlich auf, einen Behinderten-Club im 17. Bezirk aufzusuchen, um wenigstens unter anderen Invaliden Anschluß zu finden. Ich entschloß mich auch, die nützliche Einrichtung der Behindertentransporte zu nutzen. Pro Monat erhielt ich einen Bon von zehn Wertkarten, das ergab fünf Hin- und Retourfahrten in größtenteils geräumigen Bussen, in die ich gleich mit dem Rollstuhl hineingeschoben wurde.

Inmitten anderer Schicksalsgenossen, bei Kaffee und Kuchen, erfuhr ich so ganz nebenbei, daß es auch unter Behinderten so etwas wie einen „Liebesmarkt" gab. Einen Jahrmarkt der unerfüllten Hoffnungen – wie ich später selbst herausfinden sollte. Interessiert lauschte ich den Schilderungen, blieb jedoch vorerst skeptisch. Mein Sitznachbar, ein Querschnittgelähmter, schien meinen Argwohn zu bemerken und wandte sich mit einem Paket Briefen an mich.

„Da schau' her, Adolf", sagte er und grinste breit, auf eine Annonce hab' ich gleich 15 Briefe bekommen . . ."

Ich war beeindruckt.

„Is scho recht, Poldi", unterbrach ihn ein beidbeinig Amputierter, „. . . aber du hast sicher nix reing'schrieben, daß'd im Rollwagerl sitzt . . ."

„Da hast amôl recht", lachte Poldi verschmitzt, „das ist eben mein Trick . . ."

Wollte man bei Kontakt- oder Heiratsannoncen erfolgreich sein, durfte man seine Behinderung tunlichst nicht erwähnen. Es blieb jedoch keine Zeit, mir eine ausgeklügelte Taktik zurechtzulegen, denn Poldi setzte seinen Bericht fort:

„Wie mich einmal sogar eine recht hübsche und junge Frau besucht und mich im Rollstuhl gesehen hat, hab' i g'sagt, daß meine Annonce in der Zeitung unvollständig gedruckt worden is . . . Sie ist mich zwar nicht öfters besuchen gekommen, aber a nette Jausn mit an feschen Gegenüber war scho drin . . .“

Der Erfahrungskatalog meiner Freunde war umfangreich. Schrieb man in die Anzeige „behindert“ oder „. . . durch schweren Schicksalsschlag sehr traurig . . .“, dann bekam man, falls überhaupt, nur von zwei Kategorien Frauen Briefe oder Telefonanrufe: entweder von älteren Damen, die meistens jemanden zum Zuhören benötigten, oder von Frauen, die hofften, im Gegenzug für ihre sexuellen Dienstleistungen finanziell ausgehalten zu werden. Nachdenklich fuhr ich mit dem Behindertentaxi nach Hause. Du mußt auch solche Anzeigen aufgeben, dachte ich mir. Jemanden kennenzulernen, mit jemandem in Ruhe sprechen zu können, ja vielleicht sogar etwas Zärtlichkeit zu bekommen, das wäre ein großartiges Erlebnis! Äußerlichkeiten waren für mich nicht wichtig – nur ein freundliches Wesen sollte sie sein.

Das erste Mädchen, das mir auf eine kleine Anzeige schrieb, war eine Grazerin. Erst in meinem dritten Brief wagte ich es, meine Behinderung in sehr vorsichtigen Formulierungen anzudeuten. Sie schrieb prompt zurück, daß sie mein Gebrechen nicht störe, ganz im Gegenteil – es käme ihr allein auf mein gutes Herz an. Das klang ja vielversprechend! Die Briefe flogen in kurzen Abständen für einige Wochen zwischen Graz und Wien hin und her. Endlich entschloß sich meine Grazer Freundin zu einem Besuch in Wien.

Sie hatte schon brieflich ihre Mutter als Begleitperson angekündigt. Ich sandte ihr ein Taxi auf den Südbahnhof.

Als ich mein Grazer Mädl endlich vor mir sah, hielt sich meine Begeisterung stark in Grenzen. Ich mußte betrübt feststellen, daß alle Briefe ganz offensichtlich von ihrer Mutter geschrieben worden waren, da meine „Brieffreundin‘ an der Schwelle zur Schwachsinnigkeit stand. Ihre Mutter drängte zwar – ganz von dem Gedanken durchdrungen, die Tochter endlich doch noch unter die Haube zu bekommen – auf eine Heirat, ich ließ jedoch diese problematische Beziehung nach ihrer Abreise still und leise einschlafen. Eine gute Seite hatte jedoch der heftige Briefverkehr gehabt: Angefeuert durch aufkeimendes Interesse hatte ich mich gezwungen, mit der linken Hand auf der Schreibmaschine zu schreiben, lediglich der Maschinenwagen mußte vom Vater bedient werden.

Mit meiner nächsten Bekanntschaft hatte ich schon ein wenig mehr Glück. In der Zeitungsanzeige hatte ich diesmal nur meine Telefonnummer angegeben. Erst nach Tagen erhielt ich den Anruf einer Gemeindeangestellten. Jetzt wollte ich mir eine weitere Enttäuschung ersparen und sagte gleich rundheraus, wie es um mich stand.

„Wo sind Sie denn behindert?“ Die Frage war mit ehrlichem Interesse gestellt und klang keineswegs schnippisch.

„Ich kann leider nicht gehen“, brachte ich gequält hervor.

„Oh, das macht mir nichts aus, denn Sie haben so eine angenehme Stimme. Ich würd' Sie gerne besuchen; darf ich?“

Sie kam am nächsten Tag. Eine Frau in mittleren Jahren, etwas altmodisch gekleidet, mit einer für sie unvorteilhaft hochgesteckten Frisur. Wir waren bei einer Schale Tee bald in ein angeregtes Gespräch vertieft. Vater zog sich lautlos in unsere kleine Küche zurück. Jeder von uns beiden ließ einen Zipfel seines persönlichen Schicksals sehen. Soviel ich verstand, war sie mit einem nüchternen, phantasie- und gefühllosen Amtsrat verheiratet, der sie nicht als gleichberechtigten Partner akzeptierte.

Gertrud besuchte mich in den nächsten Wochen recht häufig. Sie machte sich in unserer Männerwirtschaft nützlich und lernte mit dem Hydraulikhebegerät umzugehen, um mich am Abend ins Bett zu bringen. Ihr Wissen konnte sie schon bald in die Praxis umsetzen, da mein Vater zu dieser Zeit wegen seiner offenen Beine und arg schmerzender Krampfadern für mehrere Wochen ins Spital mußte. In dieser schwierigen Zeit half sie mir mit großem persönlichen Einsatz. Gleich am ersten Wochenende, das ich ohne Vater verbringen mußte, blieb Gertrud über Nacht bei mir. Eine schon schmerzlich lange nicht mehr erlebte Situation versetzte mich in Verwirrung und Aufregung: das Klappern von Pantoffeln im Badezimmer, die Silhouette einer weiblichen Gestalt hinter den Plastikvorhängen der Dusche. Nach Verlöschen der Nachttischlampen tastete meine Linke durch zentimeterweises Vorwärtsschieben nach ihrer Hand. Unsere Finger verschränkten sich. Ich versuchte, meinem Griff Festigkeit zu geben, was allerdings mißlang. Sie beugte sich über mich, und wir küßten uns. Ich sog den Duft ihrer Haut in mir auf. Von meiner Erregung wagte ich ihr nichts zu sagen.

Während der darauffolgenden Woche stritten wir wegen einer Kleinigkeit, ich kann mich heute beim besten Willen nicht mehr erinnern weshalb.

Sie schrieb mir folgenden Brief, den ich in meiner Dokumentenmappe bewahrt habe:

„. . . Du wirst Dich nun nach unserem Telefongespräch nicht sehr über mich gefreut haben. Du mußt mich nicht falsch verstehen, ich möchte Dich mit meinen Gefühlen für den Mann, den ich küsse, nicht quälen . . . Ich sehne mich doch so nach etwas Liebesglück, sonst könnte ich keinen Mann glücklich machen. Auch bei Dir wird es nicht anders sein; erst wenn Du spürst, daß die Frau, die bei Dir ist, glücklich ist, wirst Du Dich nicht als Belastung für sie fühlen.

Du mußt Dich doch auch etwas in meine Lage versetzen, um zu verstehen, daß mir besonders an ehrlichen Zärtlichkeiten etwas gelegen ist. Sicher, mein Mann ist gesund, aber trotzdem glaube ich nicht, daß dies nur Gesunde ausstrahlen können.

Wenn ich nur an heute Nacht denke, wie grob mein Mann mit seinen Händen meinen Körper berührt hat – es war keine Zärtlichkeit dabei, nur Begierde, die ich zu erfüllen habe. Er tut mir sogar oft weh dabei. Gut, daß es dann finster ist und er meine Tränen nicht sehen kann, denn das würde ihn zornig machen. Du wirst mir sicher nicht übel nehmen, wenn ich von zärtlichen Händen träume, die meine Liebesgefühle nicht zerstören. Immer wenn ich traurig und allein bin, nehme ich meine Mundharmonika und spiele meine Weisen. Ich singe oder spiele nur wenn ich traurig bin und das alles vergessen möchte . . .“

Ein menschlicher Hilfeschrei. Wie mußten die Gefühle dieser Frau durcheinandergeraten sein, die schon mit den ungelenken Zärtlichkeitsgebärden eines Schwerstbehinderten einigermaßen zufriedengestellt werden konnte! Und doch, welche Emotionen konnte Gertrud preisgeben, wenn man behutsam auf ihr kompliziertes Wesen einging! In diesen Wochen wurde mir meine Bewegungsunfähigkeit zur doppelten Last. Ich wollte dieses liebesbedürftige Wesen an mich binden, doch was konnte ich ihr bieten – außer Arbeit und Pflichten? Als mein Vater aus dem Spital entlassen wurde, kam Gertrud nicht mehr täglich zu uns auf Besuch. Im gleichen Maße wie Vater wieder die tägliche Arbeit übernehmen konnte, zog sie sich aus meinem Leben zurück. Ich begründete ihre Distanziertheit mit der Anwesenheit meines Vaters und ließ sie gewähren.

Eines Tages rief mich Gertrud an und teilte mir mit, daß ihr Mann dienstlich nach Salzburg versetzt worden sei. Sie selbst müsse sich dringend nach einer geeigneten Wohnung in der Altstadt umsehen und habe schrecklich viel zu tun. Ich hatte verstanden. Das war der Abschied für immer. Sie war durch neue Aufgaben abgelenkt und bedurfte meiner nicht mehr. Nicht einmal eine Ansichtskarte hat sie mir aus Salzburg geschickt.

Das Jahr 1977 war schon fast zur Neige gegangen, als ich, diesmal im Behinderten-Club, eine seltsam-bizarre Bekanntschaft machte. Die Frau, von der ich spreche, war damals um die Vierzig, klein von Gestalt und schon etwas füllig. Das war jedoch nur die eine Seite der Medaille. Monika war durch Kinderlähmung seit ihrem vierten Lebensjahr an den Rollstuhl gefesselt. Sie konnte ihre Gliedmaßen nicht unter Kontrolle halten. War etwa ihre Hand aus ihrem Schoß gerutscht, so konnte sie diese nicht mehr ohne fremde Hilfe zurückheben. Aber auch ihr Hals konnte seine Stützfunktion nicht erfüllen. Kam ihr Kopf aus dem Gleichgewicht, so pendelte er kraftlos nach allen Richtungen und mußte wieder auf dem Schwerpunkt ausbalanciert werden. Wie ich gesprächsweise erfuhr, lebte Monika in der Nähe des Baumgartner Spitzes, nicht weit entfernt vom Gasthaus meines Vaters.

Sie war elternlos und hatte wegen ihrer schweren Behinderung eine Tag & Nacht-Hilfe. Die gute Seele hieß Anni und war zu jener Zeit, als ich Monika kennenlernte, schon sechzehn Jahre bei ihr im Dienst. Beide Menschen ergänzten sich in harmonischer Weise und ergaben in ihrem Zusammenwirken einen vollwertigen Körper. Monika selbst war der Kopf; hochintelligent, praktisch veranlagt und voll Entschlußkraft, während Anni, mit gesunden Extremitäten, jedoch sehr bescheidenen geistigen Qualitäten, das ausführende Organ in dieser einzigartigen Symbiose darstellte.

Monikas Vater war im Weltkrieg in Rußland gefallen. Ihre Mutter hatte sie bis zu ihrem fünfzehnten Lebensjahr betreut. Urplötzlich, so erzählte Monika, hätte die Mutter eine eigenartige Unruhe befallen. Rastlos begann sie für Monika eine geeignete Betreuerin zu suchen, die sie in Anni fand. Knapp ein halbes Jahr nach dieser glücklichen Fügung starb die Mutter an einem Gehirnschlag. Im Jahre 1980, wenige Tage vor dem Osterfest, wurde Monika durch eine tödliche Lungenentzündung von ihren Leiden erlöst.

Ich denke mit Betroffenheit und Wehmut an die drei Jahre unserer sehr wechselhaften Liebesbeziehung zurück. Ein grausames gemeinsames Schicksal hatte uns durch ein unbeschreibbares Abhängigkeitsgefühl aneinandergekettet. Was unsere Krankheiten betraf, brauchten wir uns gegenseitig nichts verschämt vorzumachen. An langen Nachmittagen und Abenden weinten, spöttelten oder lachten wir – je nach Stimmung – über unseren langsamen körperlichen Verfall.

Die erste Annäherung zwischen Monika und mir lief eigenartigerweise über mein verstoßenes Hausfaktotum Trinker-Karl – und das kam so: Eines Tages (ich litt damals noch immer unter der Trennung von Gertrud) war der Trinker-Karl tatsächlich wieder einmal bei uns vorbeigekommen. Meine Freude war groß, ein vertrautes Gesicht aus vergangenen Tagen zu sehen. Blitzschnell war alles vergeben und vergessen, und noch beim ersten Glas Bier bat er mich, ob er nicht wieder bei mir wohnen könnte. Hochheilige Versprechen der Besserung folgten dieser Bitte. Gertrud stand mir durch ihre Abreise nicht mehr zur Verfügung, und mein Vater tat sich nach dem Spitalsaufenthalt auch immer schwerer, also willigte ich ein.

Als im nächsten Monat die Adventszeit auf dem Kalender stand, verkaufte Trinker-Karl auf einem nahegelegenen Christkindlmarkt Weihnachtsbäume. In den letzten Tagen vor dem Heiligen Abend schenkte ihm der Geschäftsinhaber zehn Bäumchen. Trinker-Karl eilte sogleich mit den Bäumen nach Hause und stellte die duftenden Tannen ins Vorzimmer.

„Ich schenk' sie dir alle, Adolf, damit ich's nicht versaufen tu ...", meinte er in seiner brummigen Art. Ich nahm sein Geschenk mit Freuden an – endlich konnte ich alle meine Wohltäter mit einem Christbaum beschenken. So bedachte ich auch meine neue Bekanntschaft Monika mit einem Baum, was zur Folge hatte, daß sie mich und den Trinker-Karl über die Feiertage zu sich in ihre Wohnung einlud.

Ich sagte erfreut zu und schickte den Trinker-Karl in die weihnachtlich geschmückten Geschäftsstraßen.

Anni hatte für den Heiligen Abend großartig aufgekocht. In ausgelassener Stimmung hatte ich mich ganz spontan entschlossen, meine Evers-Diät aufzugeben. Einfach so. Sie hatte mir ganz offensichtlich während der letzten zehn Jahre ohnehin keinen sichtbaren Erfolg gebracht. Erst als ich Jahre später das Buch der englischen Journalistin Judy Graham „MS – und doch nicht verzweifeln" gelesen hatte, wußte ich, daß zumindest meine gute geistige Verfassung auf die jahrelange richtige Ernährung durch ungesättigte Fettsäuren zurückzuführen war. Das Buch dieser Frau, die selbst an MS erkrankt war, hatte mir allerdings aufgezeigt, daß ich – für sichtbare Erfolge – mit meiner Diät zu spät begonnen hatte. Wie dem auch sei, an diesem Abend war mir alles einerlei, ich warf die Diät-Jahre achtlos hinter mich und ließ mir einen herrlich fetten Weihnachtskarpfen servieren. Mein Magen zahlte es mir am nächsten Tag gründlich heim. Trinker-Karl zeigte sich an jenem Abend von einer mir unbekannten Seite: er sprühte förmlich vor Witz und Charme. Ich führte seine gute Laune auf das höchst dankbare Publikum in Person unserer Anni zurück, die ihm den haarsträubendsten Unsinn abkaufte und ihn verzückt anhimmelte.

Gegen Mitternacht bereiteten wir im Wohnzimmer unser Nachtlager vor. Da dieser Raum nach Gemeindebaumaßstäben geplant worden war, bot er vier Menschen zum Schlafen kaum Platz. Es sah aus wie in der Abfertigungshalle eines Flughafens, in der eine Chartergruppe gestrandet war. Monika und ich wurden auf das Ehebett hinaufgehievt. Dort boten wir sicherlich ein etwas eigenartiges Bild. Monika lag ausgestreckt, da ihre Beine auch mit fremder Hilfe nicht in eine andere Lage gebracht werden konnten. Ich hingegen lag mit angewinkelten Beinen am Bettrand, da ich wiederum die meinen nicht ausstrecken konnte. Ich griff nach Monikas Hand. Das war die einzige Liebesgeste zu der ich selbständig fähig war. Anni schlief auf dem kleinen Sofa, während Trinker-Karl es sich auf einer Luftmatratze bequem gemacht hatte.

Silvester wurde in der gleichen Besetzung gefeiert. Aus dem Radio hörten wir die Pummerin das Jahr 1978 einläuten. Trinker-Karl tanzte mit Anni den Neujahrswalzer, wurde nach einigen Minuten schwindlig und fiel der Länge nach zu Boden. Noch im Fallen hatte er allerdings den Eßtisch gestreift und die Salatschüssel mit auf den Teppich gerissen. Er nahm's nicht sonderlich tragisch – sie war ja mit Weinessig gefüllt.

Die nächsten Wochen und Monate standen im Zeichen meiner innigen Freundschaft mit Monika. Regelmäßig hatte ich schon in der ersten Monatshälfte meine Fahr-Bons aufgebraucht und mußte für weitere Fahrten den vollen Tarif bezahlen, was bei meiner Berufsunfähigkeitspension von rund fünftausend Schilling netto monatlich ein echtes Opfer bedeutete. Während des Tages mußte ich oft stundenlang eng umschlungen bei ihr sitzen. Bedingt durch ihre schwere Krankheit war sie sehr liebesbedürftig und wollte ständig meine Nähe spüren. Nicht, daß ich jetzt behaupte, daß die Zärtlichkeit bei mir keine Rolle gespielt hätte, aber ich konnte meine Gefühle ins Geistige übertragen und bedurfte nicht dieser manchmal ermüdenden Symbolik. Etwas gefühllos ausgedrückt: Monika war hemmungslos besitzergreifend. Noch empfand ich ihre Marotten als neuartig und interessant.

Ab Neujahr hatten wir es uns zur Gewohnheit gemacht, daß ich am Wochenende zu ihr auf den Baumgartner Spitz fuhr. Während der langen Nächte mußte ich beständig ihre Hand halten. Auslassen war nicht gestattet. So lagen wir also regungslos wie die Liegefiguren auf einem Freigrab in der Stephanskirche, die einen verstorbenen österreichischen Herzog mit seiner Gattin darstellen sollen. Vor Jahrzehnten habe ich einmal dieses

Denkmal in unserem Steffl besucht. Es hat mich damals sehr beeindruckt, wie regungslos starr diese Figuren dalagen. Jetzt mußte ich immer wieder daran denken, daß wir diesem fürstlichen Ehepaar an Starrheit um nichts nachstanden.

Nach einigen solcherart zugebrachten Wochenenden sehnte ich mich bereits ab Sonntag früh ein wenig nach der Stille meiner Wohnung. Ruhig im Rollstuhl zu sitzen, ein gutes Buch zu lesen, fernzusehen, jedoch nicht ohne Unterlaß Rede und Antwort stehen zu müssen. Noch aber waren meine Liebesgefühle stark und echt, so daß ich die negativen Seiten unseres seltsamen Zusammenlebens nicht weiter tragisch nahm.

Auch an Wochentagen riß unsere Verbindung nicht ab. Wir telefonierten häufig und ausgiebig. Monika war weitschweifig und geschwätzig. Obwohl ich mich natürlich freute ihre Stimme zu hören, mußte ich nach ein paar Minuten fast zwanghaft an die hohen Tarifkosten denken, was mir ein weiteres Gespräch verleidete. Zwischendurch schrieben wir uns auch häufig auf der Schreibmaschine. Monika konnte mit beiden Händen schreiben. Anni mußte ihre Hände nur auf die Tastatur legen. Da Monika ihre Hände nicht heben konnte, stand Anni meistens in der Nähe, um den Zeilentransporter zu bedienen. Aus dieser Zeit habe ich mir einen Brief von Monika aufgehoben. Der Anlaß des Briefes war ein Streit mit Anni. Ein Ehepaar, das während meiner Anwesenheit in Monikas Wohnung rauchte und qualmte, war der Grund. Ich bat Anni etwas ungehalten, mich doch in den nahen Park zu fahren. Sie gab knapp zurück, daß sie im Augenblick keine Zeit hätte. Nun gab ein Wort das andere. In meiner tiefen Betroffenheit nahm ich es Monika recht übel, daß sie mich nicht unterstützt hatte.

Monika wollte mit diesem Brief die Wogen glätten:

„Mein Liebling! Ich hoffe, daß ich Dich noch so anreden darf! Aber für mich wirst Du immer mein liebster Schatz bleiben, auch wenn Du noch so böse auf mich bist. Ich weiß ja, warum Du gar so böse auf mich bist, Du hast es mir deutlich genug am Telefon gesagt, aber da irrst Du Dich ganz bestimmt, daß ich Dich vor der Anni nicht verteidigt habe. Ich habe ein paarmal versucht sie abzustellen, aber leider ist es mir nicht gelungen, denn ihr beide habt so geschrien, daß ihr mich gar nicht gehört habt. Ich glaube, so weit solltest Du mich schon kennen, daß ich Dich überall verteidigt habe, und es auch heute noch tue, denn ich lasse niemanden etwas Schlechtes über Dich sagen. Ich habe mich dadurch schon mit manchen zerstritten, denn ich bin der Meinung, über Dich gibt es nichts Schlechtes zu sagen. Ja, ich gebe zu, daß ich nichts gesagt habe, als wir den Besuch hatten, denn ich wollte Dir und mir die Peinlichkeit ersparen, daß sie vor Fremden wieder loslegt. Denn ich kenn' sie jetzt lange genug, um zu wissen, daß man die nicht so leicht zum Schweigen bringt; im Gegenteil, wenn ich was sage, wird es noch ärger. Du weißt ja, man kann sie nicht ganz für voll nehmen. Aber was soll ich denn machen, ich brauche sie ja schließlich! Aber Dich habe ich lieb und brauche Dich auch. Es ist alles so schwer, einem jeden das Rechte zu machen. Ich hoffe, Du wirst mir jetzt nicht mehr so böse sein. Ich liebe Dich doch so sehr, und die Zeit wo Du mich nicht angerufen hast, war einfach grauenhaft. Ich hatte solch große Sehnsucht nach Dir. Wie viele Nächte bin ich wach gelegen und habe auf Deinen Anruf gewartet! Aber leider mußte ich mich dann in den Schlaf weinen, denn Du hast wieder nicht angerufen. Um so mehr habe ich mich gestern gefreut, als ich Deine Stimme gehört habe. Ich konnte es kaum glauben, daß Du es wirklich warst. Ich konnte es vor Glück und Freude gar nicht fassen. Hoffentlich wirst Du mich jetzt wieder öfter anrufen. Und wenn es Dir recht ist, rufe ich Dich auch gerne an. Aber nur wenn es Dir recht ist. Wenn ja, dann lasse es mich bitte wissen. Wirst Du wieder einmal zu mir kommen??? Ich würde der glücklichste Mensch auf der ganzen Welt sein. Sag, hast Du mich denn gar kein bißchen lieb? Nur ein kleines bißchen, ich wäre damit schon zufrieden. /. . . / Nur eines sollst Du zum Schluß noch wissen: daß ich Dich liebe und Dich auch immer lieb haben werde, was auch immer kommen mag. Bitte glaube mir das. Und somit verabschiede ich mich in Liebe und mit tausend Küssen, Deine Monika."

Ich glaube, dieser Brief sagt über diesen Menschen einiges aus, so daß ich es dem Leser selbst überlassen möchte, sich ein Urteil zu bilden – vielleicht auch über mich selbst.

Monikas Besessenheit, endlich in ihrem so reduzierten Leben einen Partner mit ähnlichem Schicksal gefunden zu haben, trieb seltsame Blüten. Eines Tages eröffnete sie mir, daß sie mit einem Arzt ein längeres Gespräch geführt habe. Worüber? Aufgeregt erzählte sie mir, daß wir nach unserer Heirat sogar Kinder haben könnten. So könnte nach Meinung des Arztes der männliche Samen in die Gebärmutter eingepflanzt werden. Sie schilderte mir alle Details. Das Wesentlichste hatte sie mir jedoch nicht mitgeteilt. Ich sollte es von Anni erfahren. Der Arzt hatte Monika in unserem Falle dringend von einer solchen Vorgangsweise abgeraten. Abgesehen von einem möglichen medizinischen Risiko, wer sollte das Produkt unserer Liebe großziehen, wer es durch die Schule bringen. Monika versperrte sich oftmals vor der Realität und ließ sie einfach für sich selbst nicht gelten. Sie hatte sich ihre kleine Wohnung zu einer Festung vor der Welt aufgebaut. Für sie selbst sicherlich eine Hilfe, das beschwerliche und reduzierte Leben zu ertragen. Doch mich machten ihre absurden Zukunftspläne eher nervös und stimmten mich depressiv.

Kaum hatte ich sie gefühlvoll von ihrem Vorhaben, Kinder mit mir zu haben, abgebracht, begann sie neue Pläne zu schmieden. Ich sollte mich bemühen, in ihrem Gemeindebau eine Wohnung zu bekommen. Ich würde mir in diesem Falle die zahllosen kostspieligen Transporte ersparen. In diesen Gedankenzügen paarte sich rationelle Sparsamkeit mit Eigennutz. Ich scheute jedoch die unbeschreibbare Mühsal der Magistratskontakte, des Wohnungseinrichtens – und nicht zuletzt des Umziehens –, so daß ich lebhaft bemüht war, dieses heikle Thema zu vermeiden.

Eines Tages fand ich eine Einladung des Malteser Hospitaldienstes in meinem Briefkasten, die mir eine höchstwillkommene Ablenkung von meinen Problemen bringen sollte. Eine Pilgerfahrt nach Lourdes war gerade das geeignete Mittel, mich wenigstens für eine Woche in eine andere Welt zu entführen. Kaum hatte ich die Einladung gelesen, hatte ich mich auch schon spontan zum Mitfahren entschlossen, zumal diese Reise weniger körperliche Strapazen von den Patienten forderte, denn um ihren Schutzbefohlenen eine sechsunddreißigstündige Bahnfahrt in schwankenden Abteilen und engen Lazarettwaggons zu ersparen, hatten sich die Organisatoren für einen knapp zweistündigen Flug entschieden. Es gelang mir, meinen Vater als Begleitperson für diese Wallfahrt zu gewinnen.

Schon sehr zeitig im Morgengrauen des 5. Mai 1978 wurden wir zum Flughafen Wien/Schwechat gebracht. Mittels einer hydraulischen Frachtrampe wurden wir Patienten zu den Einstiegsluken hinaufgestemmt. Und dann kam das Abheben der AUA-Caravelle. Der Flug – der erste meines Lebens – hatte begonnen. Ein wunderbares Erlebnis! Vor meinem Fenster breitete sich die unendliche, tiefblaue Weite des Himmelsgewölbes aus. Wolkengebirge, bizarr und drohend, türmten sich weit unterhalb unserer Caravelle zu Luftschlössern auf. Eine Feenlandschaft, die zum Träumen einlud. Durch Wolkenlöcher konnte man die Erde sehen. Städte, so klein wie Kinderspielzeug. Ich freute mich wahrhaft wie ein kleiner Bub, daß ich das alles noch erleben durfte. Dort unten sind meine Probleme, doch hier oben, schon ganz nahe bei unserem Schöpfer, gibt es nur die grenzenlose Freiheit und das zeitlose Glück. Als unsere Maschine auf dem Flugfeld in Tarbes ausrollte, mußte ich mich wieder auf mein Erdendasein konzentrieren. Mit bereitgestellten Autobussen wurden wir in das fünfzehn Kilometer entfernte Lourdes gefahren. Lourdes! Geschäftiges Weltdorf und – gleichzeitig – verehrungswürdiges Heiligtum der Mutter Gottes, eingebettet zwischen dem Fluß Gave de Pau und dem Massiv der Pyrenäen.

Wir Patienten wurden in einem neuerrichteten Gebäude am nördlichen Ufer des Flusses untergebracht. Von meinem Bett aus hatte ich einen schönen Blick auf die Grotte.

Da das Wetter während des fünftägigen Aufenthaltes äußerst ungünstig war, fanden die großen Lichterprozessionen in der 12.000 m² großen und mehr als 20.000 Pilger fassenden unterirdischen Pius-Kirche statt. Die jungen Malteser nannten dieses Wunderwerk moderner Ingenieurskunst respektlos „Tiefgarage“, was jedoch den Kern der Sache erstaunlich präzise traf. Die uns begleitenden Patres hatten die heikle Aufgabe übernommen, uns Behinderte angesichts der Rosenkranzbasilika und der daruntergelegenen Marien-Grotte den tieferen Sinn unserer Leiden und Entbehrungen verständlich zu machen. Ihre so schwer zu verstehende Botschaft lautete: Nicht die Heilung des vergänglichen Körpers ist das Maß des Erfolges, sondern der wiedergewonnene innere Friede und die Heilung der Seele. Das gelebte Christentum in der Gemeinschaft mit jungen, unbelasteten Menschen hat uns geholfen, diese Botschaft Gottes anzunehmen und danach zu leben. Ich war nunmehr schon das zweite Mal in Lourdes, und wieder umfing mich der eigenartige Reiz dieses seltsamen Ortes der allgegenwärtigen Nächstenliebe. Jeder, der kann, hilft; jeder, der seine Gliedmaßen bewegen kann, packt zu. Und das Wichtigste, jeder hat für seinen Nächsten ein freundliches Wort, eine hilfreiche Geste. Ehrenamtliche „Brancardiers" heben die Kranken in die Becken, endlose Kolonnen von Wägelchen schieben sich scheinbar plan- und ziellos durch die rücksichtsvoll zurückweichende Menschenmenge. Ein Vorgeschmack auf das Paradies.

Wieder zurück in Wien, suchte ich den Behinderten-Club auf. Ich wollte für Lourdes ein wenig Propaganda machen, doch nur wenige Freunde hörten mir zu. Klatsch und Tratsch gewannen rasch die Oberhand. Ein ernstes Gespräch hatte diesmal keine Chance, und ich verstummte.

Anfang Juni 1978 mußte mein Vater ins Wilhelminenspital eingeliefert werden. Zehn Wochen sollte der Aufenthalt dauern. Die Ärzte diagnostizierten Wasser in der Lunge. Viele Tage schwebte er in Lebensgefahr. Als ihn die Ärzte schon aufgeben wollten, raffte er sich – manche behaupteten aus Sturheit – wieder auf und erholte sich zusehends. Für mich war jedoch eine Katastrophe ausgebrochen, denn seine Hilfe in den vielen kleinen Dingen des täglichen Lebens war unersetzlich. So kam es, daß ich an manchen Tagen niemanden zum Niederlegen organisieren konnte. In den Hundstagen des Sommers hatte Trinker-Karl zumeist wieder ausgiebig seinen Durst gelöscht und war abends nicht mehr einsatzfähig. Meistens blieb ich bei Monika und Anni über das Wochenende hinaus, aber gegen Wochenmitte ließ ich mich immer nach Hause bringen. Ich spürte, daß wir ein wenig Urlaub voneinander benötigten, obwohl mich in meiner Wohnung alles andere als ein Urlaub erwartete.

Demnach verbrachte ich diese glücklosen Nächte ganz einfach im Rollstuhl. Ich wartete bis es dunkel wurde und versuchte einzuschlafen, was mir meistens nur für einige Minuten gelang. Jedesmal wenn Frau Heindl mich in der Früh im Rollstuhl entdeckte, wußte sie sofort, was geschehen, oder vielmehr, was eben nicht geschehen war. Eines Abends faßte ich mir ein Herz und rief beim „Roten Kreuz" an, ob sie mir jemanden zum Niederlegen schicken könnten. Schon wenige Minuten nach meinem Anruf war ein Rettungswagen mit Blaulicht vorgefahren, und die Sanitäter kamen die Treppe herauf. Die Türe war jedoch von Trinker-Karl zu Mittag abgeschlossen worden. Die Helfer riefen durch das Schlüsselloch, daß ich den Schlüsselbund beim Fenster hinauswerfen solle. Das war jedoch leichter gesagt als getan. Glücklicherweise saß ich in der Nähe des offenen Fensters. Natürlich warf ich den Schlüsselbund so ungeschickt, daß er im Blumenkästchen hängenblieb. Mit einiger Mühe fischen die Männer die Schlüssel zwischen den Blüten hervor.

„Daß wir heut' noch fensterln gehen, haben wir uns nicht gedacht", schmunzelte einer, als sie mich zu Bett brachten. Wie auch immer, die Nacht war gerettet.

Natürlich erzählte ich Monika am nächsten Morgen telefonisch von meinem Mißgeschick. Sie versuchte mich im Anschluß an meine Schilderungen endlich zu einer Übersiedlung in ihre Nähe zu veranlassen. Nach zahlreichen schlaflosen Nächten gab ich schließlich nach. Ich schrieb also an das städtische Wohnungsamt ein Gesuch, daß ich vom sechzehnten Bezirk in die Gemeindebausiedlung am Baumgartner Spitz übersiedeln möchte. Aufgrund meiner Behinderung hatte man amtlicherseits Verständnis, und ich erhielt schon innerhalb von sechs Wochen im gleichen Gemeindebau, in dem auch Monika wohnte, eine Wohnung zugewiesen. Nur zwei Stiegen trennten uns voneinander. Die Wohnung, zu der ein Lift führte, lag im ersten Stock. Sie war geräumiger als meine alte Behausung, und sogar ein kleiner Balkon war vorhanden. Leider bildeten unschöne Eternitplatten die Verschalung. Das Aussehen des Balkons belastete mich aber noch am wenigsten, denn die Wohnung war nach einer alten Pensionistin in einem desolaten Zustand. In meiner gewohnten Rastlosigkeit und Ungeduld stürzte ich mich in die Organisation der Wiederherstellung. Schon bald hatte ich eine Gruppe Pfuscher beisammen, die gegen gutes Geld bereit waren, die Wohnung neu herzurichten.

Als der größte Teil der Arbeiten erledigt war und ich schon auf Kredit einige neue Einrichtungsgegenstände kaufen wollte, gelang es mir, in meinen hektischen Überlegungen innezuhalten und an stillen Abenden meine Beziehung mit Monika neu zu überdenken. Dazu hatte ich gute Gründe, denn seit einigen Monaten war mir Monikas wachsende Eifersucht und Unduldsamkeit aufgefallen. Zusammen mit ihrer Besitzgier begannen mir ihre negativen Eigenschaften zunehmend auf die Nerven zu gehen. Ich mußte mich stundenweise bei ihr telefonisch melden und genau erzählen, was ich in der verstrichenen Zeit gemacht, gedacht oder mit wem ich gar gesprochen hätte. War ich bei ihr in der Wohnung, so mußte ich mich stundenlang wie ein Schoßhündchen an ihre Wange schmiegen. Auch war mir die häufige Küsserei lästig geworden.

Nun, um es kurz zu sagen, je mehr ich über meine Situation nachdachte, um so mehr wurde ich mir klar, daß ich des Zusammenlebens mit Monika überdrüssig geworden war und die Stille meiner alten Wohnung einer zweifelhaft trauten Zweisamkeit vorzog. So gebrauchte ich die unwahrscheinlichsten Ausreden, um nicht in ihrer Nähe sein zu müssen. Doch eines Tages wußte sie – von wem auch immer – über meine geheimsten Gedanken genau Bescheid. Es gab einen heftigen Streit. Sie schrie und weinte und bombardierte mich mit Briefen.

Nachdem einige Freunde und Bekannte von meinen zwiespältigen Gefühlen zu Monika wußten, grübelte ich nach, wer mich verraten haben könnte. Mein Verdacht fiel zuletzt auf den Trinker-Karl.

„Sag, Karl, hast' mich bei der Monika verpetzt? Ich sag' ihr am liebsten selbst die Wahrheit, wenn es soweit ist . . .“

„Aber naa, i do net!", sagte er mit einer wegwerfenden Handbewegung; wagte es jedoch nicht mich anzublicken.

Für mich war es klar, der Trinker-Karl war's, und ich würde schon draufkommen, weshalb er es getan hatte!

Noch in der gleichen Woche schrieb ich dem Wohnungsamt, daß ich auf meine neue Wohnung gegen Kostenersatz verzichten möchte. Der zuständige Amtsrat rief mich an und beklagte sich, daß ich seiner Dienststelle unnötige Verwaltungsarbeit aufgehalst habe. Der Amtsrat war jedoch gegen Ende des Gesprächs gnädig gestimmt und versprach, meinem Wunsch nachzukommen. Für die handwerklichen Verbesserungen in der neuen Wohnung erhielt ich einen geringen Betrag als Kostenersatz, da ich naturgemäß keine Rechnungen vorweisen konnte. Pfuscherschicksal! Finanziell hatte ich einen großen Verlust erlitten, der mehr als die Hälfte meiner Ersparnisse verschlungen hatte. Aber ich hatte mein Selbstwertgefühl und meine Freiheit bewahrt.

Mein wieder gesund gewordener Vater hatte fast die gesamte Last des Haushalts zu tragen, da Trinker-Karl immer seltener nach Hause kam, um zu übernachten. Wie ich aus „gut unterrichteten Kreisen" erfahren mußte, hatte er sich bei Monika einquartiert. Ich war so sprachlos, daß ich erst gar nicht bei Monika anrief. Als ich sie im nächsten Jahr einmal zufällig im Behinderten-Club traf, fanden wir daher rasch ein Thema, über das wir uns vor allen Leuten ausgiebig zanken konnten. Monika verteidigte den Trinker-Karl, von dem sie behauptete, daß er nicht mehr trinke. Ich lachte sie aus. Die Nachrichten versiegten dann für lange Zeit.

Erst im Jahre 1980 hörte ich, daß Monika an einer Lungenentzündung gestorben war und Trinker-Karl mit der gleichen Krankheit sterbenskrank in einem Spital lag.

Ich brauchte einige Stunden, um diese Nachrichten zu verdauen. Monika und ich. Fast wären wir ein Paar geworden. Wie absurd mußte unsere Situation gewesen sein, daß uns dieser Gedanke im Grunde gar nicht so abwegig erschienen war? Die Sehnsucht nach einem gemeinsamen bißchen Lebensglück hatte die Realität zurückgedrängt. Was half es mir, daß ich früher unseren Traum ausgeträumt hatte als sie?

Einige Monate nach Monikas Tod ging es auch mit mir weiter bergab. Ich laborierte viele Wochen lang an den Folgen eines neuen Schubes, der mir absolut und endgültig die Kraft meines linken Armes raubte. Es hatte so großer Willenskraft bedurft, bis durch stetes Üben der linke Arm alle Funktionen meiner völlig steifen und gefühllosen Rechten übernommen hatte. Jetzt war aller Fleiß sinnlos und umsonst geworden. Ich war unfähig, auch nur die kleinsten Handgriffe des täglichen Lebens auszuführen. Natürlich konnte ich auch den Telefonhörer – mein Bindeglied zur Außenwelt – nicht mehr an mein Ohr pressen. Mein Vater mußte immer bei mir stehen und mir den Hörer halten. Um Schecks oder sonstige Dokumente und Schriftsachen unterschreiben zu können, ließ ich mir einen Stempel anfertigen, der meinen Schriftzügen nachmodelliert worden war.

Nachdem ich diesen Schub wieder hinter mich gebracht hatte, lud mich eine Gruppe junger Malteser auf eine Urlaubswoche nach Traunkirchen ein. Dort lernte ich einen Leidensgenossen kennen, der ebenfalls seine beiden Hände nicht mehr gebrauchen konnte. Wir saßen auf einer Sonnenterrasse und genossen den Blick auf den Traunsee, als mein neuer Freund mir von seiner umfangreichen Korrespondenz erzählte.

„Aber wie kannst du schreiben, wenn du nicht wenigstens eine Hand gebrauchen kannst?"

„Na, ganz einfach, lieber Adolf, ich schreibe mit dem Mund!"

Ich verstand ihn nicht und dürfte ihn nicht gerade intelligent angeblickt haben. Er bemerkte meine Ratlosigkeit und ließ eine ausführliche Erklärung folgen. Nachdem ich aufmerksam zugehört hatte, erschien alles schon viel einfacher. Alles was ich brauchte, war ein Holzstaberl, an dessen einem Ende ein Gummihut steckte, der ein Abrutschen auf der Tastatur verhindern sollte.

„Am leichtesten tust du dir, wenn du eine elektrische Schreibmaschine zur Verfügung hast."

Ich war natürlich sofort von dieser Idee besessen. Kaum

nach Hause zurückgekehrt, studierte ich einen Werbekatalog für Büromaschinen. Nachdem ich mir eine geeignete, das heißt in erster Linie eine nicht zu teure Schreibmaschine ausgewählt hatte, mußte ich noch einige Wochen in Ungeduld zuwarten, bis ich meinen Vater soweit hatte, daß er mir eine kaufte.

Als die Schreibmaschine geliefert wurde, war ich glücklich wie ein Kind und hätte am liebsten auch selbst beim Auspacken mitgeholfen. Ich wollte gleich mit dem Schreiben beginnen. Ein Holzstaberl hatte sich rasch gefunden. Einen geeigneten Gummihut aufzutreiben war schon ein größeres Problem.

Ein eifriger und langjähriger Helfer aus der Pfarrgemeinde hatte bei einem seiner zahlreichen Besuche die Idee, ganz einfach den Gummistöpsel einer aufgebrauchten Augentropfenflasche zu verwenden. Jetzt konnte das Holzstäbchen auf der Tastatur nicht mehr abgleiten.

Mein Vater schob meinen Rollstuhl vor die Schreibmaschine und schaltete den Stromanschluß ein. Der Besuch studierte gemeinsam mit uns die Gebrauchsanweisung. Nachdem das Papier richtig justiert war, gab mir Vater das Stäbchen in den Mund. Jetzt konnte es losgehen!

Wie ein Huhn, das ein Korn aufpicken wollte, stach ich auf den Hebel des Zeilentransporters ein. Mit affenartiger Geschwindigkeit fuhr der Wagen in seine Ausgangsstellung zurück. Ich erschrak nicht wenig, war das ein Tempo! Jetzt müßte man nur noch dementsprechend schnell schreiben können! Unverzagt stocherte ich mit dem Stäbchen auf der Tastatur herum. Es funktionierte nicht schlecht. Rasch hatte ich das Datum geschrieben, dann die Anrede und war sogleich mit den ersten Sätzen beschäftigt.

„Wer ist denn der ‚liebe Thomas‘?“, wollte mein Vater wissen. Es entstand bei beiden Herren eine kurze Verwirrung, weshalb ich denn nicht antwortete. Mit einem verlegenen Schmunzeln nahm man mir das Stäbchen aus dem Mund.

„Ein Freund aus dem Behinderten-Club“, konnte ich nun endlich antworten. Ich schrieb weiter. Nach Vollendung des ersten Absatzes bekam ich jedoch durch das Halten des Stäbchens mit den Zähnen einen schmerzhaften Krampf in der Kiefermuskulatur. Ich mußte eine Pause einlegen. Mein Vater massierte mir die Wangen. Nachdem ich zusätzlich mit dem Unterkiefer einige Lockerungsübungen gemacht hatte, konnte ich den Brief zu Ende schreiben. „Es grüßt Dich herzlich Dein Freund Adolf", lautete die letzte Zeile. Sie hatte vierunddreißig Buchstaben. Mein erster Brief, den ich mit einem Stäbchen im Mund geschrieben hatte, war fertig. Ich hatte für zwei Maschinseiten fast drei Stunden benötigt, aber Zeit spielte bei mir ohnehin nur eine geringe Rolle. Weitere Briefe folgten in den nächsten Tagen. Jedesmal peinigte mich nach etwa einer Stunde ein Krampf. Da half auch kein Training. Die Anstrengung war zu groß. Da hatte eine meiner freiwilligen Wochenendhelferinnen, die Schwester meines Dentisten, einen Einfall. Sie brachte aus der Ordination ihres Bruders eine Knetmasse mit und nahm mir einen Gebißabdruck ab. Dieser Abdruck wurde mit einer Plastikmasse ausgegossen und daraus ein Mundstück angefertigt. In dieses Gebilde, einem Mundschutz für Boxer nicht ganz unähnlich, wurde auf der Höhe meiner Schneidezähne ein Loch gemacht, in welches das Stäbchen gesteckt werden konnte. Ich nahm also diese Stützhilfe in den Mund und vergrub meine Zähne darin. Der Erfolg war selbst für mich erstaunlich. Entspannt konnte ich ohne Krämpfe stundenlang schreiben – bis mir der Rücken weh tat.

Auf diese Art und Weise habe ich über die Jahre hinweg wohl hunderte Briefe geschrieben: fruchtlose an meine geschiedene Gattin, sentimentale an einsame Frauen und rührselige an Damen, die meinen Briefen gegenüber Groschenromanen den Vorzug gaben und mich gelegentlich besuchten. So hatte ich durch meine regelmäßige Briefproduktion schon einige Wochen nach dem endgültigen Bruch mit Monika eine sehr verständnisvolle und liebesbedürftige Frau gefunden, die mich oft besuchte. Sie hieß Eleonore, war frisch geschieden, hatte drei schulpflichtige Kinder und wohnte jenseits des Donaukanals. Bei mir konnte sie ihr Herz ausschütten. Ich hatte fast unbegrenzt Zeit und, was vielleicht neben manch schlechter Eigenschaft ein wirkliches Plus in meinem Wesen war, ich hatte Geduld. Auch mit dieser guten Charaktereigenschaft bin ich wahrlich nicht geboren worden. Durch meine Krankheit habe ich sie gehörig üben können. Eines Tages erzählte mir Eleonore mit tiefer Niedergeschlagenheit, daß ein Facharzt bei ihr akutes Nierenversagen festgestellt habe. Sie müsse nun jeden dritten Tag zur Blutwäsche ins Spital. Geschockt hörte ich diese schlechte Nachricht und versuchte sie zu trösten, so gut ich es eben vermochte. In den folgenden Wochen bemerkte ich bei ihren Besuchen, wie sich offenbar durch diese Krankheit ihr Charakter langsam, aber stetig zum schlechteren veränderte. Sie wurde mürrisch, ungeduldig und verschlossen. Sie begann sich durch ihre Kinder am Telefon verleugnen zu lassen. Unsere Verbindung teilte das Schicksal aller meiner weiblichen Bekanntschaften, sie verlor sich im Nichts der Gleichgültigkeit. Nach einem Jahr Funkstille hörte ich von Bekannten, daß sie sich in der Küche ihrer Mietwohnung erhängt hatte, während ihre Kinder am Spielplatz herumtollten.

Aber ich habe durch meine Briefschreiberei nicht nur negative und deprimierende Erfahrungen gemacht. Wie so häufig im Leben, gab es auch hier komische Momente und Situationen. So war es mir durch meine akrobatischen Schreibkünste zumindest vergönnt, meinem Freund Ernstl ein kurzfristiges Liebeserlebnis zu verschaffen.

Ernstl war schon sein Jahren als Telefonist beschäftigt. Durch eine Hornhauterkrankung war er beinahe erblindet. Bei guten Lichtverhältnissen konnte er allerdings noch relativ ausreichend sehen. Sein körperliches Leiden wurde durch ein seelisches Problem verstärkt: er war sehr schüchtern.

Eines Tages, ich war wie üblich mit meiner Korrespondenz beschäftigt, erhielt ich ein Schreiben, das mir durch eine übersteigert große Schlingenhandschrift gleich auffiel. Beim näheren Hinsehen erkannte ich durch einige Übung, daß es sich hier um eine ältere Frau handeln müßte. Eigentlich ein Fall für Ernstl, dachte ich mir und nahm mir vor, diesmal ein wenig Schicksal zu spielen. Vater wählte die im Brief angegebene Nummer und hielt mir den Hörer zum Sprechen hin. Als sich die Briefschreiberin meldete, erkannte ich am Klang ihrer Stimme, daß sie wohl um die Sechzig sein mußte.

Angeregt durch ihre sehr lockere Schreibweise und ihre leicht anzügliche Wortwahl im Gespräch, wagte ich eine amouröse Andeutung. Sie griff sogleich den Gesprächsfaden auf:

„Na du bist mir aber ein kleiner Strolch! Du kannst mich jederzeit besuchen kommen. Ein kleines Mitbringsel trägst du ja hoffentlich immer mit dir herum . . ."

Das klang vielversprechend. Wie gesagt, ein Fall für den Ernstl. Ich bestellte ihn für den nächsten Tag zu mir, ohne ihm den Grund zu sagen. Von Angesicht zu Angesicht eröffnete ich ihm, daß er sich für mich bei einer sehr netten – wenngleich schon etwas reiferen – Dame wacker zu schlagen hätte.

„Ich habe ein Rendezvous ausgemacht, zu dem ich leider selbst auf keinen Fall gehen kann. Ernstl, du bist meine letzte Rettung! Um sie nicht zu vergrämen, mußt du dort in meinem Namen auftreten, verstehst'?"

Ich gab ihm die Adresse und schickte ihn mit meinen besten Glückwünschen auf den Weg. Vorsorglich ermahnte ich ihn noch, seine Armbinde rechtzeitig vor Betreten der Wohnung abzunehmen. Vorsichtshalber hatte ich den Termin für den späteren Nachmittag vereinbart. Die im Spätherbst rasch hereinbrechende Dunkelheit würde – so hoffte ich jedenfalls – beiden eine mögliche Enttäuschung ersparen. Am Tag, der dem Rendezvous folgte, rief er mich an.

„Also Adolf, das war wirklich eine Supervermittlung! Die Frau Mizzi hat mir einfach keine Zeit gelassen, Hemmungen zu bekommen."

„Sehr gut Ernstl, war also alles OK?"

„Ja, nur ich glaub, sie war nicht mehr die Jüngste . . ."

„Wieso denn, Ernstl?"

„Na ja, ich bin mir nicht so sicher . . . als ich sie angriffen hab . . ."

Ich zerstreute seine Bedenken und legte auf. Hauptsache beide Beteiligten hatten ihre Freude gehabt. Manchmal kann Sehschwäche im Leben auch ein Vorteil sein.

Wenn ich nun dieses Lebenskapitel abschließe und mich ohne Sentimentalität zurückerinnere, muß ich eingestehen, daß mir weder die Kontaktadressen noch die vielen Briefe menschlich wirklich etwas gebracht haben. Ich habe in fast jede Bekanntschaft seelisch etwas investiert und selten das zurückerhalten, was ich erhofft hatte. Mein Resümee: Ich habe Menschen kennengelernt, die in gewissem Sinne ebenfalls krank waren, wenn schon nicht körperlich, so doch fast ausnahmslos seelisch. Das am Bildschirm oft geprägte Wort von einer „kranken Gesellschaft" war für mich erlebte Realität geworden

In der Ewigen Stadt

Eine Aktivität des Malteser Hospitaldienstes riß mich jedoch bald wieder aus meinen trüben Gedanken. Am 15. Oktober 1979 startete vom Wiener Südbahnhof ein großer Pilgerzug nach Rom. Verwirrt durch einen plötzlich verstopften Katheter, hatte ich meinen Paß vergessen, was mir leider erst auf dem Bahnhofsperron einfiel. Eine Malteserschwester startete sofort, um mein Reisedokument doch noch im letzten Augenblick herbeizuschaffen. Es gelang. Der Zug setzte sich zwei Minuten nach ihrem Eintreffen in Bewegung. Somit rollten zehn Waggons mit etwa dreihundertdreißig Behinderten und über hundertfünfzig Maltesern als Sanitätern auf die Ewige Stadt zu.

Die engen Abteile und Korridore war ich schon von einem „Sonnenzug" gewohnt, wo wir ebenfalls ohne Lazarettzug gefahren waren. Trotzdem stellt eine Bahnfahrt an den ungeübten Körper immer wieder hohe Anforderungen, die man jedoch – um endlich den eigenen vier Wänden zu entkommen – sehr gerne auf sich nimmt. Und dennoch, auf das Klosett gehen zu müssen, ist natürlich ein qualvoller Stafettenlauf. Für den Behinderten ebenso wie für das Pflegepersonal. Ich erinnere mich lebhaft an Augenblicke, in denen ich meinen leblosen Körper leise verfluchte. Links und rechts von kräftigen Helfern gestützt, um im schwankenden Zug nicht vom Brett herunterzufallen, saß ich da wie eine Qualle, während mich eine Schwester reinigte.

Aber auch diese Zeit ging rasch vorbei. Als wir in Rom

angekommen waren, hatte ich – abgelenkt durch die monumentale Pracht der Bauten – die Mühsal der Bahnfahrt bald verdrängt und vergessen. Fast fünfhundert Personen wurden mit vierzehn Autobussen durch die Straßen Roms von einem Konvoi „weißer Mäuse“ durch einen abenteuerlichen Verkehr gelotst.

Wir machten aber auch Ausflüge in die nähere Umgebung Roms. Ich hatte das südliche Landleben noch nie kennengelernt und war von der stimmungsvollen Idylle ganz verzaubert. Weingärten, wohin das Auge auch blickte. Dazwischen romantische Landhäuser inmitten gepflegter Gärten. Ruhe und Frieden unter wolkenlosem Himmel. Vor allem die Betreuung aber war ganz hervorragend. Ich möchte dies dem Leser anhand eines Beispiels schildern. Während der Busfahrt fiel dem Fahrtleiter im Rückspiegel auf, daß ich ein verkniffenes Gesicht machte. Nachdem er sich durch die dichtbesetzten Reihen des Autobusses zu mir durchgekämpft hatte, erkundigte er sich besorgt nach meinem Befinden. Er hatte die Situation natürlich richtig gedeutet. Ich wollte jedoch niemandem zur Last fallen und hatte deshalb geschwiegen. Meine Beine baumelten in den Freiraum des hinteren Ausganges herunter, was einen unangenehmen Druckschmerz in meinen beiden Oberschenkeln auslöste. Ich bekannte, daß ich für meine Beine eine feste Unterlage benötigen würde.

„Wart' nur ein bisserl; das erledige ich schon . . .“ Fort war er. Als wir gerade die Stadtgrenze überfuhren, deutete er dem Fahrer bei einem Schuttabladeplatz stehenzubleiben, was dieser mit einem verständnislosen Achselzucken auch tatsächlich tat. Der junge Malteser verschwand zwischen den Müllhalden, um nach einigen Minuten mit einem Brett aufzutauchen, das er triumphierend über seinem Kopf schwang.

„Hier Adolf, ich hab' die Lösung deines Problems!“, keuchte er. Das Brett wurde über den Stufenabgang gelegt und meine Füße daraufgestellt. Alles war nunmehr in bester Ordnung.

In dieser uralten Stadt hat an erster Stelle die Peterskirche großen Eindruck auf mich gemacht. Welch eine Prachtentfaltung! Neben diesen gewaltigen Säulen kam ich mir ganz winzig und unscheinbar vor. In diesem grandiosen Bauwerk spürte man seelisch und körperlich die Gegenwart Gottes.

Der unvergeßliche Höhepunkt unserer Pilgerfahrt lag jedoch erst vor uns, eine Papstaudienz auf dem Petersplatz. Die Rollstühle hatte man in die ersten Reihen geschoben. Wir Kranke waren gleichsam die Vorhut der wartenden Menschenmassen. Ich empfand diese Situation als einen beglückenden Gegensatz zur Praxis des Alltags, wo gewöhnlich die Behinderten im allerletzten Glied stehen.

Ich erwartete mit meinen Freunden mit großer innerer Erregung das Erscheinen des Papstes. Ich hatte über den polnischen Pontifex schon viel gelesen und gehört. Plötzlich wurde ich aus meinen Gedanken gerissen, denn eine eigenartige Unruhe kam in die Menschenmenge. Der aufflackernde Applaus schwoll zu einem Orkan. Rufe ertönten, Menschen hoben ihre Kinder empor. Szenen, wie ich sie schon oft im Fernsehen erlebt hatte, und dennoch empfand ich hier inmitten Gleichgesinnter ganz anders. Ich verrenkte meinen Kopf in Richtung des Epizentrums der Erregung und sah Johannes Paul, wie er sich durch die Reihen der Rollstühle zwängte. Bei jedem Behinderten blieb er stehen, segnete ihn und sprach ein paar Worte. Auch vor meinem Wägelchen hielt er inne und blickte mich an. In fließendem Deutsch sprach er mich an. Ich war so bewegt und aufgeregt, daß ich mir nicht merken konnte, worüber wir gesprochen hatten. Als der Papst zum nächsten Rollstuhl weiterging, schloß ich meine Augen und ließ meinen Kopf mit einem Gefühl der Entspannung auf die Stütze sinken. Was für ein Augenblick in meinem elenden Dasein! Mein Herr und mein Gott, ich will mein Leid in Geduld und Demut tragen, bis Du mich abberufst aus dieser Welt! Die Tränen flossen mir über die Wangen, und ich schämte mich nicht. Eine Schwester beugte sich lächelnd über mich und trocknete meine Tränen mit einem Papiertaschentuch.

Als der Papst durch die Reihe vor mir schritt, schlug meine dumpfe Ergriffenheit in Fröhlichkeit um. Ein kleiner Bub aus Salzburg, der unter spastischer Schüttellähmung litt, fragte gerade den Heiligen Vater, ob er ihm wohl einen Brief aus seiner Heimat schreiben dürfe. Der Papst lächelte, strich dem Knaben über den Kopf und antwortete, daß ihn seine Absicht sehr freue und er natürlich zurückschreiben werde. Meine Aufmerksamkeit war durch die helle Stimme des Buben geweckt worden, und ich versuchte, mir keine Silbe dieses Dialoges entgehen zu lassen. Der Papst ging gerade zum nächsten Patienten weiter, als er neben sich die Stimme des Knaben vernahm:

„Aber, Heiliger Papst, ich weiß ja Deine Adresse nicht . . .!"

Der Pontifex wandte sich schmunzelnd zur Seite: „Schreib' nur: für den Papst, Vatikan; das genügt. Denn ich glaube, hier kennt man mich!"

Ein neues Zuhause

An einem Februartag des Jahres 1980 erhielt ich vom Wohnungsamt der Stadt Wien ein offizielles Schreiben, daß mein schon längst vergessenes Ansuchen, ebenerdig zu wohnen, durch eine Einweisung in eine neuerrichtete Gemeindebausiedlung im 12. Bezirk positiv erledigt werden konnte.

„Ich würde dort", so der Wortlaut des Schreibens, „. . . zwar mit anderen Behinderten zusammenleben, jedoch nicht zusammen wohnen . . . " Sogar eine spezielle Rollstuhlrampe war als Zugang zu meiner Wohnung eingeplant worden. Zuerst war ich hocherfreut, zumal die neue Wohnung um einige Quadratmeter größer sein sollte als mein derzeitiges Domizil im ersten Stock. Ein Badezimmer vermittelte mir einen Hauch von Luxus. Aber bald holten mich Übersiedlungsängste auf den Boden der Realität zurück. Wie schon so oft, hatte ich nicht ernstlich mit einer Übersiedlungsmöglichkeit gerechnet. Aus eigener Körperkraft konnte ich ja nicht einmal einen Handgriff zur Übersiedlung beitragen. Viele Fragen und keine Antworten gingen mir durch den Kopf. Wer erledigt für mich die notwendigen Behördenwege, wer organisiert den Möbeltransport, ja, wer verpackt überhaupt meinen Hausrat? Auch die Sturheit meines Vaters war nicht dazu angetan, meine Sorgen zu verringern. Er wollte unter gar keinen

Umständen die schon vertraute Umgebung in Ottakring verlassen. Zuerst ärgerte mich das Verhalten meines Vaters, dann überwogen jedoch bei mir Toleranz und Verständnis: er war ja bereits über einundachtzig Jahre alt. Was sollte also geschehen? Auf der anderen Seite war eine ebenerdige Wohnung für die zahlreichen Rollstuhltransporte ein großer Vorteil. In meiner Verzweiflung telefonierte ich mit dem zuständigen Referenten bei der Gemeinde Wien. Ein verständnisvoller und sehr höflicher Beamte hörte sich mein ganzes Gejammer geduldig an und versprach, in Anbetracht meiner besonders berücksichtigungswürdigen Situation, das Wohnungszuteilungsverfahren bis Juni in Schwebe zu belassen. Bis zu diesem Zeitpunkt müsse ich mir allerdings die Übersiedlung organisiert haben. Der Beamte versprach mir auch ein Formular zuzusenden, da ich einen Übersiedlungskostenzuschuß beantragen könnte.

Als Frau Leopoldine V., die Gattin meines treuen und verläßlichen Helfers, zu mir zu Besuch kam, klagte ich ihr mein Leid. Die Frau war mit meinen Übersiedlungsproblemen sichtlich überfordert. Ratlos blickte sie mich an. Doch sogleich war sie wieder optimistisch. Ihr und ihren Damen von der Familienrunde werde schon etwas einfallen. Kaum hatte ich meine Probleme kundgetan, rollte auch schon eine unerwartete Welle der Hilfsbereitschaft an.

Männer und Frauen unserer Pfarre versprachen, während der Übersiedlung tatkräftig zuzupacken. Ebenso sagte eine Gruppe Malteser ihre Hilfe zu.

Gestärkt durch diese moralische Unterstützung, schöpfte ich neuen Mut und nahm mit einer Bank Kontakt wegen eines Kleinkredits auf. Mein Vater fungierte wieder als Bürge und Zahler. Diesmal tat er es sogar freiwillig. Eine junge Malteserin begleitete mich in zahlreiche Kaufhäuser, wo ich mir nun alle dringend benötigten Einrichtungsgegenstände bestellen konnte. Ein einfacher Kücheneinbau und ein Doppelbett für mich und meinen Vater, denn trotz seines Widerstandes wollte ich die Hoffnung nicht aufgeben, daß er mich doch in meine neue Wohnung begleiten würde.

Anfang Juni 1980 war es endlich soweit, ich unterschrieb

(bzw. mein Vater stempelte) den neuen Mietvertrag, und wir bekamen die Wohnungsschlüssel ausgehändigt.

Vater behielt die Wohnung im 16. Bezirk.

Ich nahm sofort mit dem Pfarrer meines neuen Wohnsitzes in Wien/Altmannsdorf Kontakt auf. Dieser Seelsorger war ein durchaus praktisch veranlagter Mensch und organisierte mir einen Elektriker, der die Kommissionierung meiner elektrischen Anlage in die Wege leitete. Für die meisten Amtswege fühlte sich noch mein Pfarrer in Ottakring verantwortlich. Somit hielt ich eine ganze Gruppe in emsiger Beschäftigung.

Ich befand mich offenbar in einer Glückssträhne, denn sogar Ingrid erschien in diesen hektischen Tagen bei mir. Sie hatte von meinen Übersiedlungsabsichten erfahren und versprach, die Tapetenarbeiten für mich zu erledigen. Obwohl ich mich sehr über ihr Angebot gefreut hatte, war sie leider der einzige Mensch, auf den ich mich nicht verlassen konnte. Als ihr Arbeitseinsatz vonnöten war, konnte ich sie nirgends erreichen.

Die Tapetenrollen lagen wochenlang in der halbfertigen Wohnung herum, ehe Ingrid endlich eines Tages auftauchte. Sie sei in Deutschland gewesen, um nach dem Verkauf ihres Geschäftes (lange hatte sie es also nicht ausgehalten!) ein wenig auszuspannen.

Am darauffolgenden Tag begann sie tatsächlich den Vorraum und das Wohnzimmer zu tapezieren. Leider hatte sie für diese Tätigkeit nur stundenweise Zeit, so daß sie nur sehr schleppend vorankam. Von anderen Mithelfern mußte ich eines Tages erfahren, daß Ingrid beim Tapetenkleben von einem bärtigen Herrn unterstützt wurde, den sie Karli nannte. Die Beschreibung paßte genau auf meinen alten Widersacher Karl Molnitzky. Wäre ich dazu in der Lage gewesen, hätte ich in diesem Augenblick gerne die Fäuste geballt. Begann sich zwischen den beiden wieder etwas anzubahnen? Welches Leid brach wiederum auf meine alte Bekannte Burgi herein! Ich brachte weder die Kraft auf, Ingrid direkt zu fragen, noch konnte ich mich zu dem Entschluß durchringen, Burgi einen Hinweis zu geben. Ich wollte gegenüber der zweifachen Frau Molnitzky nicht neuerlich als Überbringer einer Hiobsbotschaft auftreten.

Ohne auf ihr Privatleben einzugehen, erzählte mir Ingrid, daß sie einen Halbtagsjob in der Shopping City am südlichen Stadtrand von Wien als Verkäuferin in einer Schmuckboutique angenommen hatte. Die andere Hälfte des Tages arbeite sie in Schwechat in einem Buffet als Serviererin. Ich hatte verstanden. Somit war mein Anliegen wieder gänzlich an den Rand ihres Interesses gerückt. Für mein Schlafzimmer hatte ich mir eine heikel zu verarbeitende Landschaftstapete eingebildet. Ingrid beabsichtigte ihren Sohn Robert für diese Arbeit zu verpflichten. Ich konnte nur bitter auflachen. Ich habe Robert niemals in meiner neuen Wohnung gesehen, noch gehört, daß er dort gearbeitet hätte. Auch Ingrid versuchte nicht mehr ihr Geschick an dieser Landschaftstapete.

Anfang November 1980 war es endlich soweit. Die Wohnung war halbwegs beziehbar, und ich sollte übersiedeln. Die Helfer der Pfarre und meine Malteser standen bereit. Mein Hausrat war feinsäuberlich in Kisten und Schachteln verpackt. Ein gemieteter VW-Bus fuhr knapp bis vor das Eingangstor des Gemeindebaus. Da der Wagen den Gehsteig unpassierbar machte, beeilte sich jeder mit dem Aufladen der einzelnen Gepäckstücke. Mein Vater saß währenddessen in der fast vollständig ausgeräumten Wohnung und starrte bewegungslos vor sich auf den Boden. Kaum war der Ruf „Geh, holt's den Adolf herunter, wir sind mit'm Aufladen fertig" verklungen, sprang er von seinem Stockerl hoch und blickte in Panik um sich.

„So wart's doch ein wengerl, Leute, was ist denn mit meinen Sachen? Ich fahr ja mit!"

Verstohlen schmunzelnd sahen wir uns alle an.

Unter Gelächter und Scherzen wurden Vaters Habseligkeiten rasch zusammengepackt und ebenfalls aufgeladen. Ich selbst wurde samt dem Rollstuhl auf die Ladefläche gehoben und festgezurrt. Für Vater gab es neben dem Fahrer ein schmales Plätzchen.

Fünf junge Leute erwarteten uns schon in der neuen Wohnung. Nachdem allerdings der große Wandschrank erst am nächsten Tag geliefert werden konnte, mußte ein neues Helferteam ausrücken.

Die ersten Tage in einer ungewohnten Umgebung waren für mich nur sehr schwer mit Geduld zu meistern. Die nackten Glühbirnen störten mich viel weniger als die Tatsache, daß ich hier in Altmannsdorf meine Helfer für die Körperpflege, das Umbetten und vor allem für das Aufstehen und Niederlegen neu gewinnen und organisieren mußte. Die Probleme begannen damit, daß der verläßlichen Frau Heindl, die mir in Ottakring so umsichtig geholfen hatte, der Weg nach Altmannsdorf einfach zu weit geworden war.

Eine Organisation, die sich „Die Frau und ihre Wohnung" nannte, sandte mir eine neue Heimhilfe. Diese sehr junge und zarte Frau machte ihre Arbeit jedoch betont nachlässig, und ich mußte schon bald um eine Ablöse bitten. Meiner Bitte wurde auch prompt entsprochen. Frau Wallner, meine neue Heimhilfe, blieb bis Juni 1981 und war teilnahmsvoll und hilfsbereit.

Vater und ich feierten gemeinsam mit einem echten Christbaum unsere ersten Weihnachten in unserer neuen Heimat. Viele hilfreiche Hände hatten uns dieses Weihnachtsfest ermöglicht. Vater zündete in jenem Augenblick die Kerzen an, als im Radio „Stille Nacht" gespielt wurde. Als alle Kerzen brannten, trat er mit langsamen, feierlichen Schritten hinter meinen Rollstuhl.

„Also, Vater", sagte ich und wandte mich dabei so gut es ging nach hinten, „möchst' jetzt noch immer gerne nach Ottakring zurück?"

„Nein." Das war es. Mehr hatte er zu diesem Thema nicht zu sagen. Auch den ganzen Heiligen Abend lang blieb er seiner Schweigsamkeit treu. Ich mußte ihn immer wieder ansprechen, Fragen stellen, um ihm zwei oder drei Worte herauslocken zu können. Er lebte in totaler Abkapselung.

Ich bin überzeugt, daß das Verhalten meines Bruders und die Gleichgültigkeit meiner Schwester viel zu seiner Resignation, zu seiner Flucht nach innen beigetragen haben.

Während ein halblustiges Weihnachtsprogramm im Fernsehen abgespult wurde, sah ich ihn von der Seite an. Als meine Mutter noch lebte, habe ich Vater oft lachen gehört. Trotz Nachkriegselend und Entbehrungen. In den letzten Jahren hat er sich ganz selten zu einem Schmunzeln aufraffen können.

Er hatte auch keinen Grund dazu. Ich glaube es war noch in den ersten Adventtagen, da hatte sich für meinen Vater wieder ein deprimierender Vorfall ereignet. Ich habe für diese Begebenheit zwei glaubhafte Zeugen, die mir – unabhängig voneinander – einen gleichlautenden Bericht gaben.

Mein Vater kassierte gerade in der kleinen Küche unseres Gasthauses die Pacht, als mein Bruder betrunken die Stiegen heruntertorkelte. Als er meinen Vater erblickte, verharrte er auf einer der letzten Stufen und schrie über die Köpfe der Gäste hinweg:

„Sag, wie lang' willst du denn no leben! Ich mecht' scho endlich diese gottverdammte Bude verkaufen!"

Die Gäste, die ähnliche Auftritte meines Bruders schon gewohnt waren, hoben ihre Blicke kaum vom Kartenspiel und nahmen nach einer Schrecksekunde auch wieder ihre Gespräche auf. Meinen Vater haben diese niederträchtigen Worte natürlich zutiefst getroffen, obgleich er mir diese Szene nie berichtet hatte. Der Haß meines Bruders hatte einen realen Hintergrund. Solange Vater lebte, konnte Helmut das Haus mit der Gastwirtschaft nicht verkaufen, obwohl ihm der alte Mann das Gebäude zu zwei Drittel grundbücherlich überschrieben hatte. Das restliche Drittel mußte ich mir mit Schwester Berta teilen. In der Schenkungsurkunde stand jedoch gleichzeitig vermerkt, daß das Gebäude und die Gastwirtschaft erst nach seinem Tode verkauft werden dürfen. Vater hatte schon vor Jahren, in der Hoffnung, daß Helmut einmal in einer Notsituation für ihn sorgen würde, diesen Schritt getan. Mein Bruder hatte sich jedoch zu einem Alkoholiker entwickelt, hatte seinen Spenglerberuf an den Nagel gehängt, war schon seit langer Zeit arbeitslos und lebte von kleinen Gefälligkeiten und Gelegenheitsjobs. Seine Frau war ihm davongelaufen. Oft riß er mitten in der Nacht sein Schlafzimmerfenster auf und beschimpfte im Vollrausch vorbeihastende Nachtschwärmer. Ich selbst war durch MS bewegungsunfähig geworden, und Berta ließ sich auch am Heiligen

Abend nicht blicken. Wen wundert es also, daß Vater seine Sprache verloren hatte?

An einem Morgen im Jänner 1981 – ich saß gerade im Rollstuhl im Wohnzimmer – vernahm ich von der Toilette her das dumpfe Aufschlagen eines Körpers auf den Bodenfliesen.

Ich rief in panikartigem Entsetzen, was denn los sei. Gurgelnde Laute waren hinter der Klosettüre zu vernehmen. Fast eine ganze Stunde verrann in lähmender Zähflüssigkeit bevor Frau Wallner, die gerade im Begriff war, bei mir ihren Dienst anzutreten, rasch Hilfe herbeischaffen konnte.

Der Notarzt diagnostizierte einen Kreislaufzusammenbruch und gab Vater eine kreislaufstärkende Injektion. Schon bald ging es ihm merklich besser. Der Arzt riet zu strenger Bettruhe, schrieb einige Medikamente auf und eilte zum nächsten Patienten. Die Angst, daß Vater bald wieder etwas Ähnliches zustoßen könnte, wollte mich von diesem Tag an nicht mehr verlassen.

Die Erinnerung an meinen Bruder veranlaßt mich, von einer anderen „Schnapsleiche", dem Trinker-Karl, dem Lebens- und Überlebenskünstler, weiterzuerzählen. Schon fast über ein Jahr hatte ich nichts mehr von ihm gehört. Über Umwege hatte ich jedoch erfahren, daß er seine schwere Lungenentzündung überlebt haben und mit Monikas treuer Helferin Anni zusammenleben soll.

Die Monate vergingen, und Schritt für Schritt erfuhr ich von meinen Besuchern und behinderten Freunden Details aus deren gemeinsamen Leben. Es kam, wie ich es schon seit längerem befürchtet hatte. Die gute Anni konnte seine wüsten Gelage offenbar nicht weiter ertragen und hatte ihn auf die Straße gesetzt.

Wie aus heiterem Himmel stand plötzlich der Trinker-Karl wie ein Häufchen Elend in meinem Zimmer und ergriff meine bewegungslosen Hände. Sein Aussehen war herzlich wenig vertrauenserweckend. Der Anzug, der einstige Sonntagsanzug meines Vaters, war mit Schmutzflecken übersät, schmuddelig und, was für mich das Ärgste war, er roch abscheulich nach Wirtshaus.

Ich bat ihn, Platz zu nehmen. Über sein Vorleben ließ er

sich nicht aushorchen, nur über seinen Spitalsaufenthalt berichtete er in epischen Ausschweifungen. Doch schließlich kam er auf das zu sprechen, was ihn selbst am meisten bewegte. Er besaß keine Zigaretten und, was für ihn sicherlich das Schlimmste war, er hatte kein Geld für ein Bier.

Mein Vater deutete hinter seinem Rücken unmißverständlich mit dem Zeigefinger zur Türe. Ich übersah jedoch geflissentlich seine Zeichensprache und bat ihn, ein Bier zu holen.

Kaum hatte der Trinker-Karl die erste Hälfte des Bieres in sich hineingeschüttet, gelobte er Besserung unter Anrufung sämtlicher ihm bekannter Heiliger und Schutzpatrone.

Ich hörte ihm geduldig zu. Er wollte wieder bei uns wohnen. Meine Illusionen über ein friedliches Zusammenleben mit ihm hatte ich schon längst begraben. Er war – wie letztlich auch ich – ein hoffnungsloser Fall. Der einzige Unterschied zwischen uns beiden lag in dem Umstand, daß er seinen bedauernswerten Gesundheits- und Geisteszustand selbst herbeigeführt hatte. Ich sah ihn eine geraume Weile an und antwortete nicht auf seine Frage. Plötzlich brachen aus seinen rotunterlaufenen Augen Tränen hervor und kullerten über seine hageren, bartstoppeligen Wangen.

„Du mogst mi nimmer Adolf, sag's glei", stieß er hervor und sank wimmernd zusammen. Ein komischer und tragischer Anblick zugleich. Wieder einmal mußte ich nachgeben, und der Tränenstrom versiegte rasch.

Wie immer am Beginn einer Besserungstherapie war Trinker-Karl sehr fleißig und hilfsbereit. Mit wahrem Feuereifer stürzte er sich auf unsere halbfertige Inneneinrichtung, Badezimmer und Klosett wurden tapeziert, im Vorzimmer errichtete er eine Mantelablage und setzte in der Küche den Wandverbau zusammen. Sogar Vater war von seiner Leistung sehr beeindruckt.

Wir redeten intensiv auf ihn ein, sich doch in einem kleinen Gewerbebetrieb um eine Hilfsarbeiterstelle umzusehen. Trinker-Karl hatte wirklich handwerkliches Geschick. Leider befolgte er unseren Rat nur teilweise. Er ging nicht etwa zu einem Tischler, sondern als Tellerwäscher. Das wäre nicht weiter schlimm gewesen, hätte es sich bei seinem Arbeitgeber nicht um einen Heurigenwirt gehandelt! Trinker-Karl saß also wieder an der Quelle.

Uns hatte er über seine Arbeitswelt weitestgehend im Unklaren gelassen. Die Wahrheit erfuhr ich erst viel später.

Schon einen Monat nachdem er bei uns eingezogen war, kam er wieder im Morgengrauen nach Hause. Wie in alten Zeiten machte er in den Innenhöfen unserer Wohnanlage einen Heidenkrach, roch nach Alkohol und Zigaretten. Ohne sich zum Schlafen auszukleiden, fiel er auf seine Couch, oftmals noch mit einer halbvollen Weinflasche in der Hand, deren Inhalt sich je nach Schräglage, langsam oder schnell auf unserem Teppich ergoß. Alle Bitten und Warnungen fruchteten nichts.

„Karl, du schläfst ab heute in der Küche ..." Das war Alarmstufe 1.

Er hatte die Warnung verstanden und bremste sich die nächsten Wochen etwas ein. Nach der ersten Polizeianzeige wurde Alarmstufe 2 signalisiert:

„Karl, du schläfst ab heute im Badezimmer!" Vater ließ im gleichen Augenblick einen Polster in die Badewanne fallen.

Als Vater eines Tages unserem unglückseligen Untermieter fünfhundert Schilling und ein Einkaufsnetz in die Hand drückte, war Trinker-Karl auf Nimmerwiedersehen verschwunden. So undramatisch er in mein Leben getreten war, so unromantisch hat unsere Beziehung geendet.

Nach einigen Monaten kam unser Pfarrer zu Besuch und fragte nach einem längeren Gespräch in scheinbarer Beiläufigkeit, ob wir denn nicht den Karl wieder bei uns aufnehmen könnten. Ich lehnte ab, und erzählte die ganze Geschichte. Seither habe ich nie wieder etwas vom Trinker-Karl gehört. Er ist in den Abgründen Wiens untergetaucht. Wahrscheinlich ist er heute nicht mehr am Leben. Es ist schade um ihn und sein verpfuschtes Leben. Ich hatte – in gewissem Sinne – einen Weggefährten verloren.

Doch kaum hatte ich den einen Freund verloren, da gesellte sich ein junger Bub an meine Seite. Es war der zehnjährige Thomas aus der Nachbarschaft. Seine Eltern, ehemals Asylbewohner aus den Bruchbuden in der Nähe des Donaukanals, waren von der Stadtverwaltung in unsere neue Wohnsiedlung eingemietet worden. Thomas wurde gemeinsam mit seinen acht Geschwistern von der Mutter meist noch vor dem Frühstück vor die Türe gesetzt, damit sich die Kinder selbst etwas zusammenbettelten. Vater und Mutter – sie waren beide als Pfleger in einem Spital angestellt – lebten wie so viele hier im Gemeindebau von der Familienbeihilfe. Nun, Thomas kam mich regelmäßig besuchen. Vater machte ihm jedesmal eine Jause und stopfte ihm die Taschen voll mit Orangen und Äpfeln. Thomas war ein aufgeweckter Bursche mit dunklen Haaren und ebensolchen Augen. An allem interessiert, was sich in seinem Gesichtskreis abspielte. Die Schule kam freilich nicht oft in seinen Blickwinkel, da es den Eltern gleichgültig war, ob er in die Schule ging oder nicht. Unter besseren Umständen hätte er dort sicherlich ganz gute Noten bekommen. So aber konnte er noch in der vierten Volksschulklasse kaum lesen und schreiben – vom Rechnen erst gar nicht zu reden. In seiner Art zu lächeln oder sich zu bewegen erinnerte er mich stark an meinen Ziehsohn Robert. Auch was die Schule betraf. Ich brachte ihn dazu, daß er seine Hausaufgaben bei mir machte. Eifrig bekritzelte er das Papier. Er löcherte mich mit den seltsamsten Fragen, die ich ihm nach bestem Wissen beantwortete.

Die Rechenaufgaben gestalteten sich besonders schwierig, da ihm dabei der Wille fehlte. Doch schon bei Robert hatte ich mir einige Tricks zurechtgelegt, die seinen Fleiß anspornen sollten.

„Was, du möchtest noch ein Marmeladebrot – dann machen wir noch schnell eine Kettenrechnung!“ Das half meistens. Heute ist der Bub im A-Zug der Hauptschule.

Überfielen mich seine Geschwister, womöglich noch mit ein paar Mitläufern, dann wurde die kleine Wohnung zu einem Klassenzimmer umfunktioniert. Es herrschte hektische Pausenstimmung, die Kinder liefen durch alle Zimmer. Nach ihrem Fortgang fehlte einiges, da sie auch in den Laden herumkramten. Mein Vater war diesen Überfällen nicht gewachsen. Vor allem Speis und Küche waren geplündert. Ich sah mich in Zukunft gezwungen, nur mehr Thomas zu mir hereinzulassen. Als er einmal mit einem Bettelauftrag um Bargeld von seiner Mutter geschickt wurde, war es für mich nicht ganz leicht, ihm die Gründe plausibel zu machen, weshalb ich ihm kein Geld „borgen“ konnte. Sicherlich hätte ich die zweihundert Schilling besessen, aber ich wußte schon aus Erfahrung, daß diese Geste des guten Willens für einen Dauerauftrag mißverstanden werden würde.

Nach diesem Vorfall ist er nur mehr ganz selten zu mir gekommen. Offenbar hatten ihm seine Eltern verboten, zu diesem geizigen Krüppel zu gehen. Etwa zwei Monate später wurden zahlreiche Familien, die der Gemeinde Wien schon über einen längeren Zeitraum die Miete schuldig geblieben waren, zwangsdelogiert.

Die Eltern des kleinen Thomas, so mußte ich erfahren, waren von dieser Maßnahme betroffen und mußten ihre Wohnung räumen.

So hatte ich binnen eines Jahres zwei Freunde verloren. Jeder war mir auf seine Art und Weise ans Herz gewachsen. Beide, der Thomas und der Trinker-Karl, hatten jedoch nicht nur Probleme ins Haus gebracht, sondern vor allem das, was für einen Behinderten so unglaublich wichtig ist: Freundschaft und Partnerschaft.

Das Engerl

Schon wenige Wochen nach diesem unrühmlichen Ende einer seltsamen Freundschaft verlor ich einen weiteren Menschen, der mir sehr ans Herz gewachsen war. Frau Wallner vom „Heimhilfedienst“ verabschiedete sich nach zwei Jahren aufmerksamer Pflege und Betreuung von mir. Es war ihr alles ein wenig zuviel geworden. Außerdem war ihr Mann, auf den sie jetzt ein Auge halten wollte, in Pension gegangen.

Die Nachfolgerin von Frau Wallner war zunächst nur als Urlaubsaushilfe gedacht. Doch das Schicksal – oder der Zufall (je nach persönlicher Auslegung) – hat dieser Nachfolgerin eine andere Rolle zugedacht, denn diese Frau blieb bis zum heutigen Tage meine hingebungsvolle Pfegerin und, vielleicht mehr noch, meine Gefährtin. Ich möchte sie daher in meinen Lebensaufzeichnungen kurz und schlicht mit ihrem von mir geprägten Rufnamen benennen: das Engerl. Ein etwas kitschiger Name, werden Sie denken, doch er drückt all das aus, was sie in den letzten Jahren für mich geworden ist. Sie hat, über alle einschlägigen Vorschriften hinweg (wegen der Gefahr der Erbschleicherei muß von den Verantwortlichen der „Heimhilfe" auf strenge Distanz zu den Patienten geachtet werden), unendlich mehr für mich getan. Ich hoffe, es gelingt mir in den folgenden Kapiteln ein wenig, diese für mich so kostbare Beziehung darzustellen. Seitdem das Engerl in mein Leben getreten ist, habe ich keinen Schub mehr bekommen. Ich kann diese Tatsache freilich nicht medizinisch erklären, jedoch bin ich ganz sicher, daß dies kein Zufall ist. So hat mir das Engerl, fernab von aller Schulmedizin, sicherlich mein Leben allein durch ihre liebevolle Pflege verlängert. Das Gefühl geliebt und so, wie man ist, angenommen zu werden, kann viele Pulver ersetzen. Doch über jedem Glücksgefühl hängt das Damoklesschwert des Schicksals. Mein nächster schwerer Schub könnte für mich schon tödlich sein. Spätestens wenn die Lähmungserscheinungen auf meine Atmungsorgane übergreifen, hätte der Staat einen Arbeitsunfähigen weniger zu erhalten.

Doch fort mit diesen traurigen Gedanken, sie führen zu nichts. Das Engerl hat einmal in launiger Runde ihren ersten Auftritt bei mir zum besten gegeben. Der Trinker-Karl (er wohnte damals noch kurz bei uns) öffnete auf ihr Läuten. Ein Blick, und der Krankenpflegerin war völlig klar, daß es sich bei dieser traurigen Gestalt um den Patienten handeln müsse.

„Sie können ja gehen . . .", sagte das Engerl ein wenig irritiert. Trinker-Karl glotzte verständnislos.

„Wie manan's des? . . . na, ja, . . . net immer . . ."

Jetzt war das Engerl verwirrt. „Sie . . . Sie heißen doch Adolf Beinstingl?"

„Naa, i bin der Karl. Kumman's weiter; drinn is der Patient." In der Küche stieß sie auf meinen Vater. Ah, das muß er sein, dachte sie und gab ihm die Hand. „Ich hoffe, daß wir zwei gut miteinander auskommen werden." Wieder erntete sie einen verständnislosen Blick.

„Mei Sohn is im Wohnzimmer", quälte sich mein Vater diesen Satz ab, ohne auf ihre Bemerkung weiter einzugehen. Endlich stand sie vor dem Patienten.

„Aber sie sind doch hoffentlich der Adolf . . ." fragte sie schon ein wenig verzagt. Als ich nickte, mußte sie kurz auflachen. Und wieder erntete sie einen verständnislosen Blick.

Die Verständnislosigkeit war jedoch nur auf unsere erste Begegnung beschränkt. Wir sprachen und dachten auf der gleichen Wellenlänge. Unsere Sympathie beruhte auf spontaner Gegenseitigkeit. Auch begann sie ihre Arbeit von Anfang an mit Umsicht und Einfühlungsvermögen. Behutsam vermied sie alles, was mir Schmerzen bereiten könnte. Zwei kleine Details möchte ich stellvertretend für viele anführen. Schon beim Anziehen wurden alle Wäschestücke so sorgsam glattgestreift und aufeinandergelegt, daß sich keine Druckstellen durch Falten bilden konnten. Auch wurden meine Arme zur Krampfvermeidung stets in eine andere Lage gebracht und mit einer weichen Unterlage versehen.

Nach einigen Wochen konnte ich aus Gesprächssplittern ein Bild ihres Lebens zusammensetzen, in dem die dunklen Farben vorherrschten. Erst zwei Monate vor ihrem Dienstantritt bei mir war ihr Mann aus der gemeinsam bewohnten Wohnung zu seiner jungen Freundin gezogen und hatte sie mit zwei halbwüchsigen Söhnen allein gelassen. Sie erzählte mir an langen Abenden von ihren Lebensängsten und quälenden Depressionen. Sogar mit konkreten Selbstmordgedanken habe sie sich beschäftigt. Doch irgend etwas in ihr habe sie von diesem letzten Schritt abgehalten. Lange Zeit war es für sie zusätzlich belastend, daß ihre Söhne in ihrer Todessehnsucht keinen Stellenwert hatten. Sie gestand mir, daß sie durch die Beschäftigung mit mir ihre trüben Gedanken nach langen inneren Kämpfen überwunden hatte. In der Nacht nach diesem Gespräch – sie hatte mich schon längst niedergelegt und war zu ihren Söhnen nach Hause gegangen – spürte ich ein wunderbares Gefühl der

Lebensfreude. Ich war für einen Menschen zu einer neuen Lebensaufgabe geworden. So hatte meine todesähnliche Erstarrtheit vielleicht doch einen Sinn, wie es ein Priester vor der Lourdesgrotte formuliert hatte? Die vielleicht nur scheinbare Sinnlosigkeit meines Daseins gab einem anderen Menschen eine Aufgabe. Gelehrte Seelenforscher werden für diese Vorgänge sicherlich eine nüchterne Erklärung parat haben, für mich bleiben sie unergründbare Geheimnisse unseres Daseins.

Die Gefühle der Geborgenheit und der inneren Ruhe ließen kleinliche Alltagssorgen in den Hintergrund treten. Ein neuer Lebensmut kam in mir auf. Ich hatte zahlreichen Besuch, und das Engerl bewirtete jeden Gast wie eine Hausfrau. Es gab meist nur Butterbrote, aber die mit einem Lächeln serviert. In dieser Hochstimmung nahm ich eine Einladung des „Sankt Lazarus Hilfswerkes" an. Das Reiseziel war die spanische Mittelmeerinsel Mallorca. Um es vorwegzunehmen, es sollte ein noch nie erlebter Traumurlaub werden. Wenige Tage nach unserer Anmeldung erhielt ich bunte Prospekte. Ich vermochte meinen Vater derart mit meiner kindlichen Freude anzustecken, daß er sich bereit erklärte, mitzufahren.

Auf das Engerl wartete keine leichte Aufgabe. Sie mußte nicht nur mich betreuen, sondern auch ein Auge auf meinen alten Vater haben. Aber zusammen mit den jungen Helfern des „St. Lazarus-Hilfswerkes" sollte es schon gehen!

Am 21. Februar 1982 ging's los. Ähnlich wie bei meinem Flug nach Lourdes, wurde ich in die Maschine unserer „freundlichen Fluglinie" verfrachtet. Die Lazarus-Helfer hatten es ermöglicht, daß ich nicht nur meinen Rollstuhl, sondern auch meinen Hebekran mitnehmen konnte. Mit mir eingerechnet wurden neun Behinderte in die Glückseligkeit geflogen. Für meinen Vater war dieser Urlaub in vielerlei Hinsicht eine Premiere. Zunächst war er bis auf einen Kurzaufenthalt zu Kriegsbeginn im „Altreich" noch nie im Ausland gewesen. Fast überflüssig zu erwähnen, daß er auch noch niemals geflogen war. Hier war ich natürlich schon „Experte".

Der Blick vom vierten Stock unseres Hotels bot jedoch für uns beide eine noch nie erfahrene Wahrnehmung: das tiefblaue

Meer. Ich wage es nicht, diesen erhabenen Augenblick in Worte zu kleiden, denn ich fürchte, es würden dabei nur Klischees herauskommen. Vater stand neben meinen Rollstuhl und stützte sich schwer mit beiden Armen auf die Brüstung des kleinen Balkons. Mit unbewegtem Gesicht starrte er auf das endlose Spiel der sich sanft kräuselnden Wellen. Nur an einem tiefen Seufzer merkte ich seine meisterlich verborgene Bewegtheit. Wie gerne hätte ich in dieser Situation diesem gramgebeugten Menschen die zerzausten, schlohweißen Haare aus der Stirn gestrichen. Diese zärtliche Geste blieb mir versagt. Statt dessen sagte ich: „Es ist schön, mit dir hier zu sein, Vater." Mein Vater nickte bedächtig und kratzte sich verlegen am Schnauzbärtchen.

Währenddessen kümmerte sich das Engerl um unser Gepäck. Sie trat erst zu uns auf den Balkon, als sie Gewißheit hatte, daß auch mein Hebekran mitgekommen war. Unser Dreibettzimmer war geräumig. Das Badezimmer ebenfalls. Auf den hellblauen Kacheln waren Palmen abgebildet. Wahrscheinlich war das furchtbar kitschig, aber mir gefiel's. Nur mein Bett war zu weich und etwas zu niedrig. Der Etagenboy wußte sogleich Rat. Die Klosettüre wurde ausgehängt und unter die Matratze geschoben. So einfach war hier alles.

Mit einem Autobus machten wir zahlreiche Ausflüge. Leider habe ich mir alle diese fremdklingenden Ortsnamen nicht gemerkt. Es ist nicht schade drum, ein Reiseschriftsteller ist sicherlich nicht an mir verlorengegangen. Nur das Kap Formentor ist mir wegen der landschaftlichen Schönheit als Begriff im Gedächtnis haften geblieben. Die zwei Wochen vergingen im Sauseschritt. An unserem letzten Abend vor der Abreise war in unserem Hotel ein Flamencoabend mit Folkloredarbietungen organisiert worden. Über offenem Feuer wurde ein Spanferkel gebraten. Ein Lazarus-Sanitäter schob mir die zart und knusprig gebratenen Fleischstückchen mit Hingabe in den Mund.

Auf dem Heimflug zog die Maschine noch eine Schleife über der Hauptstadt. Erst jetzt erinnerte ich mich an das Versprechen unserer Reiseleitung, daß man uns die Villa unseres Bundeskanzlers zeigen wollte. Wir alle hatten darauf vergessen. Jedoch was soll's. Wir waren an vielen kleinen Bungalows vorbeigefahren und hatten sicherlich keine herausragende Sehenswürdigkeit versäumt.

Einige Tage nach unserer Rückkehr schob mich das Engerl durch die Verkaufsstraße der Shopping City. Plötzlich bremste sie den Rollstuhl ab und flüsterte mir aufgeregt ins Ohr:

„Schau Adolf, ist das dort drüben nicht deine Frau?"

Ich blickte in die angegebene Richtung. Tatsächlich, das war meine Ingrid. Sie stand in einer kleinen, hölzernen Verkaufsbude und hielt gerade mit einer anmutigen Bewegung einer Kundin eine mehrreihige Perlenkette an den Ausschnitt ihres Kleides. Mit charmantem Lächeln pries sie offenbar die Eleganz der Trägerin. Die Kundin besah sich von allen Seiten in einem Spiegel. Wir hielten uns im Hintergrund und warteten, bis die Perlenliebhaberin gegangen war. Mutig und forsch schob mich das Engerl in Ingrids Gesichtskreis. Unsere Blicke trafen sich. Nur für Sekundenbruchteile signalisierten ihre Augen Irritation und Unsicherheit, aber gleich hatte sie sich auf diese unerwartete Begegnung eingestellt und lächelte mich an.

„Hallo, Dolfi, gut schaust' aus, sogar braungebrannt und das an einem grauen Märztag . . ."

„Servus, der Arzt hat mir Höhensonne verschrieben . . .", log ich wie gedruckt. Es war mir in diesem Augenblick unangenehm, sie in meine Erlebnisse einzuweihen.

„Soo . . .", antwortete sie mit spitzer Mundstellung, während sie dem Engerl mit einem etwas reserviert wirkenden Kopfnicken die Hand über das Geschäftspult reichte.

Die Begrüßung zwischen den Frauen war reichlich knapp ausgefallen, und ich spürte eine unausgesprochene Feindseligkeit. Wir wechselten belanglose Sätze. Ingrid versprach mich zu besuchen, was sie auch nach einigen Tagen tatsächlich tat.

Nach Ingrids Besuch war für Monate totale Funkstille. Eines Herbsttages, ich kann mich noch genau erinnern, es war der 29. September 1982, rief mich eine gewisse Anita an. Während der ersten Begrüßungsworte hatte ich größte Schwierigkeiten sie richtig einzuordnen. Doch dann erinnerte ich mich, sie war Karl Molnitzkys erste Ehefrau, das erste Opfer dieses eitlen Frauenhelden! Sie teilte mir mit aufgeregter Stimme mit, daß Ingrid Karl

Molnitzky heute am Standesamt in Hietzing heiraten würde. Ich war geschockt und sprachlos. Ein Glück, daß mein Vater den Telefonhörer gehalten hatte – er wäre mir sicherlich aus der Hand gefallen.

„Das ist doch eigenartig . . .“, ich atmete schwer, „denn vor ein paar Monaten habe ich sie nach dem werten Befinden des Karli befragt, und sie antwortete mit einem Achselzucken, daß sie keine Ahnung hätte . . .“ Wenige Stunden nach diesem Gespräch war Karl Molnitzkys Ehefrau Nummer zwei und gleichzeitig auch Nummer drei, Burgi, am Apparat.

Die arme Burgi sprach über ihr Leid mit schwerem Zungenschlag. Sie hatte ganz offensichtlich einen über den Durst getrunken. Für Betrunkene habe ich immer nur Verachtung empfunden. Hier aber hatte ich zum ersten Mal wirkliches Verständnis. Ich hätte selbst einen Schnaps nötig gehabt, wenn wir einen im Haus gehabt hätten . . .

An dieser Stelle möchte ich nicht unerwähnt lassen, daß es als ein Verdienst ihres neuerlich von ihr geschiedenen Ehemanns zu werten war, daß Burgi nunmehr gänzlich dem Alkohol verfiel. Erst kürzlich hat sie mir versichert, daß sie nach einer Entziehungskur in Kalksburg nunmehr endgültig ohne Alkohol, aber weiterhin auch ohne Ehemann sei.

Ich entschloß mich aus Neugier und Verzweiflung Ingrid selbst anzurufen. Sie leugnete jedoch mir gegenüber am Telefon, Karl geheiratet zu haben. Meine Gefühle und Gedanken wirbelten durcheinander. Weshalb leugnete sie die Heirat? Warum spielte sie mit mir ein so grausames Spiel? Wollte sie mir zu verstehen geben, daß mich ihr Leben jetzt nichts mehr anging? Ich beendete dieses nutzlose Gespräch mit Höflichkeitsfloskeln und grübelte allein weiter. In der Stille des Nachmittages, umgeben nur von der einsetzenden Dämmerung, versuchte ich mich in ihre Denkweise zu versetzen. Vielleicht hatte ich das in der Vergangenheit ohnehin viel zuwenig gemacht, und jetzt war's ein interessanter Zeitvertreib. Wahrscheinlich wollte sie mir gegenüber die Rolle als mittellose, alleinstehende Frau, die sich hart mit kleinen Jobs durchs Leben kämpft, aufrechterhalten, da ich rechtlich gesehen noch hohe Geldforderungen an sie hätte stellen können. Aber hatte ich ihr nicht deutlich gezeigt, daß ich seit dem Zusammenbruch unserer Familie und meiner rettungslosen Krankheit an Geld nicht mehr interessiert war? Mein Gott, Ingrid, du hast in den vergangenen Jahren nicht viel Gedanken an mich verschwendet! Oder fürchtete sie, daß ich den Karli an seinem Arbeitsplatz unmöglich machen könnte? Einige Augenblicke hatte ich tatsächlich mit diesem Gedanken gespielt, und ich gebe zu, daß es mir Lust bereitet hat. Aber dann verwarf ich ihn rasch wieder.

Daß sie mich nicht in ihr Vertrauen gezogen hatte, schmerzte mich letztlich mehr als die Tatsache ihrer Neuvermählung. Denn auch ich habe mich seit unserer Scheidung weiterentwickelt, indem es mir gelang, mich selbst aus dem Mittelpunkt meines Denkens zu stellen. So kam ich in einem qualvollen Denkprozeß zu der Erkenntnis, daß das Leben für eine attraktive Frau um die Vierzig durch den Ausfall ihres Partners ganz einfach weiterging. Ohne religiöse Gefühle und Bindungen war sie eben nicht in der Lage, das große Opfer eines Zusammenlebens mit mir auf sich zu nehmen. „Ich will leben!“, hatte sie mir einmal ins Gesicht geschrieen. Gut, ich habe diesen Wunsch verstanden, aber mußte sie ausgerechnet mit diesem schamlosen Kerl, der sich so rücksichtslos zwischen uns gedrängt hatte, in einer Ehe leben?! Jedem anderen Mann hätte ich diese Frau gegönnt – nur eben diesem nicht.

Ich mußte Genaueres erfahren. Ich ließ mich mit der Standesbeamtin des Bezirksamtes in Hietzing verbinden. Die diensteifrige Beamtin murmelte zwar etwas, das nach Datenschutz klang, aber nachdem ich ihr meine Situation als gehunfähiger Behinderter klargemacht hatte, war sie bereit, wenigstens teilweise mit einer Information herauszurücken. „Ich sag' ihnen aber nicht den Tag, sondern nur den Monat“, versuchte sie ihr amtliches Gewissen ein wenig zu erleichtern. „Im Monat September 1982 haben ein Karl M. und eine Ingrid B. hieramts geheiratet.“

In den nächsten Wochen versank ich immer mehr in eine dumpfe Traurigkeit. Ich hatte an nichts mehr Freude, mein Interesse an meiner Umgebung nahm für mich erschreckend ab, ich war ständig müde, und selbst meine Leibspeisen schmeckten mir nicht mehr. Ich war zerstreut, und sogar dem Fernsehprogramm folgte ich meistens nur im Unterbewußtsein. Hatte ich die Augen geschlossen, sah ich das feiste Grinsen Karlis vor mir. Wäre ich nicht ein Krüppel gewesen, so hätte ich ihm auflauern und ihm an den Hals springen können. So aber wandte ich meine Aggressionen gegen mich selbst und bekam eine ordentliche Gastritis.

Doch Unkraut verdirbt nicht, langsam rappelte ich mich wieder hoch. Kaum aß ich wieder mit Appetit, als Anitas Stimme wieder für die nächste Aufregung sorgte, indem sie mir mitteilte, daß Ingrid ein Kind erwartete.

„Aber tröst' dich Adolf, ich vermute, daß das G'schropperl gar nicht von ihm ist. Ich hab' in fünf Ehejahren kein Kind von ihm bekommen, und auch die Burgi war von einem anderen Mann schwanger, bevor er sie geheiratet hatte."

Ein schwacher Trost – und vielleicht ein schäbiges Gerücht, aber immerhin. War die ganze Geschichte auch nur gut erfunden, so konnte ich nunmehr mit der Illusion leben, daß Ingrid diesen Schurken offenbar nur wegen der Versorgung des Kindes geheiratet hatte. Die Welt war und ist ein Narrenturm. Ich sitze im Rollstuhl und lasse wie im Kino die unglaublichsten Dinge an mir vorüberziehen. Ich kann zu den Verwirrungen und Verirrungen des Lebens kaum mehr etwas aktiv beisteuern. Ich bin nur mehr auf Beobachterposten, eine Registrierkasse, die die Informationen und Impulse der Außenwelt in sich aufnimmt.

Mein Vater verläßt mich

Meine Ruhepole in dieser oft gefühlskalten, habgierigen Welt waren mein Vater und das Engerl. In der Zeitspanne, in der das Engerl wegen anderer Dienstverpflichtungen nicht bei mir sein konnte, hatte ich meinen Vater in meiner Nähe. Ich vernahm seine Schritte, seinen Atem. Langsam und matt waren seine Bewegungen geworden. Noch vor kurzem hatte er sich ein Käsebrot selbst hergerichtet oder den Heferlkaffee selbst gekocht. Doch nun nahm ihm das agile Engerl sogar diese Tätigkeit ab. In der Vergangenheit war er regelmäßig schon um vier Uhr früh aufgestanden und begann im Badezimmer ganz leise zu rumoren, um mich Langschläfer nicht vorzeitig zu wekken. Jetzt stand er langsam so gegen neun Uhr vormittags auf und schlurfte mit schleppenden Schritten umher. Am Abend saß er am liebsten vor dem Fernsehapparat und ließ schweigend und kommentarlos das Programm an sich vorüberziehen. Weiters verwechselte er Begebenheiten, Orte, Generationen und seine eigenen Lebensstationen.

Bedurfte es noch weiterer Hinweise, daß er wahrhaftig und endgültig steinalt geworden war? Je älter mein Vater wurde, desto schlechter konnte er die zahlreichen Enttäuschungen verkraften, die ihm seine Kinder zugefügt hatten. Die Parade der Herzlosigkeit wurde von meiner Halbschwester Mitzi angeführt, die sich seit 1945 nicht mehr beim Vater hatte blicken lassen. Vor einigen Jahren hatte ich ihren Namen zufällig in einem Telefonbuch entdeckt und sie angerufen. Sie schien über meinen Anruf sehr erfreut und erkundigte sich nach dem Befinden meines Vaters. Nachdem ich Mitzi auch von meiner Krankheit erzählt hatte, versprach sie mich zu besuchen. Seither habe ich nie wieder ein Lebenszeichen von ihr erhalten. Dieses Kapitel kann ich getrost abschließen. Auch meine Schwester Berta hatte sich seit dem Verkauf meines Geschäfts nicht mehr blikken lassen. Mit einer Ausnahme: Zu Weihnachten 1982 war sie mit einem Blumenstöckerl bei Vater erschienen, hatte ihm zum Geburtstag gratuliert und gleichzeitig „Frohe Weihnachten" gewünscht. Der Unglückliche hatte nämlich am 19. Dezember Geburtstag. Über die Vergehen meines Bruders kann ich mich kurz halten. Obwohl er bekanntlich zwei Drittel des väterlichen Hauses am Baumgartner Spitz besaß, war er nicht bereit, auch nur einen Handgriff zur Rettung des langsam verfallenden Gebäudes zu unternehmen. Schon vor geraumer Zeit hatte er eine Anzeige der Baupolizei zugestellt erhalten, da Fassadenteile auf Passanten herabgestürzt waren. Nachdem mein Vater von dieser Anzeige Kenntnis erlangt hatte, ließ er auf seine Kosten die notwendigen Reparaturen durchführen. Die Bank, die das Erdgeschoß gemietet hatte, hatte mehrmals ihre Bereitschaft bekundet, den Fassadenteil, der auf die Hütteldorferstraße gerichtet war, auf ihre Kosten zu renovieren. Als Helmut dies ablehnte, war man sogar bereit, das Haus zu kaufen. Doch Helmut machte sich einfach lächerlich, indem er sage und schreibe vierundzwanzig Millionen Schilling als Kaufpreis für dieses fast abbruchreife Haus verlangt hatte. Das rund achtzig Jahre alte Haus mit seinen zwei Stockwerken und einer achthundert Quadratmeter großen Garage im Innenhof war nicht mehr als etwa eine Million Schilling wert.

Aus diesen und ähnlichen Gründen war ich schon seit längerem auch menschlich und seelisch von meinen Geschwistern abgerückt. Besitz und Geld hatten für mich nur insoweit einen Stellenwert, als ich mir und meinem Vater die medizinische und materielle Versorgung sicherstellen konnte. Dank unseres gut organisierten Sozialstaates (sieht man von der Bürokratie ab), war da nicht allzuviel Eigenkapital vonnöten.

Viel schwieriger war es vergleichsweise, die wirklich guten und menschlich verständnisvollen Ärzte zu finden.

In diesem Zusammenhang muß ich sagen, daß ich mit meinem Zahnarzt wirklich Glück hatte. Bei einem Schwätzchen mit einem sympatischen Studenten, der bei mir kurzfristig als Zivildiener beschäftigt war, stellte sich heraus, daß sein Vater ganz in der Nähe meiner Wohnung seine Zahnarztpraxis hatte. Der junge Mann brachte mich mit seinem Vater zusammen. Nun konnte ich seines Verständnisses sicher sein. Das Engerl brachte mich mit dem Rollstuhl zu seiner Ordination. Gemeinsam mit der Ordinationshilfe hoben sie mich in den Behandlungsstuhl. Bei kleineren Sachen kam er sogar in meine Wohnung.

Auch mein Vater benötigte eine regelmäßige Betreuung. Jeden Tag kam eine Krankenschwester zu uns und verband fachgerecht seine offenen Beine. Als er ihr eines Tages besonders blaß vorkam und ihr sein Blick gehetzt und unruhig schien, ergriff sie sein Handgelenk und maß den Puls. Nach mehrmaliger Überprüfung kam sie ganz aufgeregt zu mir und machte mich auf ihre besorgniserregende Entdeckung aufmerksam.

Ich bat sie flehentlich, einen Arzt zu rufen, denn Vater hätte von sich aus sicherlich nicht zum Telefon gegriffen.

Am nächsten Morgen kam unser Hausarzt und konstatierte bei meinem Vater eine allgemeine Herzschwäche. Der Arzt meinte, er solle zusätzlich zu seinen Kreislauf- und Entwässerungstabletten herzstärkende Kapseln nehmen. Ein Achterl Wein zu Mittag und am Abend sollte die Therapie abrunden. Ich konnte jedoch bei ihm nur den Wein durchsetzen – folgsam trank er sein verordnetes Achterl. Andere Medikamente zu nehmen verweigerte er mit bäuerlicher Sturheit.

In dieser Situation griff das Engerl zu einer alten List. Sämtliche Pulver und Kapseln wurden zerrieben und in den Feigenkaffee oder in die Suppe verrührt. Er ist uns nie ganz auf die Schliche gekommen, obwohl er manchmal bei einem kräftigen Schluck indigniert das Gesicht verzog. Wir hielten den Atem an, hatte er jetzt etwas gemerkt? Obwohl er unfreiwillig seine Arzneiration zu sich nahm, verfiel er von Woche zu Woche. Schwindelanfälle häuften sich, und ich wagte nicht mehr, mit dem Engerl die Wohnung zu verlassen.

Anfang Juli 1983 flatterte eine unwahrscheinlich hohe Wasserrechnung aus der Hütteldorferstraße in unsere Wohnung. Rund zehntausend Schilling für den Wasserverbrauch des Vorjahres waren ohne Zahlungsaufschub nachzuzahlen. In stummer Verzweiflung saß der alte Mann über die Rechnung gebeugt.

Noch vor zwei Jahren hatten wir nur einen Bruchteil dieser Summe gezahlt. Ich vermutete also, daß es irgendwo einen Wasserrohrbruch gab, den Helmut einfach nicht zur Kenntnis nahm. So bat ich Vater, doch beim Wasserwerk anzurufen. Sein hilfloser und irritierter Blick machte mich betroffen. Unter größter Anstrengung versuchte er eine Antwort zu formulieren. Seine Worte kamen gelispelt:

„I bekomm' ka Luft net . . ." Eine furchtbare Angst durchzuckte mich. Vater erstickt, und es ist keine Hilfe im Haus! Ich bat ihn, die Rechnung doch für den Augenblick zu vergessen und sich niederzulegen.

Am nächsten Morgen kam der Hausarzt wieder und konzentrierte seine Untersuchungen auf die Lunge.

Mein Vater, meinte er ernst und senkte die Stimme, habe Wasser in der Lunge. Der linke Lungenflügel scheine bereits ohne Funktion zu sein. Eine sofortige Spitalseinweisung wäre notwendig. Mir klangen die Worte des Arztes wie ein Todesurteil. Wenn ich jetzt den Vater in ein Spital einliefern lasse, kommt er mir nicht mehr lebend nach Hause. Der alte Hausarzt schien an meinem Gesichtsausdruck die Gedanken abgelesen zu haben.

„Ich kann ihre Sorgen verstehen, Herr Adolf, aber wenn man ihren Vater jetzt nicht genauestens untersucht, dann erlebt er das kommende Wochenende nicht mehr . . .“ Das wirkte. Innerhalb einer Stunde holte die Städtische Rettung meinen Vater zur Aufnahme in die Interne des Lainzer Spitals ab.

Schon am nächsten Tag hatte ich mir einen Behindertentransport organisiert. Ich wurde vom Engerl in einen Krankensaal mit acht Betten geschoben. Mein Vater lag in der hintersten Ecke. Sein rechter Arm war an einer Infusion angeschlossen. Erfreut mich zu sehen, zog er sich mit der anderen Hand am Bettgalgen hoch. Wir hatten frisches Obst mitgebracht, welches ihm vom Engerl stückchenweise zu essen gegeben wurde. Ich ließ mich vom äußeren Schein jedoch nicht täuschen, sein Atem ging flach und stoßweise, seine Bewegungen waren fahrig und unkontrolliert.

Am übernächsten Tag fuhr ich wieder ins Spital. Ich hielt es zu Hause einfach nicht aus. Mein Vater wartet auf mich! Ich muß fahren! Alle Behindertentransporte waren an diesem Wochenende zwar hoffnungslos ausgebucht, aber wo ein Wille ist, ist bekanntlich auch ein Weg. Ich bombardierte die Transportunternehmen mit Telefonanrufen so lange, bis ein Wagen für eine Fahrt nach Lainz doch noch frei war. Überglücklich saß ich nun am Fußende des Krankenbettes. Zwar schwiegen wir uns an, aber seine Blicke waren unablässig auf mich gerichtet. Ich war bei ihm. Das genügte.

Plötzlich lärmte mein Bruder in den Krankensaal. In der Hand trug er eine riesige Kompottschüssel. Er stellte das Gefäß mit solchem Schwung auf die Bettkante, daß der herabrinnende Saft rote Farbringe auf dem weißen Leintuch hinterließ. Dennoch machte er einen halbwegs nüchternen Eindruck. Anderenfalls hätte ich ihn von der diensthabenden Schwester sofort hinauswerfen lassen. Ohne wirklich auf den Krankheitszustand unseres Vaters einzugehen, sprach er sofort von seiner Geldnot und daß ihn alle Menschen (einschließlich der Pächterin) aufs Schändlichste betrügen würden. Zum Abschied reichte er auch mir seine Rechte. Als er sah, daß ich nicht reagierte, knurrte er:

„Na, dann laß' es halt bleiben" und wollte sich gekränkt abwenden.

„Sehen sie denn nicht, daß der Adolf ihnen die Hand nicht geben kann, da er gelähmt ist!", sagte das Engerl mit einem unüberhörbaren aggressiven Unterton.

„Schicksal, da kann' ma holt nix mochn", meinte Helmut mit einem Achselzucken und verließ den Saal.

Am Samstag, dem 16. Juli, war ich wieder bei meinem Vater. Er war so schwach und hilflos, daß er keine Energie mehr in sich hatte, den beständig anfallenden Schleim auszuspucken. Ganz schwach räusperte er sich, und der Speichel quoll über die Mundwinkel auf den Polster herab. Das Engerl trocknete sein Gesicht und versorgte ihn. Ich litt unterträgliche Seelenqualen, daß ich ihm nicht mit meinen eigenen Händen helfen konnte. Die Tränen flossen über meine Wangen. Vater sah mich ungehalten an. Weine nicht, du dummer Bub, schien er zu sagen. Gefühle trägt man nicht auf der Außenhaut. Das war eben die Erziehung seiner Generation. Der Behindertenbus kam viel zu früh zurück, um mich abzuholen. Ich wollte meinen Vater nicht verlassen, ich bat und bettelte. Aber was half's! Es warteten eben so viele Behinderte auf einen Transport. In sprachloser Verzweiflung ließ ich mich zum Lift schieben.

Am darauffolgenden Dienstag, es war der 19. Juli, hatte ich wiederum den Bus bestellt. Schon am Beginn meiner Fahrt stand alles unter einem schlechten Vorzeichen. Beim Einbiegen in die Altmannsdorfer Allee wurde ich durch einen dumpfen

Schlag gegen die Bodenplatte aus meinen Gedanken gerissen. Nach einer Notbremsung stellte sich heraus, daß wir einen jungen Schäferhund überfahren hatten. Das Tier war sofort tot. Als ich in den Krankensaal geschoben wurde, bemerkte ich mit aufkeimendem Angstgefühl, daß im hintersten Winkel das Bett meines Vaters entfernt worden war. Nur das weiße Nachtkasterl stand verloren da. Sein Schlafrock und seine Hose lagen fein säuberlich zusammengelegt darauf. In diesem Augenblick fiel mir die unnatürliche Stille im Saal auf, obwohl jedes der verbliebenen sieben Betten belegt war. Alle Blicke waren auf mich gerichtet. Eine Schwester war über den Patienten, der dem Ausgang am nächsten lag, gebeugt und hantierte an einer Infusionsnadel.

„Schwester, bitte Schwester, wo ist mein Vater?"

Die Angesprochene erhob sich, zupfte noch die Decke zurecht und verließ – als ob sie mich nicht gehört hätte – den Raum. Das Engerl lief hinterdrein, um den diensthabenden Arzt zu sprechen. Als sie mit Tränen in den Augen wiederkehrte, hatte ich endgültig die schreckliche Gewißheit. Mein Vater hat mich verlassen.

Ich hatte mich lange Monate vor diesem Augenblick gefürchtet. Nun war der Abschied gekommen. Ich war auf sein baldiges Ende vorbereitet gewesen, aber daß alles so rasch gehen mußte, machte mich betroffen und niedergeschlagen. Ich blickte zu Boden, um meine Gedanken zu ordnen. Mein Vater ist tot. Was soll aus mir werden? Wer erledigt die vielen täglichen Handgriffe für mich? Wer atmet an meiner Seite in endlosen Nächten? Die Oberschwester trat zu uns. Sie war der erste Mensch, der mir ihr Beileid zum Ausdruck brachte. Es klang in meinen Ohren so seltsam. Warum erst jetzt das Wort „Beileid" in den Mund nehmen? Das Leid war eigentlich schon seit Jahrzehnten bei mir. Auch der Chauffeur setzte ein Zeichen der Menschlichkeit.

„Also Herr Adolf, es tut mir so leid für sie. Wissen's was? Ich sag' meine nächste Fahrt ab und bleib bei ihnen."

Das tat gut. Somit mußte ich nicht aus dem Zimmer hasten, in dem der Vater die letzten Lebenstage zugebracht hatte. Die

Oberschwester setzte sich ebenfalls zu mir und erzählte mir sein Ende. Etwa gegen Mitternacht war er im Schlaf gestorben. Ein schöner Tod, wenn die Tage und Wochen nicht vorher zu durchleiden gewesen wären. Doch auch den Tod mußte man sich verdienen.

Geborgenheit wächst aus Zuneigung

Ich bemerkte schon bald, daß ich die Behördenwege nach dem Ableben meines Vaters ohne meine Verwandtschaft würde abwickeln müssen. Mein Bruder war dafür gar nicht einsetzbar, da er regelmäßig einen Tobsuchtsanfall bekam, wenn er einem Beamten zu nahe treten mußte. Meine Schwester vermutete ich noch auf Urlaub. Ihre neue Telefonnummer hatte sie mir schon seit Monaten nicht gegeben. So konnte ich sie nicht kontaktieren. Die gute Frau Leopoldine lief nun für mich zwei Tage trepp-auf treppab, vom Magistrat zur Bestattung – und wieder retour. Stempelmarken wurden geklebt, Urkunden eingereicht und neue in Empfang genommen. Mein Vater war lange Jahre Mitglied des Wiener Sterbevereins gewesen. Diese typisch wienerische Institution hat nur zwischen dem Bisam- und dem Parapluieberg ihre Berechtigung, denn hier bei uns an der Donau wird der Tod nicht nur beim Heurigen besungen, sondern auch in jeder Hinsicht sehr ernst genommen. Durch die angesparten Geldbeträge waren daher die Begräbniskosten bis auf einen ganz kleinen Betrag völlig gedeckt.

Nachdem Frau Poldi alle Behördenwege erfolgreich hinter sich gebracht hatte, war sie mit mir einer Meinung: Nichts ist bei uns in Österreich so vortrefflich organisiert und institutionalisiert wie das Sterben. Bei den Bestattungsbehörden funktionierte letztendlich alles wie am Schnürchen. Computer wurden mit allen Daten gefüttert, Printer ratterten und heraus kam das Bestattungsdatum, der 27. Juli 1983, zwölf Uhr. Baumgartner Friedhof. Aufbarungshalle zwei. Bitte seien sie pünktlich.

Das Telefon läutete. Das Engerl hatte die Funktion meines

Vaters übernommen und hielt den Hörer an mein Ohr. Mein Bruder war am Apparat und erkundigte sich mürrisch nach dem Datum des Begräbnisses. In Sekundenbruchteilen waren bei mir alle Sicherungen durchgebrannt, und ich verlor meine sorgsam gehütete Beherrschung.

„Wenn du dich die letzten Tage nicht darum gekümmert hast, wie unser Vater unter die Erde kommt, dann geht dich auch alles weitere einen Dreck an!"

Die Regie klappte hervorragend, das Engerl legte sofort auf. Strenggenommen war mein Verhalten sicherlich nicht fair, aber es tat meiner Stimmung gut. In mir reifte die Erkenntnis, daß ich in meinem Leben viel zu wenige Vergeltungsschläge ausgeteilt hatte.

Dieser hatte jedenfalls gut gesessen, denn es klingelte schon wieder nach wenigen Augenblicken. Ich ließ es läuten.

Einen Tag vor dem Begräbnis meldete sich meine Schwester. Ich hatte den Eindruck, als bedauerte sie weniger das Ableben unseres Vaters als vielmehr den Umstand, daß Helmut zwei Drittel des Hauses nun endgültig in den Schoß fallen würden.

„Falls es dich trösten sollte, Berta: Helmut erbt von unserem Drittel auch noch den Pflichtteil, da ihm das Haus schon vor Jahren überschrieben worden ist."

Als sie etwas sagen wollte, unterbrach ich sie unsanft.

„. . . Das war die schlechte Nachricht. Jetzt kommt die gute: Du kannst meinen Erbteil getrost übernehmen. Ich will mit diesem Haus absolut nichts mehr zu schaffen haben. Ich komme mit meiner Pension so schlecht und recht durchs Leben. Jede weitere Aufregung ist reines Gift für meinen Körper. Das gebe ich dem Notar schriftlich zu Protokoll. Leb' wohl."

Das Engerl legte wieder rasch auf. Ich hatte einen weiteren Triumph an meine Fahnen geheftet.

Der gefürchtete Tag des Begräbnisses war rasch gekommen. Schon zeitlich am Morgen herrschte eine hochsommerliche Hitze. Dieser „Jahrhundertsommer" hatte sicherlich mit dazu beigetragen, daß mein Vater keine Überlebenschancen mehr hatte, dachte ich mir, als mein Rollstuhl über den Kiesweg zur Aufbahrungshalle rumpelte. Da ich schon eine Stunde vor

Beginn der Einsegnung zur Stelle war, konnte ich mit einer gewissen Zufriedenheit registrieren, daß mein Kranz rechtzeitig eingetroffen war. „Mein Vater, ich danke Dir für Deine liebevolle Pflege. Dein Adolf", stand in Goldbuchstaben auf der schwarzen Schleife. Ich saß etwa zwei Meter vor dem Eichensarg und ließ mich in meiner Andacht von dem geschäftigen Treiben hinter meinem Rücken nicht stören.

Man muß sehr häufig den Geist der Verstorbenen ansprechen, man muß beständig an sie denken, sonst verlieren die Seelen die Bindung zu dem Geschehen auf unserem Planeten. Das hatte ich einmal bei einer Predigt in St. Stephan gehört, und daran glaube ich auch noch ganz fest.

„Lasset uns beten . . ." Die mikrofonverstärkte Stimme des Priesters riß mich aus meinen Gedanken. Die Einsegnung hatte schon begonnen. Das Engerl drehte meinen Rollstuhl ein wenig zur Seite. In seltener Eintracht sah ich Helmut und Berta nebeneinander in einer Bank sitzen. Entferntere Verwandte und Adabeis saßen in den hinteren Sitzreihen.

Entgegen meinen Wünschen hatte irgend jemand einen Trauerchor bestellt. Drei Sänger stimmten das „Ave Maria" an. Ich habe unter diesem getragenen Gesang sehr gelitten. Ich wollte eine stille Andacht. So still wie Vater Zeit seines Lebens war. Als schließlich noch eine Orgel aufbrauste, vergrub ich mich in mein Unglück. Nachdem der Priester die Halle gemessenen Schrittes verlassen hatte, scharwenzelte ein Fotograf um mich herum und riß mich abermals unangenehm aus meinen Gedanken.

„Soll ich Sie mit dem Sarg fotografieren oder den Sarg ohne?"

„Weder noch . . ."

„Aber das macht man heutzutage . . ."

„Möglich; aber nicht jetzt."

„Aber ein Foto vom Sarg mit den teuren Blumen müssen Sie doch haben!"

„Bitte gehen Sie."

„Aber ihr Bruder hat mich doch herbestellt . . ."

„Dann fotografieren Sie ihn und nicht mich."

Endlich war ich ihn los. Als die Bestattungsleute den Sarg geschultert hatten, schob mich das Engerl hinter dem Sarg durch die Friedhofsallee. Sie warf auch in den offenen Grabschacht für mich einen kleinen Biedermeierstrauß hinein. Der Priester klopfte mir liebevoll auf die Schulter:

„Jetzt haben Sie's überstanden"

„Ich danke ihnen Hochwürden, aber nicht ich – er hat's überstanden . . ."

Manche Trauergäste wollten mir die Hand reichen. Dadurch ergaben sich wieder peinliche Augenblicke. Ich war's gewohnt. Alles verlief sich rasch im Schatten der Bäume. Ich blieb mit dem Engerl am offenen Grab zurück. Ein plötzlicher Windstoß zerzauste mein Haar. Sorgsam strich sie es wieder glatt. Ich dachte bei ihrer Bewegung an die Szene mit meinem Vater auf dem kleinen Balkon in Mallorca. Wie weit lag dies alles schon zurück! Ich fühlte, daß ich an einem neuen Lebensabschnitt angelangt war. Mein Vater hatte mich zwar verlassen müssen, aber durch das Engerl fühlte ich mich in dieser Welt nicht allein gelassen.

„Ich habe jetzt niemanden mehr außer Dir, Engerl."

„Ich weiß."

„Belastet dich denn dieses Wissen nicht?"

„Nein. Ich bleibe bei dir solange du mich brauchst".

Eine Partie Arbeiter begannen das Grab zuzuschaufeln. Polternd fielen die Erdklumpen auf den Eichensarg. Die Geborgenheit wächst aus der Zuneigung zwischen zwei Menschen. Ich hatte diesen Satz irgenwo gelesen. Jetzt erst verstand ich ihn voll und ganz.

Seitdem mich das Engerl pflegte, hatte ich auch keinen Schub mehr. Komisch, daß mir das gerade in diesem Augenblick durch den Kopf gehen mußte. Braucht mir da um meine Zukunft noch bange sein?

„Komm, schieb' an, das Taxi wartet schon . . ."

Nachwort

„Seitdem mich das Engerl pflegte, hatte ich auch keinen Schub mehr.“ Durch Adolfs relatives Wohlbefinden hat dieser Satz auch zu Jahresbeginn 1986 seine Gültigkeit. Diese elf Worte führen auch auf die Grundaussage dieses Buches zurück. Bei liebevoller, belastungsfreier Pflege kann die fortschreitende Verschlechterung des Krankheitszustandes, wenn schon nicht gänzlich verhindert, so doch wesentlich verzögert werden.

Immer wieder auftretende, gesundheitliche Rückschläge sind weniger auf eine übergroße Nervenbelastung, als vielmehr auf ständige Bewegungslosigkeit zurückzuführen. So mußte sich Adolf im Jahr 1984 einer Blasenoperation unterziehen. Etwa ein halbes Kilogramm Steine, darunter einer so groß wie ein Hühnerei, wurden aus der Blase entfernt.

Für mich selbst waren die zahlreichen Begegnungen mit Adolf und das Niederschreiben seiner Lebensgeschichte eine persönliche Erfahrung von ganz grundlegender Bedeutung. Wie noch niemals in meinem Leben zuvor, hat mich sein Schicksal betroffen gemacht und mir mein sorgsam behütetes Familienleben in einem neuen Licht erscheinen lassen. Nicht zuletzt hat Adolf meinen Blick für das problemreiche Dasein behinderter Menschen geschärft.

Dafür bin ich Adolf zutiefst dankbar.

Georg Reichlin-Meldegg

Anhang

Caritative und soziale Organisationen in Österreich

(soweit sie in diesem Buch genannt sind)

Die Frau und Ihre Wohnung (Heimhilfedienst)

Der Heimhilfedienst ist ein privater Verein, der in Zusammenarbeit mit der Gemeinde Wien folgende sozialen Dienste leistet: Heimhilfedienst, Besuchsdienst, Essen auf Rädern und Reinigungsdienst. Der Heimhilfedienst betreut vorwiegend alte und behinderte Menschen, um diese so lange wie möglich in ihren Wohnungen zu belassen. Die Tätigkeit der Heimhilfe umfaßt die gesundheitliche, körperliche und psychische Betreuung der Patienten.

Adresse: 1010 Wien, Werdertorgasse 9

Malteser Hospitaldienst Austria (MHDA)

Der MHDA ist eine 1956 gegründete, nationale Sanitätsorganisation des Souveränen Malteser-Ritter-Ordens. Der Einsatz umfaßt Behindertenbetreuung, Rettungsdienst, Krankenpflege und Katastrophenhilfe. Über 500 freiwillige Helferinnen und Helfer in ganz Österreich leisten in diesen Bereichen jährlich mehr als 70.000 Dienststunden. Mehr als 50% seiner Arbeitskapazität widmet der MHDA der Behindertenarbeit. Dazu zählen: ganztägige Sozialdienste, Theater- und Konzertbesuche, Pilgerfahrten, Krankenpflege und Sommerlager für behinderte Jugendliche.

Mit eigenen Einsatzfahrzeugen übernimmt der MHDA in Tag- und Nachtdiensten pro Jahr: Krankentransporte im In- und Ausland, über 7.000 Einsätze im Rahmen des Ärztenotdienstes der Ärztekammer Wien. Bei Großveranstaltungen im In- und Ausland übernimmt der MHDA die Sanitätsbetreuung. Während des ganzen Jahres betreuen Schwestern und Pfleger rund neun Spitäler und Pflegeanstalten in ganz Österreich. Seit 1972 vermittelt der MHDA Grundkenntnisse über „Sofortmaßnahmen am Unfallsort" – eine Voraussetzung zur Erlangung des Führerscheins.

Aber auch nach Naturkatastrophen in Österreich und im Ausland leistet der MHDA Katastrophenhilfe. So konnte nach dem Erdbeben in Süditalien 1980 durch diese Organisation der größte Hilfszug zusammengestellt werden, der Österreich seit 1945 verlassen hat. 1982 konnte der Versorgungsengpaß in Polen gelindert werden. 1985 setzte die umfangreiche Äthiopienhilfe ein.

Adresse: 1010 Wien, Johannesgasse 2

Österreichische Multiple-Sklerose-Gesellschaft

Die Österreichische Multiple-Sklerose-Gesellschaft, deren Tätigkeit nicht auf Gewinn gerichtet ist, bezweckt die Unterstützung der Multiple-Sklerose-Kranken in Österreich sowie die Förderung der Erforschung der Multiplen Sklerose. Der Verein wurde 1965 gegründet.

Die Österreichische Multiple Sklerose Gesellschaft faßt in Österreich alle Landesgruppen, Geschäftsstellen, Clubs und Kontaktstellen zusammen, die für die sozialmedizinische Betreuung der Betroffenen arbeiten. Dieser Sozialdienst arbeitet mit neurologischen Schwerpunktkrankenhäusern, Neurologen und Hausärzten zusammen, macht Hausbesuche, kümmert sich um die finanzielle Situation der Betroffenen, erledigt Behördenwege, hilft bei der Beschaffung von Behindertenwohnungen, bei Übersiedlungen und vermittelt Heilgymnastik. Ein vierteljährlich erscheinendes Mitteilungsblatt („Neue Horizonte"), das Betroffene, Ärzte, Gönner und Freunde der Österreichischen Multiple-Sklerose-Gesellschaft über alles Wissenswerte auf dem Gebiet der Multiplen Sklerose informiert, wird von der Gesellschaft herausgegeben.

Adresse: 1090 Wien, Lazarettgasse 14

Österreichisches Rotes Kreuz

Das Österreichische Rote Kreuz ist mit etwa 30.000 freiwilligen aktiven Helferinnen und Helfern, mehr als 300.000 unterstützenden Mitgliedern und 1,2 Millionen jungen Menschen, die im Jugendrotkreuz mitarbeiten, eine der größten Hilfsorganisationen in Österreich.

Das Österreichische Rote Kreuz ist föderalistisch aufgebaut. Zusammen mit seinen neun Landesverbänden nimmt es folgende Aufgaben wahr:

- Die freiwillige Hilfeleistung auf allen Gebieten der Wohlfahrts- und Gesundheitspflege.
- Die Ausbildung von geeignetem Personal und die Breitenausbildung der Bevölkerung.
- Die erste Hilfeleistung bei Notständen und Katastrophen.
- Die Durchführung des Blutspendedienstes.
- Die Suche nach vermißten Militärangehörigen und Zivilpersonen.
- Die Mitwirkung an Maßnahmen zum zivilen Bevölkerungsschutz.

Um diese Aufgaben voll erfüllen zu können, mußte sich das Österreichische Rote Kreuz eine geeignete Organisationsform schaffen. Diese Form ist zum Teil historisch gewachsen. So sind die neun Landesverbände mit eigener Rechtspersönlichkeit und Finanzhoheit ausgestattet, da die meisten Landesverbände bereits vor der Gründung der Dachgesellschaft vom Roten Kreuz im Jahr 1880 als voneinander unabhängige und nur durch das gemeinsame Schutzzeichen verbundene freiwillige Hilfsvereine bestanden.

Das Österreichische Rote Kreuz verfügt derzeit im gesamten Bundesgebiet über 136 Bezirksstellen, 376 Dienststellen mit Sanitätskraftwagen und 1.344 Ortsstellen, die die oben angeführten Dienste wahrnehmen.

Adresse: 1040 Wien, Gußhausstraße 3

St. Lazarus Hilfswerk Österreich (LHW)

Das LHW, eine Behinderten-Hilfsorganisation, die 1973 in Österreich ins Leben gerufen wurde, betreut mit etwa 350 freiwilligen und ehrenamtlichen Helfern sowie Zivildienstleistenden in zehntausenden Dienststunden Behinderte, Alte und Kranke. Das LHW hat ein eigenes Reiseservice und Freizeitangebot, um diesen Personengruppen die Re-Integration in die Gesellschaft zu erleichtern. Tagesausflüge, Wochenendfahrten und Urlaube in das Ausland gehören zum ständigen Programm.

Das LHW verfügt darüber hinaus über eine eigene Rechtsberatung, die in engster Zusammenarbeit mit der Österreichischen Volksanwaltschaft tätig ist. Außerdem fährt das LHW als einzige Institution Europas einen Sauerstoff-Notdienst. Das LHW ist eine Suborganisation des Lazarus-Ritterordens.

Adresse: 1070 Wien, Schottenfeldgasse 63

Sozialhilfe der Adventmission

Die Adventmission (Gemeinschaft der Siebenten-Tags-Adventisten) sieht ihre Aufgabe darin, das Evangelium allen Menschen zu bringen. Da christliches Leben den ganzen Menschen und alle seine Bereiche des Lebens umfaßt, versucht die Adventmission durch weitverzweigte Missionstätigkeit und zahlreiche Wohlfahrtseinrichtungen überall in der Welt der Not zu begegnen. In Österreich gibt es derzeit über vierzig freiwillige Wohlfahrtsgruppen und in mehreren Bundesländern auch den Einsatz der „Sozialhilfe der Adventmission“. Diese gemeinnützige Organisation versieht ihre sozialen Dienste auf dem Gebiet der Heimhilfe, Hauskrankenpflege und Wohnungsreinigung für Kranke und Behinderte.

In Wien sind derzeit etwa 100 Mitarbeiter in der Heimhilfe beschäftigt und 35 freiwillige Helfer in der Wohnungsreinigung tätig.

Adresse: 1090 Wien, Nußdorferstraße 5

Wiener Volkshilfe

Die Wiener Volkshilfe ist eine unabhängige Vereinigung, deren Mitglieder in Bezirksgruppen ehrenamtlich tätig sind. Zu den Aufgaben der Wiener Volkshilfe gehören: Betreuung von Pensionistenklubs, Einsamenbetreuung, Betreuung von Pensionistenheimen. Zu den Diensten zählen: „Essen auf Rädern" (Zur Wahl stehen: Normal-, Schon- und Diabetikerkost), Heimhilfedienst (Rund 530 Heimhelferinnen sind für Hilfsbedürftige tätig), Wäschepflegedienst, Reparaturdienst und Kleiderlager.

Adresse: 1190 Wien, Gymnasiumstraße 85